★ 《德化县革命老区发展史》编委会

名誉主任：梁玉华　黄文捷

顾　　问：黄晓东　张秋英　苏毅君　叶尚谋　周宗禧

主　　任：林昌宝

常务副主任：陈明灿

副 主 任：蒋恭祝　周金秋　郑文贤

成　　员：温明源　甘建安　彭钦毅　李远平　刘劲松
　　　　　郑宝林　蒲贻水　陈能慎　赖清长　王世言

★ 《德化县革命老区发展史》编辑室

主　　编：陈明灿

副 主 编：蒋恭祝　郑文贤

总　　纂：许永汀

编　　辑：李远平　林仁潘　王　鑫　黄婉琼

摄　　影：黄谷莹　徐艺星　张圭如　陈能与　郑步云　赖梭桃

审　　稿：苏荣蹯　林昌宝　叶尚谋　周宗禧　周金秋
　　　　　刘劲松　林淑玲

编　　务：郑金杯　林向阳　郑丽霞　黄润泽

全国革命老区县发展史丛书——福建卷

德化县革命老区发展史

德化县老区建设促进会　编

世界陶瓷之都德化

World Porcelain City · DEHUA

厦门大学出版社　国家一级出版社
XIAMEN UNIVERSITY PRESS　全国百佳图书出版单位

图书在版编目(CIP)数据

德化县革命老区发展史/德化县老区建设促进会编.—厦门:厦门大学出版社,
2021.1
ISBN 978-7-5615-8008-0

Ⅰ.①德…　Ⅱ.①德…　Ⅲ.①德化县—地方史　Ⅳ.①K295.74

中国版本图书馆 CIP 数据核字(2020)第 237524 号

出 版 人	郑文礼
责任编辑	章木良
美术编辑	李嘉彬
技术编辑	朱 楷

出版发行	厦门大学出版社
社　　址	厦门市软件园二期望海路 39 号
邮政编码	361008
总　　机	0592-2181111　0592-2181406(传真)
营销中心	0592-2184458　0592-2181365
网　　址	http://www.xmupress.com
邮　　箱	xmup@xmupress.com
印　　刷	厦门市明亮彩印有限公司

开本	720 mm×1 000 mm　1/16
印张	21.25
插页	9
字数	286 千字
版次	2021 年 1 月第 1 版
印次	2021 年 1 月第 1 次印刷
定价	128.00 元

厦门大学出版社
微信二维码

厦门大学出版社
微博二维码

坂面镇

尤溪

尤溪

G25 永泰

戴 云 溪 县

中仙乡

云溪 和顺

街面水库

白叶 西墘

大 杨梅乡

田 龙塔 大岭 安村

湖美乡 岭脚 富地 葛坑镇

格中 汤头乡 邱村

福山 曾坂 高漈水库 洪田

尤床 桂阳乡 涌溪 上湖

琼英 云 久住 洪口乡

新阁 王春 丘坂 水口镇

大铭乡 上涌镇 梓溪 东圳水库 泰

春美乡 后宅 橦镜 梨坑 县

上春 西溪 戴云山 上寨 樟镜

金黄 1856▲ 许厝 石牛山

梁春 九仙山 戴云山自然保护区 枣坑

赤水镇 猛虎 戴云 南埕镇

六角宙水库 美湖镇 戴云 朱地

山 九仙山 国宝乡 长基 高漈 塔兜

济阳乡 洋田 厚德 雷峰镇 碧坑 内洋 仙

下洋 阳山 格头 格后 蕉溪 游

(属大田县) 吾华 龙翰 霞山 县

下洋镇 上地 石山 龙门滩镇

桂洋镇 大垅 盖德镇 德化县 浔中镇 龙门滩 大溪

福阳 龙浔镇 奎斗 水库

锦斗镇 星祥乡 德化 凤洋

雪山 三班镇

1366 苏坑镇 桥内 介福乡

蓬壶镇 吾峰镇 湖洋镇

春 湖洋

蓬壶 县 南

石鼓镇 五里街镇 安

G72 泉南 永春县 东平镇 市

达埔镇 桃城镇 外山乡

S355 永永 东关镇

岵山镇 永春东

安溪县 桃

审图号：闽S〔2019〕245号　　　　福建省制图院　编制　　　　福建省测绘地理信息发展中心　监制

图 例

- 县级行政中心
- 镇 、 乡
- 村委会
- 设区市界
- 县级界
- 河流、湖泊、水库
- 高速、快速铁路
- 高速公路及出入口
- 国省干线
- 其他道路
- 山峰及高程 ▲1856
- 旅游资源
- 自然保护区

比例尺 1：370 000

德化县地图

德化县城关（黄谷莹 摄）

瓷都广场（徐艺星 摄）

瓷都大道——扬帆远航（陈能与 摄）

黄花菜

德化梨

淮山园（赖梭桃 摄）

秋天来了（黄谷莹 摄）

古道

山村公路

厦沙高速德化入口处（陈能与 摄）

龙门湖

龙门大坝

涌溪四级电站（张圭如 摄）

千年樟树王

唐寨山映山红

（黄谷莹　摄）

德化县党员生态文明教育基地　（德化县林业局 供稿）

20 世纪 60 年代陶瓷窑房

古水车

德化陶瓷博物馆（郑步云 摄）

瓷都广场瓷雕——慈航普渡（苏清河等创作）

红釉花瓶——花样年华（陈仁海创作）

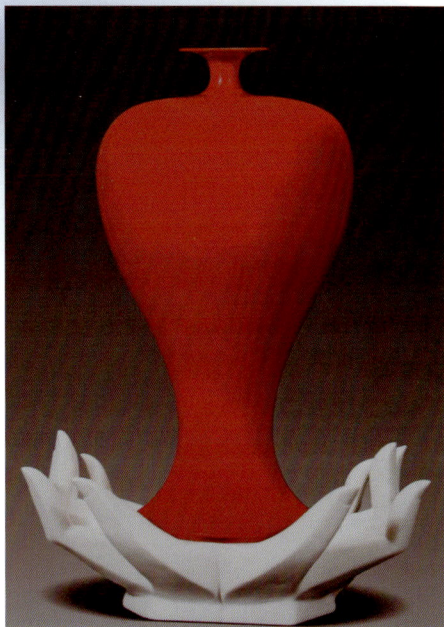

德化陶瓷城（张圭如 摄）

中国茶具城（郑步云 摄）

2012 年 3 月 27 日，德化县举行中小学生陶瓷艺术大赛（黄谷莹 摄）

德化第一中学

泉州工艺美术学院（徐艺星 摄）

浐溪畔翰林府邸楼群

佰德畔山居民区

德化县城区一角（张圭如 摄）

富饶山村
（徐艺星 摄）

美丽水乡（张圭如 摄）

瓷都之夜（黄谷莹 摄）

石牛山索道

石牛山景区游客

九仙山雪景（黄谷莹 摄）

中共福建省委旧址纪念馆

（徐艺星 摄）

2019 年 10 月 17 日，县委书记梁玉华带领四套班子成员到省委旧址开展主题教育学习（许华森 摄）

总　序

　　在举国欢庆新中国成立 70 周年前夕，中国老区建设促进会王健会长请我为"全国革命老区县发展史丛书"作序，作为一名在老区战斗过并得到老区人民生死相助的老兵，回首往事，心潮澎湃，感慨万千，深感义不容辞，欣然应允。

　　中国革命老区，是以毛泽东为代表的中国共产党人在领导人民推翻帝国主义、封建主义和官僚资本主义三座大山，争取民族独立和人民解放伟大斗争中建立的革命根据地。在这片红色的土地上，诞生了无数可歌可泣的革命英雄儿女，为后人树起了一座不朽的丰碑，她是新中国的摇篮，是党和军队的根。

　　在艰苦卓绝的战争年代，老区人民把自己的命运与中华民族的命运紧紧地联系在一起，与中国共产党和人民军队的命运紧紧地联系在一起，他们生死相依，患难与共。我曾亲历过战争年代，并得到过老区红哥红嫂的救助，切身感受到发生在身边的一幕幕撼天动地的革命故事，在那极其艰难的条件下，老区人民倾其所有、破家支前，不怕艰难困苦，不怕流血牺牲。"最后一碗米送去做军粮，最后一尺布送去做军装，最后一件老棉袄盖在担架上，最后一个亲骨肉送去上战场"，这是当时伟大的老区人民为建立新中国做出巨大牺牲的真实写照，它将永远镌刻在中国共产党、中国人民解放军、中华人民共和国的历史丰碑上。他们的光辉业绩永载史册，他们的革命精神必将影响一代又一代的革命新人，造就一代又一代的民族脊梁。

　　在社会主义革命和建设时期，革命老区和老区人民响应党的号

召，面对落后的面貌、脆弱的经济、恶劣的生态环境，他们本色不变，精神不丢，自力更生，艰苦奋斗，干一行爱一行。始终坚持"革命理想高于天"，自觉做共产主义远大理想的坚定信仰者和忠实实践者，勇于向恶劣的自然环境和贫穷落后宣战。他们在各条战线上为国建功立业，用平凡的双手创造了一个又一个不平凡的奇迹，彰显了老区人的崇高精神和人格力量。

在改革开放的伟大进程中，老区人民解放思想，勇于创新，发奋图强，攻坚克难，老区的经济社会建设取得了辉煌成就。特别是在改变中国的面貌、中华民族的面貌、中国人民的面貌、中国共产党的面貌的伟大实践中发挥了至关重要的作用。老区人民既是改革开放的参与者，也是改革开放的推动者。

艰苦练意志，危难见精神。老区人民在近百年的革命战争、社会主义建设和改革开放的伟大实践中，孕育形成了伟大的老区精神：爱党信党、坚定不移的理想信念；舍生忘死、无私奉献的博大胸怀；不屈不挠、敢于胜利的英雄气概；自强不息、艰苦奋斗的顽强斗志；求真务实、开拓创新的科学态度；鱼水情深、生死相依的光荣传统。这是党和人民宝贵的精神财富、丰厚的政治资源，是凝心聚力、振奋民族精神的重要法宝，也是社会主义核心价值观的重要内容。

中国老区建设促进会怀着强烈的政治责任感和历史使命感，组织全国各地老促会人员克服困难，尽心竭力编纂"全国革命老区县发展史丛书"，记录老区的光辉历史和辉煌成就，传承红色基因，弘扬老区精神，是功在当代、利及千秋的一件大事。手捧这部丛书的部分书稿，读着书中的故事，倍感亲切，深感这部丛书具有资政、育人、存史的社会功能，有着重要的时代和历史价值。它是不忘初心、牢记使命的源头活水，是赞颂共产党、讴歌老区人民的一部精品力作，是弘扬老区精神、传承红色记忆的丰厚载体，是一项继承优秀传统文化、弘扬革命文化、发展社会主义先进文化，坚定"四个自信"的宏大文化工程。它必将成为一种文化品牌，为各界人士

了解老区、宣传老区、支持老区提供一部有价值的研究史料。希望读者朋友们能从中了解并牢记这些为党和民族的利益不断奉献的老区人民，从中得到教益，汲取人生奋斗的精神动力。

新时代赋予新使命，新起点开启新征程。让我们更加紧密地团结在以习近平同志为核心的党中央周围，坚持以习近平新时代中国特色社会主义思想为指导，增强"四个意识"，坚定"四个自信"，做到"两个维护"，弘扬老区精神，铭记苦难辉煌。为实现"两个一百年"奋斗目标，实现中华民族伟大复兴的中国梦做出新的更大的贡献！

迟浩田

2019年4月11日

序 一

  德化是中央苏区县，也是革命老区县，革命精神源远流长，红色基因代代相传。1927年1月，德化第一个党组织——中共德化支部成立，揭开了中共德化党史第一页。此后，相继成立了中共德化特支、中共德化县临时委员会、中共德化工委、苏维埃政权和中共德（化）永（春）特支等革命组织，带领老区人民开展了一系列轰轰烈烈的革命斗争。1949年11月24日，德化县城迎来解放，建立了人民政权。在整个革命战争年代，德化人民前仆后继、英勇战斗、流血牺牲，为德化乃至闽南、闽中地区的解放事业做出了巨大贡献，德化成为中国革命老区不可分割的重要组成部分。

  薪火相传，谱写华章。新中国成立特别是改革开放40多年来，广大瓷都儿女大力弘扬老区精神，以爱拼敢赢的气魄，以敢为人先的胆略，打开山门，走出国门，推动瓷都大地发生了翻天覆地的变化，全县生产总值从1978年的3500万元跃升到2019年的278亿元，一般公共预算总收入从1978年的393万元跃升到2019年的18.8亿元，城区建成区从1978年的不足1平方公里拓展到2019年的28.9平方公里，先后获评国家卫生县城、国家生态文明建设示范县、中国最佳生态旅游县、国家电子商务示范基地、中国全面小康十大示范县之一、中国营商环境百强区县之一、全国文明城市等一大批国家级荣誉，荣膺全球首个"世界陶瓷之都"，书写了一篇篇波澜壮阔的时代华章。

  鉴古观今，不忘初心。在决胜全面建成小康社会、实现第一个百年奋斗目标之际，中国老区建设促进会统一组织编纂"全国革命

老区发展史丛书"，这是一个功在当代、利在千秋的文化工程，更是一个以史为鉴、资政育人的德政工程。从2017年开始，德化县老促会组织编纂《德化县革命老区发展史》。本书不是简单的历史资料汇编，而是一部精心打造的铸魂之作，它从不同侧面、多个角度、立体视野，全面展现了德化人民革命、建设和改革的历史与成绩。本书的付梓，不管是对丰富红色文化、凸显老区地位，还是对弘扬老区精神、教育下一代，都具有十分重要的意义。

一个时代有一个时代的主题，一代人有一代人的使命。现在，历史的接力棒交到了我们这一代人手中，希望全县上下铭记老区历史、弘扬老区精神、继承老区传统，不忘初心、牢记使命，担当作为、接续奋斗，全力打造"海丝"路上具有国际影响力的现代化世界瓷都，在同心共筑中国梦的伟大洪流中，书写德化老区更加美丽、更加幸福、更加辉煌灿烂的历史篇章。

是为序。

中共德化县委书记

2020年11月

序 二

　　德化是千年古县、世界陶瓷之都，不仅有着灿烂的历史文化，而且有着光荣的革命传统，是福建省著名的革命老根据地之一，谱写了许多可歌可泣、光辉灿烂的历史篇章。

　　"欲知大道，必先知史。"在漫长的历史过程中，德化虽然地域广阔、资源丰富，有历代传承的制瓷工艺，但也曾深受战火硝烟之害，饱受残酷剥削之苦。1927年1月，中国共产党德化支部委员会的成立，揭开中共德化党史第一页。1928年10月，党组织在艰苦的革命斗争中又有新的发展，组建成立中共德化（临时）委员会。1932年10月，成立中共德化县工委，积累了新的经验，把德化革命斗争活动推向新的高潮。1943年，在德化水口毛厝，成立新的党组织，建立地下联络站，为后来中共福建省委迁驻打下扎实的群众基础。1944年3月，中共福建省委机关及其武装主力部队打破敌人的封锁，长途跋涉，迁驻水口坂里牛寮沟。1949年，德化人民在党组织的领导下，团结一致，再接再厉，经过艰苦卓绝的斗争，终于迎来翻身解放。

　　新中国成立后，德化老区人民积极投身社会主义各项建设事业，贡献自己的智慧和力量，建立和巩固县、乡各级人民政权及其配套组织。改革开放后，德化陶瓷业发展进入辉煌时期，成为德化的支柱产业，陶瓷产品80%以上销往世界190多个国家和地区。20世纪80年代末，德化开始实施"大城关"发展战略，率先撬开城镇化大门，开创了以产兴城、以城聚人、产城融合，全国为数不多的

"大城关"发展模式，被中央党校作为典型案例编成课题丛书，被列为福建省首个统筹城乡发展试点县、新型城镇化试点县和国家智慧城市试点县。近几年来，德化坚持生态立县，大力发展生态产业，把旅游业作为战略性支柱产业来培育，着力将绿水青山转化为金山银山，先后打造"六区两园"8块"国"字号生态旅游品牌，全力创建全域旅游示范区，全面打造"世界瓷都·自在德化"旅游品牌。

德化县老促会怀着强烈的政治责任感和历史使命感，克服困难，组织编纂《德化县革命老区发展史》，记录德化老区人民革命、经济事业发展的光辉历史和辉煌成就，传承红色基因，弘扬老区精神，是功在当代、利及千秋的一件大事。革命老区孕育出来的老区精神，是全面建成小康社会征程中不可或缺的精神支柱，我们要讲好党带领德化人民顽强斗争的历史故事，讲好党带领德化人民奋力实现中华民族伟大复兴中国梦的发展故事，不断激发全县人民爱党、爱国、爱乡的热情。要大力弘扬革命老区精神，更加紧密地团结在以习近平同志为核心的党中央周围，不忘初心、牢记使命，只争朝夕、不负韶华，努力打造"海丝"路上具有国际影响力的现代化世界瓷都，为满足德化人民日益增长的美好生活需要不懈奋斗！

是为序。

德化县人民政府县长　黄文捷

2020年11月

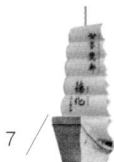

编写说明

2017 年 6 月，中国老区建设促进会组织全国各地老促会启动编纂"全国革命老区县发展史丛书"，按照"建立中国共产党、成立中华人民共和国、推进改革开放和中国特色社会主义事业"三大里程碑的历史脉络，系统书写革命老区百年历史，深入挖掘革命老区红色文化资源。这对于充实丰富中国革命史籍宝库、在新时代传承红色基因、弘扬革命精神、强固根本，对于激励人们在新的历史条件下夺取中国特色社会主义伟大胜利，实现中华民族伟大复兴的中国梦具有重要意义。

丛书编纂以习近平新时代中国特色社会主义思想为指导，以《中国共产党历史》《中国共产党的九十年》等重要文献为基本依据，以党的领导为核心，以老区人民为主体，以老区发展为主线，体现历史进程特征，突出时代发展特色，坚持辩证唯物主义和历史唯物主义相统一、历史真实性与内容可读性相统一的原则，书写革命老区从站起来、富起来到强起来的光辉革命史、不懈奋斗史、辉煌成就史，把老区人民的伟大贡献、伟大创造、伟大成就、伟大精神充分展示出来，形成一部具有厚重历史特征和鲜明时代特色的精品力作。这是一部培根铸魂、守正创新，既为历史立言，又为时代服务，字里行间流淌着红色血脉、催生着革命激情的传世之作。丛书的编纂出版将成为讴歌党讴歌人民讴歌时代、传播红色文化、为革命老区和老区人民树碑立传的重要载体。

丛书按照编年体与纪事本末体相结合、以编年体为主的编写体例确定框架结构；运用时经事纬、点面结合的方式记述史实；坚持人事结合、以事带人的原则处理人与事的关系；采取夹叙夹议、叙

论结合、以叙为主的方法展开内容。做到了史料与史论、历史与现实、政治与学术统一，文献性、学术性、知识性相兼容。

为编纂好"全国革命老区县发展史丛书"，打造红色文化品牌，中国老区建设促进会认真组织积极协调，提出政治立场鲜明、史料真实准确、思想论述深刻、历史维度厚重、时代特色突出、编写体例规范、篇目布局合理、审读把关严格、出版制作精良的编纂出版总要求，力求达到革命史籍精品的精神高度、思想深度、知识广度、语言力度，增强丛书的权威性和社会影响力。各省（区、市）、市（州、盟）、县（市、区、旗）老促会的同志，以强烈的使命感、责任感和紧迫感，勇于担当，积极作为，认真实施，组织由老促会成员、专家学者等参加的十余万人编纂队伍。编纂工作主体责任在县，省、市组织协调、有力指导、审读把关。各方面人员以高度负责的精神和科学严谨的态度，满腔热情地投入工作，为丛书编纂出版做出了重要贡献。丛书编纂工作还得到了党和国家有关部委、地方各级党委政府及有关部门的大力支持和积极参与，社会各界也给予了热情帮助。中共中央政治局原委员、中央军委原副主席、原国务委员兼国防部长迟浩田上将，对老区人民怀有深厚感情，对革命老区建设发展十分关注，欣然为"全国革命老区县发展史丛书"作总序。

丛书由总册和1599 部分册（每个革命老区县编纂 1 部分册）组成，共 1600 册。鉴于丛书所记述的史实内容多、时间跨度长和编纂时间紧，不妥之处，敬请批评指正。

中国老区建设促进会

目 录

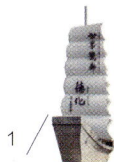

第三章 共和国起步·路漫漫其修远

附　录

概　述

　　德化与江西景德镇、湖南醴陵并列为中国三大古瓷都，是全国1599个革命老区县（市）之一。位于福建省中部、泉州市北部，北纬25°33′～25°56′、东经117°55′～118°32′之间，东西宽62.10公里，南北长60.4公里；东与永泰县、仙游县毗邻，南和永春县接壤，西连大田县，北毗尤溪县，面积2232.16平方公里。

　　德化是千年古县。唐贞元年间（785—805年）析永泰县归义乡置归德场。五代后唐长兴四年、闽龙启元年（933年）由永泰县析出归德场置县，取名"德化"，蕴含"以德化民"之意，隶属闽国东都（今福州）。后汉乾祐二年、南唐保大七年（949年）尤溪县析常平、进城二乡归德化县辖，时属南唐清源军（今泉州）。宋属清源军、平海军和泉州。元属泉州路、泉宁府和泉州分省。明属福建布政使司泉州府。清初沿袭明制，雍正十二年（1734年）划属福建布政使司永春直隶州。民国年间，历属福建兴泉永道（南路道、厦门道）之第四、第六、第七、第九行政督察区。1949年11月24日德化解放，属福建省第七专区（后改称永安专区）。1950年10月划归晋江专区；1971年晋江专区改称晋江地区，1985年撤地署建泉州市，德化县属泉州市管辖。2018年，全县辖18个乡镇，22个社区、192个村委会，常住人口10.03万户 34.86万人。居民通行闽南方言，以汉族为主，还有畲族、回族、壮族、苗族、土家族等18个少数民族。

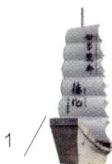

　　1949年，德化县地区生产总值只有961万元，中华人民共和国成立后尤其是改革开放后，德化紧抓历史发展机遇，民营经济和外向型经济互相促进，经济总量连上几个大台阶：1985年全县地区生产总值破亿元，1995年迈上十亿元台阶，到2010年跃升为百亿元，2017年超过200亿元，2018年达249.35亿元，比1949增长2627倍；1951年全县财政总收入只有58.48万元，至1978年缓慢提升到393万元，1987年财政总收入首破千万元达1213万元，1995年总收入突破亿元，2011年突破十亿元，2018年实现财政总收入18.26亿元，是1951年的3122倍，年增长13.0%；1952年，德化人均地区生产总值只有85元，1978年为160元，2018年达83610元，比1952年增长983倍，年增长11.2%。投资是德化经济发展的重要驱动力量，投资的快速增长拉动了经济持续快速增长，扩大生产能力，拓展发展空间，2018年，全县完成固定资产投资总额77.90亿元，是1952年的200多万倍，年均增长25.1%；1952年，全县经济以农业为主，三次产业结构比例为77.6∶4.4∶18.0，至2018年，三次产业结构调整为5.0∶56.1∶38.9，与1952年比，第一产业比重下降72.6个百分点，第二、第三产业比重分别上升了51.7个和20.9个百分点，形成农业基础稳固、工业生产能力提升、服务业全面发展的格局。在中国共产党的坚强领导下，德化人民不忘初心、牢记使命、开拓进取、奋力前行，从封闭落后迈向开放进步，从一穷二白迈向总体小康，走出一条经济社会跨越发展的辉煌之路。

一

　　千百年来，德化人民不仅饱受残酷剥削之苦，而且深受战火硝烟之害，长期挣扎在死亡的边缘，其苛捐杂税之繁重，在山区县非常罕见。清代仅田赋就有地丁、差役、杂赋、堂捐、烟苗捐等。民国时期，德化沿袭清例外还承包屠宰税等22种，摊派的各种杂费项目之繁、款项之多，不胜枚举。尤其是民国中期，德化民军割据，争夺地盘，打家劫舍，扰掠民生，德化人民对豪绅民军操纵统治下

的腐败政府恨之入骨，盼望组织起来与反动势力进行斗争，改变受凌辱的命运。

1926年秋，共产党员唐生受厦门总干事会指派，到德化开展革命活动，为德化创建党组织做思想和组织上的筹备工作。1927年1月，中共闽南特委派共产党员庄醒民到德化，与唐生一起建立德化第一个共产党组织——中共德化支部，揭开德化党史第一页。这像在黑暗中点亮一盏红灯，使深受蹂躏的德化人民看到光明、看到当家作主人的希望。

星星之火，可以燎原。从此，德化人民在中国共产党的领导下，开始投入一场前所未有的伟大斗争。工人们团结起来向窑场主要求提高工资，提出"反对苛捐杂税""反对贪官污吏"等口号；农民们扛着锄头、鸟枪，举着红旗，高呼"打倒军阀""打倒土豪劣绅"，开展以减租减息为中心的群众运动。县城的居民、学生举行游行，抗议反动当局的压迫。城关和周围广大乡村的革命斗争活动风起云涌，如火如荼，中共地下党组织也在革命斗争中不断发展壮大。1928年10月，组建中共德化县临时委员会。1932年10月，成立中共德化工委，领导德化人民配合红军开展游击斗争。在革命进入低潮、遭受挫折的艰难岁月里，地下党组织的活动没有停止，继续领导德化老区人民坚持斗争。

1941年4月，中共泉州中心县委书记许运伙传达闽南特委关于开辟建立隐蔽的戴云山抗日根据地的决定，指派林金榜到戴云山区找几处隐蔽工作的立足点。7月，泉州中心县委指派林士带为中共德化、永春党组织特派员，带领林金榜、杨致平到德化开展工作。林士带等三人到远离德化县城、反动势力比较薄弱的南埕枣坑村开展革命活动。林金榜接替先期在枣坑工作的郑靖，在枣坑当私塾教师；杨致平到水口小学当教员，以此为掩护开展地下活动。其间，林士带与水口毛厝村的毛修通过接触、交往，结拜为兄弟，为后来在毛厝开展革命活动打下基础。不久，因枣坑村发生两支国民党特务火并事件，林金榜转移到雷峰长基村当教员。11月，林士带召集

林金榜、杨致平和郑靖，按照上级党组织的指示，成立中共德（化）永（春）特别支部，林金榜为书记，杨致平、郑靖为委员。以郑靖故居为据点开展地下革命活动，开辟下涌通西南乡、水口的交通线，德化人民的革命斗争进入新的阶段。

1942年初，林士带应毛修邀请到达毛厝，并做了近两个月的宣传工作。1943年2月，闽南特委改称闽中特委。闽中特委全面分析了德化面临的形势，决定选派一批地下党员到德化与仙游、永泰交界的水口毛厝等边远地区开辟新的抗日游击根据地。4月，中共永德大特派员吴天亮带领刘国梁、吕文锦、吕文波等进入德化，在水口乡毛厝、南山一带开展抗日反顽宣传，提高群众思想觉悟，发展一批党员，建立中共毛厝支部，为党在这一地区开展革命活动奠定良好的基础。

1944年3月，中共福建省委迁址德化水口坂里，德化成了一个时期内党领导福建省人民抗日反顽斗争的指挥中心。

1947年春，为了配合全国的解放战争，中共闽浙赣省委决定到地势险要的戴云山区建立新的革命根据地。4月，在莆田西亭成立了闽中游击纵队（即戴云纵队）。6月，整编为爱国游击队戴云纵队直属支队，向戴云山区挺进。因敌我力量悬殊，虽经全体指战员浴血奋战，仍不幸失利，但革命战士们英勇奋斗的英雄事迹，已载入史册，鼓舞德化人民沿着他们走过的道路继续前进。

1948年春天，在上级党组织的领导下，德化县各地的革命斗争又活跃起来。1949年2月，闽中地委决定成立中共仙（游）德（化）工委，组建仙德游击队，后扩编为永德仙游击大队，先后解放了水口、南埕、雷峰、霞碧等德化东部地区。县城关附近乡村的人民群众，在闽西南地下党领导下，建立德化县解放委员会，组建德化县人民游击队。6月17日，在永春游击队的支持下攻占德化县城。11月24日，两支游击队会合，共同配合中国人民解放军解放德化县城，并进行剿匪。1951年底，基本剿清德化境内匪徒，全县人民从此走上安全、稳定、自由、幸福的生活道路。

二

德化历来是个以农业为主的山区县，大多数民众以种植水稻、甘薯等粮食作物为主，兼营林业等。因受封建社会生产关系等影响，生产力水平低下，长期处于自给性自然经济状态。新中国成立后，随着土地改革，农业社会主义改造，农民生产积极性提高，农民生活逐渐改善，1957年人均口粮比1949年增加106.5公斤。1958年开始，由于出现"浮夸风""瞎指挥"等工作失误；"文化大革命"期间又批判"唯生产力论"、限制多种经营发展等"左"倾错误，以及自然灾害的影响，农业生产停滞不前，农民生活未明显改善。20世纪80年代，德化县委、县政府贯彻执行党在农村的各项经济政策，实行家庭联产承包责任制，加强农田水利等设施建设，综合治理水土流失，提高防灾抗灾能力；引进优良品种和推广科学技术，调整产业机构，发展水果、蔬菜、畜牧和淡水养殖等，扎实推进农村扶贫工作；培育出"三黑""三黄""三宝"等生态安全绿色农产品，拥有黑鸡、黑兔、淮山、黄花菜、十八学士茶花、德化梨等6个国家农产品地理标志，"茶油奶奶"成为厦门金砖会晤国宴用油，单一经营向多种经营发展，低产、低效向优质、高产、高效发展；引导土地转让、入股、转包、互换，由分散经营向规模化、专业化经营发展，形成一批有地方特色的农民专业合作社和家庭农场，其中国家级示范农民合作社6家、福建省级示范合作社10家、泉州市级示范合作社25家。获评"中国早熟梨之乡""中国油茶之乡"。

德化县有丰富的森林资源，是福建省林业重点县之一。德化县森林面积广阔，种类繁多，是祖先留下的宝贵财富。中华人民共和国成立后，德化植树造林又进入历史新阶段。20世纪80年代，德化县完成确定山权、林权、划定自留山"三定"任务。20世纪90年代，组织实施省"三五七"造林绿化工程，并提前完成任务；引进世界银行"森林资源发展和保护"贷款项目资金，营造工业原料林和建设速生丰产林基地。2000年后，以戴云山为中心，以沿路、沿溪两侧和城镇、水库周围一重山的林地为重点，区划界定生态公益林，建立自然保护小区，改善生态环境；组织实施林业精品工程，发展林下经济以及森林人家、农家乐等，为生态休闲旅游提供支撑，促进林业由产量经济向服务经济转变，为使戴云山的绿色青山成为金山银山做贡献。2015年，全县林业用地18万公顷，有林地面积17万公顷，林木蓄积量1487.6万立方米，毛竹0.34万公顷、立竹量3667万株。森林覆盖率78.4%，土地绿化率94.7%，先后获"中国竹子之乡""全国绿化模范县""中国最佳生态旅游县"称号。

2018年，全县农林牧渔业总产值21.78亿元，扣除价格因素，是1949年1201万元的181倍。粮食产量55967吨，是1949年的2.4倍；肉类产量16976吨，是1949年的25.7倍。特色农业稳步发展，德化"三黄""三黑"通过生态、绿色发展路线，运用"互联网＋服务"，形成产、销、供一条龙的现代农业产业链，逐步走向全国市场。

三

德化是中国陶瓷文化发祥地之一。早在新石器时代已烧制釉陶器和印纹陶器；西周时期有青瓷，魏晋时代有青釉瓷器。宋元时期，制瓷工艺、烧瓷技术已达到相当水平，所制青瓷、青白瓷器，型大胎薄，釉色滋润，透明度强，瓷器产品大量销往东南亚、中东地区和欧洲，成为海上丝绸之路的主要出口商品。意大利著名旅行家马可·波罗（Marco Polo）在《马可·波罗游记》中赞德化"瓷市甚多，制作精美"。明代，德化烧制陶瓷的技术炉火纯青，烧成的质量上乘的"阶级窑"为全国首创，被国内外陶瓷界称为"德化窑"。白瓷的烧制工艺和各种艺术瓷雕的成就，闻名天下，尤其是以一代"瓷圣"何朝宗为代表的瓷雕，被称为"东方艺术"及"天下共宝之"的精品，德化也被誉为"中国白的故乡、瓷艺术的摇篮"。清代初期，德化陶瓷因社会原因经过短暂波折后，又进入高峰期，从事陶瓷生产的有2.7万人，占全县人口的1/4，有170多处窑场生产青花瓷器。

青花瓷花色丰富多彩，产品大量销往海内外。清代中晚期，德化瓷生产开始走下坡路。民国时期，政局动荡，经济社会环境每况愈下，德化窑场倒闭，瓷业凋零，瓷工失业，全县陶瓷业进入历史最低谷。但瓷雕艺人不忘初心，坚持创作，薪火相传，延续不断。

20世纪50年代初期，德化县正常运营的陶瓷企业仅有3家，1954年陶瓷工业产值39万元。中华人民共和国成立为德化陶瓷业迎来新的发展时期，特别是20世纪80年代以来，全面推广窑炉改造和烧成技术革新，以冷煤气、油、电、液化气等代柴烧瓷获得成功，解决了长期以来困扰德化经济尤其是陶瓷业大规模发展的"林瓷矛盾"，陶瓷生产进入快速可持续发展的轨道。传统瓷雕与新研制出的高白瓷、建白瓷被誉为陶瓷界的"三朵金花"，西洋工艺瓷独占鳌头，形成传统瓷雕、西洋工艺瓷、日用瓷等齐头并进的产业格局。瓷坛新秀争奇斗妍，千手千眼观音、托珠弥勒、莫愁女、贵妃醉酒等一批批瓷雕精品在国内外博览会上抢金夺银，寄艳花瓶、骑凤酒具、成套餐具以及千姿百态的西洋工艺瓷大放异彩，屡获盛誉，得到党和国家领导人的高度评价。1993年，时任国务院总理李鹏欣然题词"德化名瓷，瓷国明珠"。

20世纪90年代，德化县委、县政府实施"科技兴瓷，艺术兴瓷"发展战略，创建陶瓷科技园区和工业园区，科技进步和规模化生产为德化陶瓷业开辟了新发展天地，陶瓷制作工艺、原材料开发、烧成技术改革、陶瓷艺术装饰、包装装潢、特种陶瓷研发等层出不穷，陶瓷技术不断向高层次发展；稀土工艺色瓷、轻质瓷、红壤陶、生态稀土陶瓷、耐热陶瓷、珠白瓷、纹片釉等先后研制成功，传统瓷雕艺术更加绚丽多彩。同时，实施"政府搭台，企业唱戏"营销策略，组织企业家到北京、上海等国内大中城市举办展览会、展销会，拓展国内市场；参加广州商品交易会，以及新加坡、马来西亚等名瓷展览会，到欧洲、美国等办公司、建立销售网点等，开拓国际市场。全方位推进陶瓷业快速发展。2000年，全县陶瓷企业从1990年的97家增加到620家，陶瓷从业人员从9000多人增加到10万

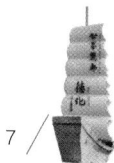

多人，陶瓷产值从9431万元增加到32亿元。

2001年后，德化县委、县政府在推进陶瓷科技进步、规模化生产、市场化运作的基础上，指导陶瓷企业在制精品、创品牌，提速增效上下功夫；建设陶瓷街、陶瓷城，扩大陶瓷销售窗口；创办陶瓷艺术院校，培养陶瓷人才；创建陶瓷文化馆、陶瓷示范基地等，提升陶瓷文化的影响力；举办国内外陶瓷文化交流活动，让全世界更爱"中国白"——德化陶瓷，德化陶瓷制作已被列入国家首批非物质文化遗产保护名录，瓷器入选金砖国家厦门会晤国宴瓷和国礼瓷，艺术瓷雕作品被国家博物馆等40多家国内外知名博物馆收藏，德化获"中国民间文化艺术之乡"荣誉称号。

2018年，全县陶瓷产值328.46亿元，其中陶瓷工业产值263.81亿元，是1954年的6万多倍。陶瓷企业数量快速增长，企业规模效应显现，产业集聚度不断提高。全县有陶瓷企业2689家，其中规模以上陶瓷企业116家，产值超亿元陶瓷企业62家；形成集陶瓷制造、陶瓷机械、瓷泥采选、釉料化工、彩印包装、市场交易、物流配送、专业人才培训、陶瓷文化旅游、陶瓷文化体验等于一体的陶瓷产业链。德化是中国最大的陶瓷工艺品生产和出口基地、国家级出口陶瓷质量安全示范区，被评为中国瓷都、中国陶瓷历史文化名城、世界陶瓷之都。

四

德化县戴云山脉绵亘全境，地形以中低山地为主，1000米以上山峰258座，主峰海拔1856米，与石牛山、九仙山形成境内三大著名风景区。景区内山峰险峻雄伟、瀑布秀美，奇石嵯峨。森林浓郁，花草繁茂，生态环境良好。

据《德化县志》等记载，德化历史上有"德化十二景""戴云十六景""九仙十二景""龙浔八景"等。因历史变迁和人类活动对环境的影响，其中部分景观已不存在，但通过历代文人的记载和赞赏，仍给后人留下深深的眷恋。1978年党的十一届三中全会召开，

国家实施改革开放政策后，随着经济社会事业的发展和人民生活水平的提高，德化县委、县政府开始把发展旅游业摆上议事日程。20世纪90年代，德化县委、县政府把发展旅游业列为新的经济增长点，开辟以陶瓷文化为重点的瓷都旅游，以自然生态为特色的九仙山、石牛山、戴云山旅游，吸引八方游客，呈现良好发展势头。1999年，德化县先后邀请南京大学、福建师范大学等院校专家对境内100多个景区或景点进行规划设计，修编旅游发展规划。2000年后，德化县委、县政府把发展旅游业提升为经济社会发展的重要战略，组织实施"一二三四"发展规划，制定资源保护管理措施，开展生态旅游资源科研交流；先后投入数十亿元资金，改善交通、住宿、餐饮、购物等旅游设施条件，开发建设景区、景点及其提升工程。至2015年，德化已拥有"五区两园"，即戴云山国家级自然保护区、岱仙湖国家级水利风景区、石牛山国家ＡＡＡＡ级旅游景区、九仙山国家ＡＡＡＡ级旅游景区、云龙谷国家ＡＡＡ级旅游景区、石牛山国家地质公园、石牛山国家森林公园等7块"国"字号生态旅游品牌，以及唐寨山省级森林公园、陶瓷博物馆、中共福建省委旧址、中国茶具城等观光、旅游胜地。

2016年，德化县委、县政府以"世纪瓷都·润养德化"为旅游品牌，采取"互联网＋营销"等措施，在德化官方网站、微博、公众微信等平台发布旅游信息，制作《千年瓷都·山水德化》等宣传片，编印《润养德化》旅游指南，与福建交通广播、泉州889广播连线，对接深圳卫视、温州电视台等新闻，多渠道多形式开展旅游宣传推介活动。组织开展"原味德化·首届石鼓美食节"、庆祝"5·19中国旅游节"，重走德化"瓷帮古道"等营销活动，全面提升德化旅游品牌的知名度。2018年，全县接待境内外游客488.09万人次，旅游业收入45.53亿元。德化先后获批创建国家全域旅游示范区，获评国家园林县城、国家生态县，荣膺首批国家生态文明建设示范县，福建省优秀旅游县，福建省"十大醉美县城"之一等称号。

五

德化县属亚热带气候区，温和湿润，冬无严寒，夏少酷暑；多年平均气温18.4℃，降水量1867.2毫米。河流大部分属闽江水系，小部分属晋江水系，总长度495公里，多年平均水资源总量24.92亿立方米，人均水资源占有量7880立方米，是全国平均水平的3.8倍；水能资源理论蕴藏量49.7万千瓦，可开发31.2万千瓦，已开发利用27.91万千瓦，获"全国水电农村电气化县"称号。有矿产40多种，其中铁矿石、高岭土、石灰石储量均在亿吨以上，已探明黄金储量20吨以上。2017年，矿业产值5.8亿元。

20世纪80年代，德化县开通连接东西两个片区的环县公路网。20世纪90年代，实施"先行工程"，改造省道203线、206线德化境内路段，开通建制村公路。2000年后，实施"年万里农村网工程"，铺设建制村公路水泥路面，硬化率达99.5%，全面改善乡村交通运输条件。2010年后，先后开通泉三高速公路德化连接线、厦沙高速公路德化段，德化交通进入高速时代。县、乡镇公路全面提级改造，山区交通不便问题全面解决。2017年，兴泉铁路开工建设，德化进入铁路时代，交通将更加便捷。

20世纪90年代初，德化县开始实施"大城关"发展战略，率先撬开城镇化大门。2018年，城区面积27.5平方公里、人口26.3万，常住人口城镇化率75.4%，集中了全县2/3多的劳动力、经济总量、税收和95%的中小学生，开创了以产兴城、以城聚人、产城融合、全国为数不多的"大城关"发展模式，被中央党校作为典型案例编成课题丛书，列为福建省首个统筹城乡发展试点县、新型城镇化试点和国家智慧城市试点县。

德化商业也迎来了全新的发展前景，依托现代交通和陶瓷制造业基础，形成遍布城乡的商业网络和繁荣的专业市场。2015年，德化县委、县政府提出《关于推进"互联网+"行动的指导意见》《关于促进现代服务业发展的实施意见》，优化和完善全县电商发展的

政策环境。同年5月，成立德化县供销电子商务公司；11月，组建农村电子商务运营中心并上线运行；培育淘宝镇、淘宝村等电商聚集区，推进企业入驻电商创业园。设立县电商服务中心，与阿里巴巴淘宝项目成功对接；举办首届中国陶瓷电商峰会，不断加大电子商务培训力度，推进电子商务快速有序发展。至2017年，全县电子商务运营企业6800多家，交易额达到85.2亿元；网络零售额25亿元，其中网上茶具销售市场占据全国80%份额，拥有3个淘宝镇、12个淘宝村，获网商指数、网商数据应用普及率、跨境电商"三个全省第一"，是全国最大的陶瓷电子商务产业基地，连续4年进入"中国电子商务百佳县"榜单，连续3年跻身全国大众电商创业最活跃十佳县之一，电商发展经验被阿里研究院作为案例在全国推广，获评福建电子商务示范县，列入国家电子商务示范基地，获评中国电子商务百强县。2018年，全县拥有亿元市场1个，全县社会消费品零售总额达78.24亿元，比1982年的3338万元增长233倍，年均增速达16.9%，全县批发业、零售业、住宿业、餐饮业销售额分别达到10亿元、16.86亿元、1.56亿元、1亿元，分别增长10.0%、28.0%、14.4%、7.5%。农村人口不断向城镇转移，第二、三产业不断向城镇聚集，城镇发展实现历史性跨越，城镇化进程全面协调推进；居民收入不断提高，人民生活极大改善。2018年，在岗职工年平均工资从1978年的596元增加到55372元，是1978年的97.3倍。各种经营性、财产性收入逐渐增加，可支配收入不断攀升，其中城镇居民可支配收入33863元，是2005年的3.5倍，农村居民可支配收入15465元，比1979年增长110.3倍。

20世纪90年代中期，德化县委、县政府开始贯彻执行"自主创新、重点跨越、支撑发展、引领未来"方针，实施"科教兴县"战略，开展创建科技先进县、科普示范县活动；实施国家"火炬计划"，创办民营科研机构，推广新品种、新技术、新材料，创建高新技术企业，拥有大批专利和著名产品品牌，获全国科技先进县、全国科普示范县等称号。贯彻执行国家《义务教育法》，实现"一

无两有""双高普九"目标计划。2018年，全县有泉州工艺美术学院、德化职业技术学校，有中小学、幼儿园120多所，各类学校在校学生6.39万人。发挥历史、陶瓷、民俗等传统文化优势，开展多层次、多形式的文化活动，文艺创作硕果累累，获"中国民间文化艺术之乡""福建省文化先进县"称号。医疗卫生坚持预防为主、防治并举的方针，逐步改善医疗设施条件，解决"看病难，看病贵"问题，实现初级卫生保健合格县目标。同时不断加大养老保险力度，城乡居民养老保险参保率85.7%；完善养老服务体系，推动养老机构与医疗卫生机构签订合作协议，探索开展医养结合试点。全县医疗机构77个，病床床位数1496张，是1952年8个床位的187倍，卫生技术人员1513人，是1952年28人的54倍，养老服务床位1174张，医疗保障实现全覆盖。

回顾过去，把握现在，才能更好地创造未来。遵照习近平总书记"要把红色资源利用好，把红色传统发挥好""要把红色基因代代相传"的重要指示，德化县老区人民在中共德化县委、县政府的领导下，不忘初心，牢记使命，充分发挥德化老区山、水、瓷、矿资源优势，找准工作切入点，精准施策，经济社会各项事业稳步发展。

翻开历史，一件件史实历历在目；打开记忆，一件件往事记忆犹新；放眼望去，一幅幅发展前景光辉灿烂！习近平总书记已经发出"决不让一处苏区老区掉队"的动员令，老区人民要继续保持和发扬团结奋斗的大智慧和精气神，以守匠心、致非凡的态度继续提升德化经济竞争力，建成小康社会，为实现民族伟大复兴的中国梦做出新的贡献！

第一章

革命初期·古瓷都星火

一座木屋，古朴、平凡，却因近百年前，一场庄严的宣誓，成为永恒！

中共德化支部成立旧址——豹尾堂

（徐艺星 摄）

福建德化制瓷历史悠久，是中国陶瓷文化发祥地之一。早在新石器时代，就有原始青瓷；历经唐、宋、元时代，德化人经过漫长的历史积累、艰辛的探索与实践，终于创造了明清时代的一个鼎盛时期，以瓷圣何朝宗为代表的陶瓷艺术及其作品，迎来"天下共宝之"的美誉，在世界陶瓷发展史上占据一席之地。

在漫长的历史过程中，尤其是在近代半封建半殖民地社会背景下，德化虽然地域广阔、资源丰富，有历代传承的制瓷工艺，却因沟壑纵横阻隔，社会动荡不安，勤劳俭朴的人们不仅没有安居乐业的日子，还要深受战火硝烟之害，饱受残酷剥削之苦，长期挣扎在死亡的边缘。据有关史料记载，"苛捐杂税之繁重，在山区县份中德化为最"。长期处于水深火热中的德化人民，渴望获得翻身和解放。

1927年1月，中国共产党德化支部成立，揭开中共德化党史第一页，点亮指引德化人民争取自由幸福生活的明灯，让德化人民看到走出困境、走向光明的希望。不久，为了适应革命斗争需要，重新建立的中共德化特别支部，带领德化的革命斗争活动向新的地区发展。1928年10月，党组织在艰苦的革命斗争中又有新的进展，组建中共德化（临时）委员会。1932年，党领导的安南永德苏区已经形成并不断发展扩大，德化党组织经过革命烈火的锻炼和考验，成立中共德化县工委，对如何领导德化人民进行革命斗争有了新的认识，积累了新的经验，把德化革命斗争活动推向新的高潮。

"野火烧不尽，春风吹又生。"革命的星星之火，终于燃烧成燎原大火。在中国共产党的领导下，德化人民团结一致，不怕艰苦，不怕牺牲，在挫折中吸取教训，在斗争中增长智慧，前仆后继，英勇奋斗，为争取德化人民的翻身解放乃至全民族解放事业的胜利做出艰苦不懈的努力和贡献。

第一节 古瓷都记忆

一、古瓷都钩沉

历史上，福建德化是中国三大古瓷都之一。早在4000多年前的新石器时代，德化先人就开始制作和使用陶瓷，有了硬陶和印纹陶。考古发现的丁溪和美湖等处新石器时代遗址，为早期瓷民的活动提供了实物见证。尤其是三班辽田尖山发现的夏商时代的原始青瓷窑址，存有许多原始瓷片和陶片，上有"戳点纹""绳文""网纹"等原始青瓷典型花纹，再一次佐证了德化窑与浙江德清窑是已知的最早烧制原始青瓷的古窑，是陶瓷文化发祥地之一。

唐代以前，德化行政区域建制未见文字记载。唐贞元年间（785—805年）析永泰县归义乡置归德场。五代后唐长兴四年、闽龙启元年（933年）由永泰县析出归德场置德化县，隶属闽国东都（今福州）。后汉乾祐二年、南唐保大七年（949年）尤溪县析常平、进城二乡归德化县辖，时属南唐清源军（今泉州）。其间，德化陶瓷制作已粗具规模，制瓷技艺日趋成熟。三班、泗滨一带制瓷已较发达，编纂了世界第一部陶瓷专著《陶业法》，比欧洲出现同类的陶瓷工艺专著早了八百多年；同时，还绘制了世界上第一部陶瓷工厂规划设计图《梅岭图》，为后来开发梅岭窑场创造了条件。

宋代，德化属清源军、平海军和泉州；元代，属泉州路、泉宁府和泉州分省。宋元时代，德化生产以青白瓷为主的国内外生活用品，器型有碗、盘、炉、盒、壶、军持等。这些瓷器造型优雅，釉色晶莹润泽，如脂似玉。随着泉州港的崛起，海外贸易的发展，德化瓷漂洋过海送往世界各地，是海上丝绸之路三大商品（丝绸、陶

瓷、茶叶）之一，德化成为中国古陶瓷外销史上最早大量外销的陶瓷产区。德化境内尚有宋元时代的古窑址42处，其中屈斗宫古窑址长57.10米、宽1.40～2.95米，为国家级文物保护单位。德化瓷工林炳发明的龙窑，不仅烧瓷数量多，而且烧成质量好，林炳也因此被后人奉为"窑神"。德化以龙窑烧出的青瓷、青白瓷、白瓷等器物，大量销往海外，宋代沉船"南海一号"上出水的13000件德化瓷器，见证了这一时期德化陶瓷的规模与精美。意大利旅行家马可·波罗在他的游记中由衷地盛赞德化瓷器"既多且美"。

何朝宗作品

明代，德化县属福建布政使司泉州府。这一时期，德化陶瓷生产能力和工艺水平都在宋元之上，烧制技术炉火纯青，制作工艺从造型到釉色都登上了一个新境界，被后人称为德化陶瓷发展史上的一个高峰。当时烧成的质量上乘的"阶级窑"为全国首创，其装烧容量大、节省材料，易于控制烧成温度，不仅为华南其他地区采用，而且对日本等陶瓷窑炉的设计影响极大，被称为"德化窑"。日本铃木已代三著的《窑炉》一书记载，"日本窑是深受德化窑的影响而设计的"。所生产的白瓷质地致密，釉色温润明净，器型典雅精美，被誉为"象牙白""鹅绒白"，代表了白瓷生产的最高水平，赢来了"世界白瓷之母""世界白瓷看中国，中国白瓷看德化"的美誉。明代又是德化瓷雕艺术最为繁盛的时期，以"瓷圣"何朝宗为代表的一大批瓷塑艺术大师，用自己在实践中总结研创的捏、塑、雕、刻、刮、削、接、贴"八字技法"，制作出独树一帜的瓷雕作品，

把德化窑瓷雕艺术推到一个前所未有的境界。他们的瓷雕作品，造型优美，气韵生动，被视为"东方艺术珍品"。同时，随着葡萄牙人、西班牙人、荷兰人等的到来，他们大量采购中国市场上的德化瓷，以及大量定制西方风格的德化瓷，德化瓷在欧洲乃至全球陶瓷界产生了广泛深远的影响。

清康熙二十三年（1684年），政府解除海禁，德化瓷业很快又恢复高峰期，至乾隆年间（1736—1795年），全县有170多处窑场生产青花瓷器，从事陶瓷生产的有2.7万人，占全县人口的1/4。清雍正十二年（1734年），德化划属福建布政使司永春直隶州。这一时期，青花瓷继续成为德化窑生产的主流，而且花色丰富多彩，纹饰内容取材广泛，构图笔法明快简洁，雅俗共赏，产品大量销往全国各地，以及欧洲、非洲和东南亚等地区。"泰兴号"沉船发现的35万件德化青花瓷器，证明清代早期德化瓷的生产不仅延续了明代的辉煌，而且是有所创新和发展的鼎盛时期。清代中晚期，随着外

清代青花瓷

古龙花瓶

虏入侵，国力衰弱，德化瓷业开始走下坡路，逐渐进入低谷。但民间艺人仍继承传统，坚持从事制瓷业。

民国时期，德化县历属福建兴泉永道（南路道、厦门道）之第四、第六、第七、第九行政督察区。社会不稳定，经济社会环境每况愈下，全县陶瓷业日渐衰弱。民间少数艺人一方面因求生存所需，一方面为了保存陶瓷技艺及其文化传承，仍召集一些人坚持陶瓷制作。他们在艰难的环境中继承传统，执着创新，使德化陶瓷薪火不至于因社会陷入困境而完全熄灭。民国四年（1915年），民间艺人苏学金首创捏塑梅花，在巴拿马万国博览会上获金奖，之后许友义的工艺品《木兰从军》《关公》《观音》等瓷雕作品，先后在英国、日本举办的国际博览会上获金奖，被西欧一些国家博物馆保存。20世纪30年代初期，德化先后引进国内外炼泥、球磨、辘轳车等陶瓷生产机械，试行研制釉上彩绘颜料，试产色釉和电用瓷、瓷砖、化工瓷等。20世纪30年代后期，由于日寇入侵和地方兵灾匪乱，瓷器销售受阻，乡村民窑纷纷倒闭，瓷业凋零，瓷工失业，德化陶瓷业进入低谷。

二、近代社会民生

德化地广物阜，人民勤劳朴素，有不折不挠、艰苦创业的精神。广大村民历来以农业为主，林业、畜牧业和手工加工业为辅；工业以陶瓷制作为主，少数人从事造纸、炼铁、烧制石灰等。因长期政治动乱和战乱，经济社会发展迟缓。

民国中期，德化县境内民军割据，政局动荡，兵匪横行，田园荒芜，窑场倒闭，广大乡村民众遭受凌辱和痛苦。盘踞德化的民军为保住自己的实力和地盘，有的投靠新军阀，接受收编；有的割据一方，极力发展自己的势力。为争夺区域统治权，大小军阀既互相勾结又相互排斥，明争暗斗，争夺地盘与争相收编土匪，扩充势力。德化的政局为一帮豪绅、民军所操纵。割据德化的民军，主要有西北（葛坑）地区的陈国华、西部（美湖）地区的林青龙、南部（县城、三班）地区的徐飞龙（徐簪枝）、东部（水口）地区的黄其明等几股势力。

这些投靠新军阀的德化民军，他们军匪一体，不仅大肆打家劫舍，烧杀掠夺，掳贩儿童、妇女以换取枪支弹药，而且向民众派饷、派捐，使德化人民处于深深的灾难之中。他们相互吞并，战火频繁，致使德化一带有许多土地荒芜，农村中许多房屋空无人烟。德化的军匪所到之处，民不聊生，有民谣为证：

> 三生不幸遇凶年，南北纷争各要捐。
>
> 捐生加捐捐不尽，饷中又饷饷难还。
>
> 田粮兼收牛羊税，男女受亏讲不完。
>
> 如此苦情轮到底，何时有日见青天。

德化政局为民军所左右，县长系民军委派，更换频繁，其中民国十二年（1923年）更换了13个县长，民国十四年（1925年）更换了16个县长，谁占领县城谁就当县官，谁被打败逃出县城谁就是土匪。为官的则胡作非为，大肆搜刮民脂民膏；为匪的则烧杀掠夺，无恶不作。社会动荡，兵荒马乱，民不聊生。

纵观历史，德化人民不仅深受战火硝烟之害，而且饱受残酷剥削之苦，长期挣扎在死亡的边缘，其苛捐杂税之繁重，在山区县非常罕见。清代仅田赋就有地丁、差役、杂赋、堂捐、烟苗捐等。民国时期，德化沿袭清例外，还承包屠宰税等22种，摊派的各种杂费项目之繁、款项之多，不胜枚举。为官者擅专职权，大肆搜刮民膏民脂。时人暗地在县府大门外张贴如下对联：

> 公不公都是牛公马公乌龟公，公心何在公理何存，终日假公行克剥；
>
> 局添局无非酒局肉局鸦片局，局内者生局外者死，何时了局见升平。

这是德化人民对豪绅土匪操纵统治下的腐败政府恨之入骨，盼望组织起来与反动势力进行斗争的写照。

德化县人民历经2000多年封建专制的统治，尤其民国时期新旧军阀混战，干戈不息，政局动荡不安，工农业生产尤其是瓷业生产遭受严重破坏，五业萧条，经济社会极端落后，满目疮痍，县城屡经轵陷，几成亡县之残局，广大人民群众挣扎在水深火热之中，盼望早日获得翻身解放。

第二节 中共德化组织建立与发展

一、马克思主义在德化传播

1919年5月4日发生的五四运动是中国新民主主义革命的开端，它有力地推动了马克思主义在中国的广泛传播，为中国共产党的成立做了准备。1921年7月，中国共产党成立，积极开展马列主义宣传教育活动。这时进步刊物《向导》《新青年》《前锋》《先驱》《中国青年》等以及由共产党领导出版发行的马克思主义经典著作等，像洪潮冲决闸门一样在福建大地瀑流。这期间，反映各种新思潮的刊物和社团组织如雨后春笋般地竞相出现，反映各种思潮的报刊亦十分活跃。在这股新思潮的影响下，德化的共和阅报社、民众教育馆先后成立，各团体陆续创办了报刊。1925年，国民党德化第一区分部创办《红光报》周刊和《石笙》报刊，开展以民主革命为内容的宣传活动。其间，《福建公报》《闽商日报》《泉州日报》，以及邻县的《永春日报》等也传入德化。尽管代表各种思潮的报刊出现并存，带有其多面性和复杂性，但五四运动后出现的马克思主义的传播成了当时宣传报道的主流。

1926年，中共党员唐生、庄仰山、庄醒民等奉上级之命，到德化宣传马克思主义和开展革命斗争活动，领导群众开展减租减息运动，通过各种渠道把马克思主义传播到工农群众中去，推动德化革命活动向前发展。

二、中共德化支部揭开德化党史第一页

1926年秋，在广州秘密加入中国共产党的唐生夫妇，受厦门中共总干事会指派到德化，以找伤科拳师治伤为名，秘密开展革命活动。唐生到德化，住在城关塔岸街后"吉记"染布店郑信贵（大坂人）处，以助理店中账目、协助店员工作为掩护，不断向郑信贵传授革命思想，经一段时间相处，与郑感情甚笃。以后，他又结识了丁墘村农民张顺月，关系逐渐密切，便到张家住下，受到张顺月的关心和照顾。唐生在熟悉和了解情况过程中，或秘密召开会议，或化装外出私访串联，在丁墘一带开展秘密革命活动，先后发展了张顺月、郑信贵等一批共产党员。他还接触了驻德化县城一带的民军头目徐飞龙，受到徐的礼遇。由于开展工作的需要，唐生在德化活动了一个多月后即回泉州，随后又与寄居朋友陈盛明家中的庄仰山一起来德化，共同开展工作。唐生在德化开展的革命活动，为德化创建党组织进行了充分的思想和组织准备。同年11月中旬，国民革命军东路军进驻泉州。同年底，在大革命形势的影响下，成立了德化教员工会筹备会、"觉民社"、农民协会等群众组织，创办了农民夜校。

1927年1月，唐生与中共闽南部委（特委）派来的庄醒民在德化共同开展革命活动。经过一段时间的筹备，全面分析德化当时的社会状况和群众的思想基础，认真考察了党员及党外积极分子的思想表现，按照中共地下党的有关规定，在城关丁墘建立德化第一个共产党组织——中国共产党德化支部，庄醒民为党支部负责人，从而揭开了中共德化党史第一页。中共德化支部是福建泉州地区较早建立的中共地下党组织之一，它像黑暗中点亮的一盏明灯，指引德

化人民摆脱苦难的深渊，走向自由幸福的家园；像茫茫大海中的灯塔，指引迷惘中的小船驶向光明美好的彼岸。

中共德化党组织的建立，把德化工农运动不断推向新的高潮。德化党组织在中共泉州特支的指导下，进一步领导和发展工农运动，组织陶瓷工人向窑厂主进行斗争；开展以减租减息、减轻农民负担为中心的农民运动，推动农民反抗地主、豪绅的斗争，发展农民协会。当时，泉州特支曾派一些党团骨干参加兴泉永政治监察署的工作，在德化开展革命活动的庄醒民以兴泉永政治监察署民运指导员身份，协同发动和领导德化工农运动，在丁墘、墨苑、鹏湖、小溪、官路下、土坂等群众基础较好的村落先后建立了农会组织，其中丁墘村就有120多人参加农会组织。农会提出了"反对苛捐杂税""反对贪官污吏""打倒军阀""打倒土豪劣绅"等口号，领导了减租抗税活动。在德化城关附近的三班、土坂、仙荣、盖德、格头等地也掀起了声势浩大的减租减息运动。德化城关及附近乡村的农民活动开展起来后，有力地打击了土豪地痞的嚣张气焰。

这时期，城关附近到处演戏宣传，革命活动非常活跃。当时德化城关工农群众传唱着革命歌曲：

打倒列强，打倒列强除军阀，除军阀！

国民革命成功，国民革命成功；

齐欢唱，齐欢唱！

……

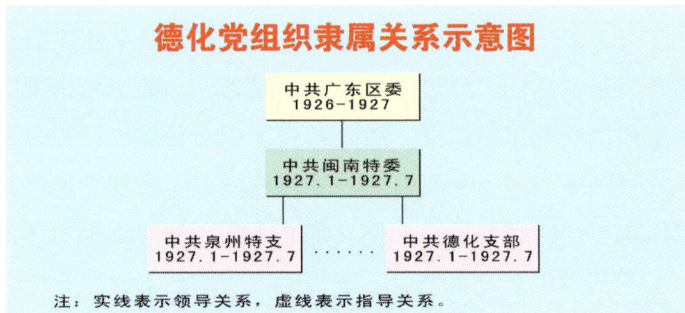

德化党组织隶属关系示意图

中共广东区委
1926—1927

中共闽南特委
1927.1—1927.7

中共泉州特支　　　　　中共德化支部
1927.1—1927.7　………　1927.1—1927.7

注：实线表示领导关系，虚线表示指导关系。

德化党组织隶属关系示意图

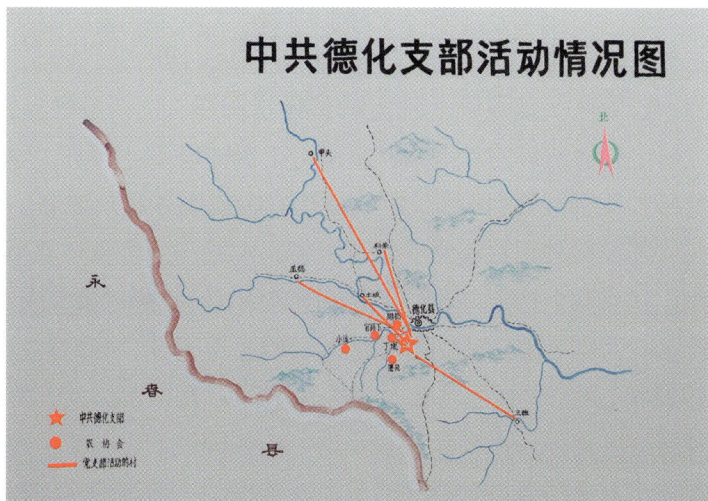

中共德化支部活动情况图

至今，浔中、丁墘等地许多上了年纪的人，回忆起当时的情景时都说："在这段日子里，人民群众曾经欢喜过。"

三、中共德化特支扩大革命活动范围

1927年8月7日，党中央在汉口召开会议，决定开展土地革命，武装推翻国民党反动政权，建立革命政权和武装。同年8月上旬，为加强闽南地区党的工作，中共中央派陈明（少微）到厦门，并于8月中旬在漳州召开部委扩大会议，组成闽南临时特委。闽南临委根据党中央的指示精神，决定以"秋收减租及反抗烟苗捐二种运动，为闽南农民公开的斗争工具"。

闽南部委扩大会议后，在中共德化支部领导下，德化县的农民也纷纷组织起来，进行抗租、减息斗争。9月，国民党德化县县长大肆摊派"烟苗捐"，激起民众愤怒，县城附近的农民、学生、居民近千人举行游行。农民们扛着锄头、鸟枪，举着红旗，高呼"打倒土豪劣绅""反对苛捐杂税"等口号，在城关城隍庙（现公安局楼地）集中后，经塔岸街、丁溪桥、西门，最后回到城隍庙宣告游行结束。土坂、科荣（仙荣）、三班、盖德等地的农民也积极响应，先后参加减租减息、抗捐等斗争。这时期，城关附近人们到处演戏、

宣传，气氛非常活跃。

闽南部委扩大会议后，恢复和整顿了闽南、闽西各地党组织。其间，德化屡遭破坏的党组织恢复了与上级的联系。11月，建立中共德化特别支部。12月4日，中共福建临时省委在漳州成立。在12月26日《陈少微关于福建党的情况报告》中指出，全省有武平、南靖、德化、仙游4个特支，德化特支有同志约10人。德化特支成立后，又成立了城西党支部，活动范围逐渐向城西及三班一带扩大。

1928年1月，中共福建临时省委在厦门召开扩大会议，发表对福建时局的宣言，号召举行武装暴动，打倒国民党反动派，建立苏维埃政权，为泉属各县党领导的革命斗争指明了前进的方向。根据这一精神，德化特支积极开展活动，发展党的组织。首先在城西建立一个农民党支部，在泗滨建立A支部；在"觉民社"中培养积极分子入党。

同年春夏间，城西党支部在北门外县立第一高级小学发展了李凤朝、甘逢时入党，成立"一高"临时党支部。随之，特支领导人派李凤朝在培凤中学开展活动，向学生宣传进步思想。但校方限制同学的言论自由，训育主任徐某还搞所谓"催眠术"蒙骗学生，并抓走几个同学。为了反抗校方的无理行为，在李其森等10多个同学的带动下，学生举行罢课、张贴标语等。校方激怒，把李其森开除出校，后经介绍李其森到厦门中华中学读书。其他参加活动的同学，有的转学到永春等地学习。中共德化特支的成立，使德化的革命斗争有了新的发展，革命活动范围也逐渐扩大了。

四、中共德化县（临）委成立及深远影响

1928年8月，中共福建省委在厦门成立。9月，省委派吴亚鲁（野鹭）巡视泉州及南安、惠安、永春、德化各县。9月22日，吴亚鲁到达永春东区，经筹备于24日在五里街后庙召开中共永春县委第一次代表大会，通过了举行武装暴动，推翻现政权、建立苏维埃政权等决议。同时在决议中要求"在永春县委直接指导德化的工作期间，

县委应派一名县委委员到该县发展，城区应向西区发展，然后各区贯通起来，永春的党北方发展到桥头铺而直达德化……"随后，由吴亚鲁代理永春县委书记，领导

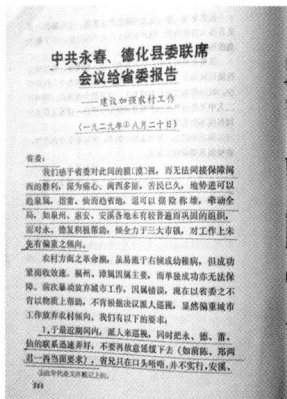

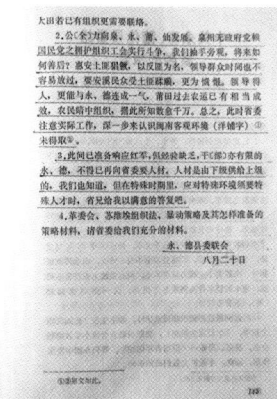

中共永春、德化县委联席会议给省委报告
（1929年8月20日）

东区农民斗争。永春党代会后，吴亚鲁于10月到德化巡视，并对德化特支的工作进行了整顿，恢复发展了4个党支部，共青团的工作仍然合在党支部内，未分开活动。在整顿期间，又发展了4个党员，并恢复群众组织"觉民社"和教育研究会。还在永春、德化交界的四班，整顿永德促进自治村委员会，选举委员7人，其中有党员苏健、苏克书2人。在上述工作基础上，成立中共德化县（临时）委员会，下设4个党支部，有党员13人。德化县临委因干部力量甚弱，组织也不健全，在地理位置上又与永春关系密切，其组织活动由永春县委直接领导。德化县临委成立后，组织陶瓷工人工会，发动群众组织"觉民社"，在学生中吸收积极分子加入共青团组织。

10月18日，永春县委和县农协会执委部署在东区召开群众大会，枪决两名土劣爪牙，向反动派打响了第一枪。东区斗争声势日盛。此时，驻守永春县城的国民党军张贞所部和湖洋民团刘子宽勾结，于11月19日对该县农民协会发动突然袭击，即"东区事变"。由于力量对比悬殊，农协会执委主席颜步青等7人被捕。反动当局还不断派侦缉队四处抓人，制造白色恐怖。在永春桃东教书的德化籍党员陈子仙、吴郅治等人，原在永春参加革命活动，"东区事变"后，即回德化以教书为业，在三班、县城一带继续进行革命活动，后与盖德的李凤朝接上了关系。11月17日，吴亚鲁回省委汇报工作，

省委另派陈辰同代理永春县委书记。陈辰同到永春时，正是"东区事变"后白色恐怖严重的时候，他又是外地人，无法开展工作，返回省委驻地厦门。东区农民斗争受挫后，永春县党组织的力量向县城以西

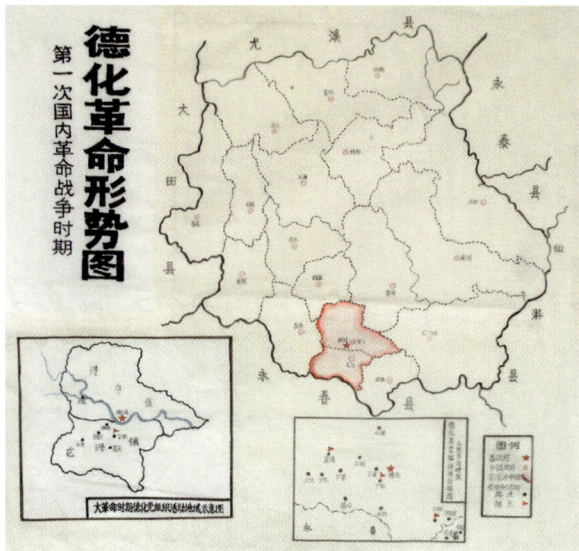

第一次国内革命战争时期德化革命形势图

的五里街、石鼓、鳌峰转移。德化县临委的活动，也受到一定的影响。

1929年2月，当毛泽东、朱德率领的红军在闽西一带活动时，德化的革命形势发展缓慢。其时，土匪尤赐福割据德化一部分地区，并迫近县城，德化处在军阀土匪为争夺地盘而剧烈斗争的环境中。德化党组织因"东区事变"失去永春县委的指导，且与省委联系少，使得工作进展不大。同年4月，永春县委召开临时代表大会，推进德化党组织恢复活动，在德化与永春交界的地方开展工作。颜克趋、吴郅治以及陈子仙等参加革命活动的教师从永春回德化，先后在泗滨、龙阙小学一带以教书职业为掩护，向瓷工、农民进行宣传发动工作。陈子仙、颜克趋、陈敬明及瓷工颜湖等人在三班泗滨小学举办夜校，名义上是召集附近的瓷工和农民读书，实际上是通过夜校传播革命道理。开始时只有七八人参加，后来发展到二三十人，从厦门等外地来的革命者也到该校演讲。夜校开办一年多，后因陈国辉驻军德化，进攻三班民军徐飞龙部，在战火纷飞中被迫停办。泗滨夜校虽然被迫停办了，但对三班一带开展革命斗争产生了重要影响。

五、中共德化县工委将革命推向新高潮

1932年，在安南永德游击区创建与扩大过程中，隐蔽在陈国辉部开展秘密革命活动的共产党员颜湖，利用新军阀陈国辉在福州被国民党第十九路军扣押的机会，策动颜泗德、颜礼纳等10余人回德化三班开展活动，并与李子云等人取得了联系。经杨七联络，他们与林书作、颜湖、李子云等人配合，相继恢复了三班、丁墘、墨苑、鹏湖、小溪等村的工作，并于10月建立了中共德化县工委。颜湖任工委书记，林书作和李子云为委员。县工委成立后，开展革命活动的地区逐步扩展到土坂、盖德，仙荣的山仔林、贵德洋，高蔡的高洋、长林，泗荣的下坑、下寮和永春四班的龙津村等，并在三班、丁溪、土坂、盖德建立了4个党支部，发展党员20多人。德化县工委除了继续在上述地区领导组织农会，开展减租抗税活动外，更主要的是组织游击队开展武装斗争。为了与中共安溪中心县委更好地联系，县工委开辟建立了两条交通线：一条是从三班经永春四班、龙头庵各一个交通站，到达永春革命根据地；另一条是从丁墘、盖德通往苏坑到达永春革命根据地。交通路线的建立，使德化与永春两地党组织的活动更为紧密地联系起来。

在中共德化县工委领导下，城关附近的革命斗争活动曾一度发展到高潮，活动范围扩大至三班、丁墘、盖德等10多个村，共有415户农民和瓷业工人秘密参加了农会和赤卫队。盖德的溪头、三班的泗滨和永春四班的龙津等村，除少部分农户外，都参加了革命斗争。仅三班的泗滨、东山村就有瓷工100多人参加活动。这一时期，党组织领导三班、盖德等地的人民群众开展抗租抗税斗争，也取得明显成效。三班"南岭窑"的瓷业工人抗缴"窑烟捐"，盖德村的民众抗缴"膏伙田"，丁墘、丁溪等城关附近的村民抗缴"烟叶税"等都取得胜利。

第三节　星火燎原

一、朱德带领红军过境播下火种

1929年初，毛泽东、朱德率红四军入闽，开辟了闽西革命根据地。同年8月，为粉碎敌人所谓三省"会剿"，保卫闽西革命根据地，朱德率红四军二、三纵队和前委机关3000多人出击闽中，于中旬自闽西向大田、德化进军，驻扎在德化屏山（原属德化济屏乡，现归大田管辖）万应庙内。

当地群众听说红军进入屏山，大部分都躲进了土堡。村中小街上店门紧闭，街无行人。红军只好先打开店铺，把膳食需要的东西过秤，并写了纸条，将银圆放在缸里，外贴封条，出来时关好店门，再贴上封条，以防坏人乘机行窃、破坏。其中一张留款信落在郭守程民房正堂次间槛窗的墙壁上，至今仍保留着。留款信上写着："菜××、米6文、油××，共××元。红军。"（红四军留款信旧址位于今屏山乡屏山村82号玉润堂）。这张留款信是红军秋毫无犯的革命纪律、红四军军纪严明的见证。

朱德率领的红军指挥部设于举人厝。朱德主持召开群众大会，号召农民群众跟着共产党闹革命，打土豪分田地，并宣布成立济屏乡苏维埃政府。随后组建了赤卫队，成立农民协会、贫农团。红四军出击闽中，宣传党的方针政策和红军的性质、宗旨及任务，广泛发动群众，在安南永德地区播下了武装斗争的火种。

当时，屏山老街道有一家诊所，建于1921年，由郭昭远与民间名草药医郭景云一起经营。朱德率红军出击闽中大田、德化，抵达济屏时，时逢暑季，气候炎热，加之战事劳累，饮食无常，包括

朱德军长在内的几十位红军将士皆患痢疾。郭景云和郭昭远进山采集草药，用祖传医术熬制汤药，治愈朱德军长及红军将士的痢疾。朱德十分感激，送一支六角形法兰西铅笔给郭景云，并将从闽西带来的两个书箱赠送给郭昭远。法兰西铅笔现保存在福建省革命历史纪念馆，两个书箱被当地政府收藏。

红四军主力向赣南、闽西进军，并开辟了赣南、闽西革命根据地，促进了福建工农群众斗争的发展。中共德化县（临时）委员会及其下属基层组织在红四军入闽的影响下，也逐渐恢复并领导工农群众的斗争。德化的瓷工数量多，为了把他们组织在赤色工会里，发动他们开展经济斗争，以扩大党的政治影响，提高广大瓷工的阶级意识，使他们能积极地参加并领导农村的斗争，党组织在瓷工比较集中的三班泗滨开办了夜校，进行宣传发动工作。

中共永春、德化县（临）委为了响应红军的行动，更好地开展武装斗争，于8月20日召开了联席会议，并将情况报告省委，建议加强农村工作和派干部来永、德领导开展斗争。省委于9月14日指示永春、德化的党组织，合并改为永德县委，以指导两县开展工作。据此，在永春组成永德县委，各区设区委，区委下设乡村党支部。永德县委书记由陈韵夫担任。德化设立区委，区委书记为陈子仙，委员为苏健、吴郅治。永德县委组成后，有党支部18个，党员61名。各基层党组织逐渐恢复各地区的工作，永德地区的革命斗争活动开始出现新的形势。

二、党组织领导武装抗捐斗争

1929年10月，中共福建省委针对军阀混战和民众备受苛捐杂税沉重压迫和剥削的形势，强调泉属各县必须发动群众抗捐，指出"帝国主义的侵略与军阀混战，使泉属的农村经济日趋破产"，"杨树庄与陈国辉的战争有延长与扩大的可能，因此党目前的任务是发动与扩大群众的斗争，特别是在斗争中加紧宣传组织及武装的准备"，"反苛捐杂税为目前发动斗争的中心口号"；在军阀战争中"夺

取兵士群众到工农方面来"。并指示泉属的工作应注意"由泉州到德化这一路的工作，特别注意洪濑、诗山、永春县城"，并要"注意与闽西取得联络"。 11月，永德县委在永春后庙召开扩大会议，讨论贯彻省委关于发动群众、组织武装的指示，决定以靠近德化鳌峰乡农会为基础，开展抗捐斗争。随即，委派林菁、陈其挥等人负责组织民众和争取民军营长陈清如的工作，在鳌峰10多个村落组织了数百人的抗捐武装队伍。

陈清如系鳌峰后垄人，时任民军尤赐福部营长，拥有100多人枪。是年9月，军阀陈国辉重新占据永春县城，尤赐福被迫退入大田，陈清如暂驻鳌峰。陈国辉横征暴敛，不仅民怨沸腾，而且侵夺地方势力利益。因此，民军与陈国辉矛盾颇深。为了利用民军的力量，根据党组织的指示，陈其挥以族亲关系，通过多方工作，联系陈清如加入反对军阀陈国辉的抗捐斗争。1930年3月，陈国辉向鳌峰乡强派"烟苗捐"3000块银圆。月底，派往鳌峰催捐的5名士兵被林菁率群众联合陈清如部属缴械，从而触发了与陈国辉的武装冲突。5月上旬，陈国辉派彭棠及林妙庆所部1000余人，分数路包围鳌峰革命根据地，占领桥头铺及鳌峰总校。大敌当前，革命群众和民军一起奋起武装反抗，坚持战斗一天一夜。后因敌人发动全面围攻和采取残酷的"三光"政策，同时陈国辉又勾结德化仓尾（今尊美）林青龙匪军，配合进攻德化县城关，加之原先联络了的民军徐飞龙（徐部民军与陈清如民军有直接关系）所部受到强大压力未能分兵支援鳌峰战斗，以致抗捐斗争的武装力量陷入孤军无援的境地，遂使这次鳌峰农民武装抗捐斗争失败。在敌人大兵压境情况下，鳌峰革命根据地的农民武装主力和大部分群众被迫撤退，转移到永春、德化交界的边境地区。在鳌峰抗捐斗争中，有30余人遭残杀，10余座民宅被焚毁，群众被掳勒数千元。

中共永德县委领导鳌峰农民武装抗捐斗争失败后，参加领导斗争的县委委员兼永春西区区委书记李文墨，不幸于5月11日被敌人捕获，并被杀害于永春西校场。永德地区白色恐怖加剧。

陈国辉镇压了鳌峰农民武装抗捐斗争后，即率兵入德化讨伐卢兴邦部所属的徐飞龙部民军。由于德化党组织的活动区域主要在徐部控制区内，战事的发生使德化区委的工作受到影响，活动几乎停顿。7月，省委特派员许依华（又名许侠夫，时为中共泉州特委书记）和陈普济负责整顿永春、德化党、团组织，重新建立永春县委，由许依华任书记。同期，陈普济到德化巡视，建立德化特支。德化特支有8个党支部（归永春县委领导），两个为农民党支部，一个为混合党支部（知识分子2人，农民2人）。群众组织有一所平民夜校，群众20余人。

徐飞龙战败后，残部郑捷陞（亦名林捷陞，俗称魁星言）、郑月成等被陈国辉部收编。三班的颜礼纳、颜泗德等在郑月成部当兵。其间，泗滨夜校因德化战事的影响停办，坚持斗争的颜湖即打入陈国辉部郑捷陞连当庶务长，继续秘密从事革命活动。此时，原在江西省立陶业学校（位于鄱阳）读书的三班泗滨人颜炳金（颜湘）辍学返回家乡，因生活无着，在家待业。后来，陈国辉参谋长叶祖仪统治德化，成立德化瓷业股份有限公司，颜炳金经友人介绍在该公司谋生，并与陈子仙等取得联系，后又与在丁墘参加秘密革命活动的陈英苍、陈鹏程等人接触和联络。鳌峰抗捐武装斗争失利后，中共德化区委书记陈子仙脱离教职，由赖世金介绍在郑捷陞连服务，同年冬，因涉嫌被叶祖仪拘捕，后经贿赂得以获释，即带其妻子前往泉州、厦门谋生，停止党组织活动。德化党组织的活动暂时趋于低潮，但斗争仍在继续。

三、安南永德苏区形成与发展

安南永德边区位于闽南古城泉州西北，依傍戴云山脉，境内重峦叠嶂，路隘林深，山高地险，利于开展游击战争。这里的劳动人民，饱受地主、豪绅、土匪、军阀敲诈勒索之苦，迫切要求翻身解放。早在1927年初，在中共闽南特委的直接领导下，永春、德化就建立了党支部，各地纷纷成立农民协会，开展减租减息、抗捐抗饷

和武装斗争。1929年10月16日，福建省委认为泉属各县介于福州与漳厦之间，战略地位十分重要，指示泉属各县要发动与扩大群众斗争，在斗争中壮大贫苦农民的力量，"秘密地或公开地成立纠察队、赤卫队、游击队、少年先锋队，施以军事政治训练，准备进行武装斗争"。

根据省委的指示精神，当时中共永德县委利用纪念广州暴动两周年的时机，率领武装群众袭击民团，组成了一支30多人的游击队。这支游击队虽然只有4支枪，战斗力薄弱，还不能进行公开的活动，但却揭开了安南永德边区游击战争的序幕。此后，永春游击队在斗争中逐渐壮大，不仅在本县配合群众开展抗捐抗税抗饷斗争，而且南下安溪，支持安溪农民革命斗争。1930年春，中共永德县委领导鳌峰农民武装抗捐斗争失利后，革命一度处于低潮。省委了解到永德地区情况后，即派出特派员到永春、德化对党、团组织进行整顿恢复。永德县委经整顿改建为永春县委和德化特支。永德县委曾派出县委委员辜芳炽到闽西学习军事。辜芳炽于10月回永春任永春县委军事委员，负责组织了一支游击队，由李剑光任队长，有30余人枪。

1931年3月25日，设在厦门的中共福建省委机关遭敌人破坏。同年7月，根据中央的指示，分别成立福州、厦门两个中心市委，安南永德边区的党组织隶属于厦门中心市委。同年秋，厦门中心市委指示永春、德化党组织，必须贯彻省委指示精神，组织开展游击斗争。据此，永春、德化党组织都抽调人员到漳州游击区学习，以培养军事干部，为开展边区游击战争做好准备。

1932年是安南永德边区革命形势发展较快的一年。是年春，中共厦门中心市委为贯彻党的六大提出的"创造新的苏维埃区域，广泛地发动农村斗争"，以配合中央苏区反"围剿"的任务，陆续调翁成金、陈凤伍、庄毓英、李实等大批党的政治、军事干部进入安南永游击区，加强对武装斗争的领导。

安南永德苏区游击斗争基地形成后，处在边区较外围的德化地

区，工农群众生活十分痛苦，全县约有瓷工1000人，大多失业，广大农民也面临破产，他们对革命要求非常迫切。中央红军东路军占领漳州后，促进了安南永德苏区党组织迅速发展，尤其是红二支队成立后，革命烽火在安南永德边区熊熊燃烧起来，党组织也在斗争中壮大发展。根据这一形势，厦门中心市委决定建立安溪县委和永春特支，以扩大安溪游击区，沟通泉属与漳属斗争的联系，发展闽南的游击战争，并开辟永春、德化、大田新区工作。4月下旬，厦门中心市委宣传部部长许依华、许包野受派巡视永春、安溪后，在安溪金谷小溪召开党团干部会议，成立中共安溪县委，代替安南永临时中心县委，永春建立特支。永春特支建立后，在开展游击斗争中，遂将工作向德化、大田发展。永春特支派出共产党员李子云从达埔来德化，在县城、盖德一带与李凤朝、李其森、徐和玉等接上关系，开展工作。厦门中心市委特派员、安溪县委委员杨七也到德化开展工作，先后在盖德、丁墘、三班一带恢复发展革命活动。

中央红军撤离漳州以后，厦门中心市委受到严重破坏，漳州红三团也受到严重挫折。为了配合红三团的斗争，新任中心市委书记许依华于8月上旬亲赴安溪，指挥第二支队向敌人主动出击，肃清地方反动派，"给豪绅地主反动势力极大的打击，群众组织亦略有发展，农会会员扩大到500多人，巩固了安南永游击根据地"。是年秋，永春特支在配合安溪游击区的反"围剿"斗争中，消灭了永春达埔、洑溪等地的反动武装，扩大了永春中部的游击区域，安南永边区游击活动逐步向德化发展。其间，三班泗滨的瓷工、共产党员颜湖也从陈国辉军部策动颜泗德等人回德化参加革命活动，充实了骨干力量。10月，中共德化工委成立。11月，中共安溪县委又新建立了镇田区和南安的诗山区，恢复了德化三班、丁墘、土坂、盖德等地的革命工作，使安南永德游击区域连成一片。根据革命斗争形势的发展，厦门中心市委决定安溪县委晋升为安溪中心县委，李剑光为书记，领导安南永德四县的革命斗争。安溪中心县委下辖芸区、东溪、黄口、彭区（蓬莱）、官桥、镇田、诗山等区委和湖头工委、永春特区委、德化工委等组织。

此后，中共安溪中心县委领导安南永德边区人民进行了一系列革命斗争，不断发展和壮大党组织及其领导的红二支队，以及各种群众团体组织。第二支队在安南永德地区打土豪、杀反动派，打击参与"剿共"的国民党第十九路军、地方军阀和民团。经过一年的磨炼，第二支队不断加强和壮大，队伍发展到100多人。1933年5月1日，安溪中心县委和游击队在安溪贞洋召开游击队成立周年大会，将第二支队正式命名为"中国工农红军闽南游击队第二支队"（简称"红二支队"）。7月，又收编了王观兰土匪武装170余人，50多支枪，将其编为红二支队第四大队。至此，红二支队有近300人枪。在短短的一年内，红二支队在安南永德四县边区英勇战斗，为建立苏维埃政权、实行土地革命创造了良好条件。这期间，安南永德地区通过"红五月"和"夏收斗争"，广大农民群众革命情绪很高，他们纷纷参加农会、妇女会、儿童团等各种革命组织，成员达1万名左右，县、区、乡都成立农会、妇女会。同年5月30日，在蓬莱登虎榜成立了安南永德第一个苏维埃政府——官桥区革命委员会。8月25日，在东溪召开安南永德四县工农兵代表大会，成立安南永德革命委员会（习惯上称安南永德苏维埃政府）。其间，安南永德苏区先后建立19个革命委员会，德化先后成立德化县第一区革命委员会、第二区革命委员会、第三区革命委员会、第四区革命委员会。革命委员会的成立，表明安南永德游击根据地进入巩固与成熟阶段，成为工农武装割据的苏维埃区域。

在安南永德边区游击战争和革命斗争节节胜利的时候，安溪中心县委和红二支队的领导人李实等被胜利冲昏了头脑，麻痹轻敌，以至于1933年9月8日发生了震惊福建的"青云楼事件"，李世全、陈凤伍等12位领导人被敌人诱捕并遭杀害。"青云楼事件"给安南永德游击区的斗争造成严重损失，群众的革命情绪也大受打击。为了扭转这一事件造成的不利局面，安溪中心县委于10月底召开县委扩大会议，认真总结和吸取"青云楼事件"的教训，并采取相应的组织措施，领导群众开展秋收斗争，巩固安南永德红色区域。11月，国民党第十九路军发动"福建事变"，为苏区的发展提供了机会。为了

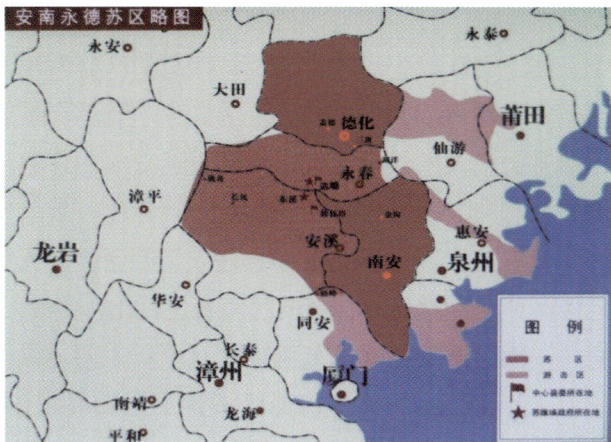

安南永德苏区略图

充分利用这一有利时机，厦门中心市委接连派曾铁、方毅等到安溪巡视，并从漳州调红三团团长尹利东到安溪任红二支队支队长，以加强对红军游击队的领导。中心县委也抓住时机，壮大组织，发展武装，扩大苏区。

1934年1月，尹利东刚到安溪，"福建事变"已经失败，国民党军第三十六师宋希濂部进占了泉属各县。安溪中心县委针对当前斗争的情况，决定利用反动统治内部混乱和敌三十六师立足未稳的形势，贯彻"积极发展自己力量"的方针，领导红二支队和区乡武装主动出击，击溃与消灭了许多反动武装。同年2月5日，厦门中心市委派方毅（小陈）向安溪中心县委传达了中共中央关于反对敌人第五次"围剿"的指示，要求安南永德边区全体军民紧急行动起来，主动出击，牵制敌人，配合中央红军反"围剿"斗争。这些指示给安南永德人民指明了革命斗争的方向。同一天，中心县委向各区委、特支发出紧急通知，要求各地加紧开展年关"五抗"斗争，实行土地分配，广泛组织地方武装，牵制打击敌人，创造安南永德新苏区，以配合中央红军的反"围剿"斗争。安溪中心县委随即成立了分田委员会，在佛仔格、贞洋、芸美、院宅林和南安山城等10多个乡村进行土改分田，第一次实现了农民的心愿，进一步激发了群众的革命热情，使他们的斗争情绪更加高涨。在国民党军第三十六师开进

安南永德地区，纠集地方武装向游击队和革命根据地发动进攻过程中，红二支队以安溪为中心，在四县边区开展灵活的游击战争，先后在安溪贞洋、永春达埔和南安高田、苦湖等地有效地打击了敌人，保存了力量。同年秋，红二支队重返安溪佛仔格根据地，再次胜利地击溃了敌人的进攻。并于1935年春相继开辟了安溪龙门、同安梧峰、南安翔云等地区的工作，建立了安南同特支。此时，安南永德红色区域东起永春湖洋，横跨南安之诗山、金淘，西达安溪之长坑、官桥，南至同安梧峰，北到德化三班、盖德，纵横数百里，拥有数十万人口。红二支队也由原来不足百人发展到500多人枪，安南永德红色区域发展到了鼎盛时期。

四、德化游击斗争的开展

安南永边区党团组织的建立，对永、德新区工作的开展起到了促进的作用。尤其是闽南工农游击队第二支队的诞生，为发展永春、德化、大田新区工作打下了基础。1932年秋，安南永游击区逐步向北发展到了德化。

中央红军占领漳州时，在扩大安溪游击区的过程中，第二支队党代表庄毓英随同厦门中心市委宣传部部长许依华到永春游击区。庄毓英、翁成金在达埔圳古、新溪一带发动和组织群众，传唱革命歌曲，唤起民众参加游击斗争。《中共厦门中心市委工作总报告》中谈道："现在那边工作区域有永春、安溪、德化、漳平四县。"1932年6月，国民党第十九路军入闽，奉行抗日爱国的政策，但为维护和巩固其统治地位，仍未停止反共和压制民众运动的行为。当十九路军夺取福建地方领导权后，便设计诱捕以仙游为中心割据闽中南地区的地方军阀陈国辉（于当年12月被枪杀于福州东湖），并收编其残部，为十九路军进驻安南永德地区开路。为加强"剿共""清匪"，十九路军张励部进驻安南永德地区。其间，陈国辉残部彭棠、陈育才三团部队从仙游进入德化梅岭头，逃经水口、南埕等地时，被德化民军头目张雄南所部拦截收缴枪械3000余杆。同

年9月，陈国辉残部撤离德化。国民党第十九路军大批进驻漳泉地区时，厦门中心市委在《关于"九一"青年节决议案》中指出：游击队游击的方向应向惠安、仙游、永春、德化这方面发展，以牵制十九路军和陈国辉的后方，市委要在"九一"中打进德化和恢复永春工作，派得力干部前去那边发展，准备于十月革命节之前发动游击战争，并要德化注意打进大田、永安的线索。中心市委认为，德化西连大田县，可以和莆田、闽北、闽西联络，对开辟苏区边境的工作，争取中国革命在一省与数省首先胜利，德化工作的建立有着重要的意义。因此，市委派漳州游击队政委谢少平到德化工作，加强对德化游击战争的领导。9月8日，第二支队挺进到永春达埔、羊角一带打杀土劣，发动群众，开展抗租抗税斗争，建立红色区域，曾两次攻入蓬壶，扩大了政治影响，建立了永春特区。同时，游击斗争发展到德化边境的三班、永春边境的四班一带。

1933年春，闽南工农游击队第二支队奉安溪中心县委的命令，组成两支游击大队。一支由支队长陈凤伍率领返回南安、安溪游击根据地开展游击活动；一支由游击队政委庄毓英带领留在永春活动，巩固新开辟地区和加强德化的游击斗争。安溪中心县委委员杨七也到德化，同市委特派员翁成金一起，配合德化县工委的颜湖、林书作、李子云等在三班、丁墘、盖德等地发动群众开展抗捐、抗租斗争。

这一时期，党组织领导三班、盖德等村的人民群众开展抗租抗税斗争，取得了显著成果。时三班南岭窑的瓷业工人，每烧一窑瓷，都要缴"窑烟捐"5个银圆，南岭共有十七八条窑，每年得缴500多个银圆。"窑烟捐"名义上是给泗滨小学做经费，实际上被村里地主豪绅颜声望等人私吞。对此，县工委书记颜湖即在该村的昭阳宫召开秘密会议，决定抗缴"窑烟捐"。就在这时，地主颜声望等一伙人曾企图到南岭催收"窑烟捐"，被发动起来了的工人们喊着要打，这伙人才不敢再去了。又如盖德村原来每年要缴给县里"膏伙田"的地租几十担，这地租名义上也是要给当时县办的培风中学

做经费，但实际上均被县内一些官吏私吞。盖德村的群众在党组织的发动下，抗缴这项地租，并将这笔钱拿出来，开办了本村的学校——曙光小学。该校就依靠这一抗租的成果一直办下去，直到后来改名为盖德小学。城关的丁溪、鹏湖等村也抗缴了"烟苗捐"等。抗租抗捐斗争的胜利，给人民群众以很大鼓舞。随着斗争的深入发展，瓷工和农民都积极参加农会和赤卫队组织，党组织在领导开展革命活动和游击斗争中逐渐发展壮大。其间，青年团的工作也有很大的发展，盖德一带就发展好多团员，建立团基层组织。青年团厦门中心市委为加强德化团的工作，建立青年团德化特别支部。

1933年和1934年间，闽南工农游击队第二支队部分武装，在德化开展游击斗争活动时，或化装为种田和砍柴草的农民，或卖米的小贩等。城关附近的丁墘，下寮的八斗厝，盖德的溪头，仙荣的贵德洋、山仔林和永春四班的良津等地，是当时第二支队活动的主要据点之一。第二支队经常有二三十人公开驻在那里。此外，也曾秘密驻在仙荣的贵德洋、山仔林和三班等地。并利用这些村落作为据点，经常在城关附近活动，在丁墘村苏兴里家和鸡公山一座草棚里建立联络点。

中共德化县工委活动旧址——昭阳宫

　　1933年春，在中共安溪中心县委领导下，安溪、永春、南安、德化等县人民的革命热情更加高涨，游击区域逐渐扩大。同时，中共厦门中心市委决定以安溪游击队为中心，开展南、永、德、安四县的游击战争并创建各县的游击队，德化的游击活动已经到了可以转变为游击战争的时候。德化县工委领导的武装斗争，曾计划瓦解和消灭盘踞德化境内的张雄南、涂友情、林青龙等股匪，在戴云山和白岩（洋坑、林地、阳山交界处）附近建立连片的游击根据地。因此，党组织一方面领导游击队和人民群众在城关附近及公路沿线村落进行武装骚扰活动，以配合安南永德整个地区的减租、抗税和土地革命斗争，与闽北、闽西、晋南、惠安和莆仙等革命根据地的活动相呼应，扩大党的影响。另一方面党组织还派人分别打进张雄南、林青龙股匪内部，进行策动和瓦解工作。

　　3月8日，颜湖、杨七等在三班组织农会会员、赤卫队等到后房街刷写标语、散发传单；到故步岭、塔岭烧火堆，燃放鞭炮等，对当地驻军进行骚扰。游击队曾经几次在公路沿线的三班、鹏湖、小溪、土坂、英山等村烧毁公路桥梁，剪断电话线，砍倒电杆，以破坏敌人的通讯交通。当时游击队所持有的枪支不多，有时二三十人只有十多支枪。为虚张声势，在每次骚扰时，参加行动的革命群众每人都背上一个鱼篓，然后在鱼篓里燃放两端用松香封闭的"电光"鞭炮（这样做能使鞭炮声似枪声，同时可以避免纸屑丢失而泄密），并在公路沿线各村落一些山头上燃烧火堆。每次武装骚扰，三班、丁溪、土坂、盖德、仙荣等村都有革命群众直接参加，有时一个村落参加的人多达几十人甚至近百人。

　　4月12日，为纪念"四一二"事变，在丁墘的鸡公山下集中丁墘、鹏湖、墨苑、官路下、小溪、土坂、高洋、仙荣、盖德、泗荣等村的革命群众，配合游击队进行一次大规模的武装骚扰活动，三班附近村庄也同时进行了这项活动，吓得当时县府官员都躲藏在县府里不敢出来，连大路也不敢走，驻防三班的反动武装竟连夜逃进县城，附近的土豪劣绅也闻风丧胆。由于游击队不断骚扰，从三班

至县城的电话从没接通过，从鹏湖到土坂的电话线和电杆全被砍掉，三班、小溪、英山等地的公路桥梁也全被烧毁。4月上旬，中共安溪中心县委发出《纪念红军游击队成立一周年和拥红工作》通告，大力宣传中央红军在周恩来、朱德指挥下取得第四次反"围剿"的重大胜利，并指出第二支队打杀土豪地痞的斗争和红军取得的伟大胜利是相呼应的。在通告中，中心县委号召在周年纪念的时候，全党必须进行"拥红"工作，要求永春、德化在"五一"前把一切重要地方，特别是将游击必经之路的守望队都组织到"红军之友社"，尽量发动贫苦农民参加游击队；动员全党全团在"五一"前要打通县委所决定的游击路线等。

在这一期间，德化党组织加强对匪部的教育瓦解工作，利用他们中的一些人为党组织和游击队服务。颜湖曾派人争取了张雄南的副官吴杰。吴曾先后两次秘密送给第二支队长短枪12支。其中第一次短枪2支、驳壳枪和步枪各4支，送到奎斗万古桥给游击队，由粘文华、颜湖和黄鸿英等接回。三班党组织对张雄南的营长颜春进（三班人）做了许多工作，颜也为游击队和党组织通风报信。盖德党组织曾经派李凤植到山坪，打进张成福匪部，其任务是"联系群众（指下属士兵），等待时机"，又争取到林青龙匪部的排长，使其向游击队缴出长短枪各一支。此外，党组织还曾计划派人到陈清如和涂友情等匪部开展工作。连当时在国民党县府里当勤务人员的曹和，也秘密地参加游击队的活动，他不仅透露当局的许多情况，甚至将县府内部地图拿出来交给游击队。

在德化革命工作得到蓬勃开展的时候，上级党组织决定改德化县工委为区工委。4月下旬，德化区工委书记颜湖和安溪中心县委委员杨七一同前往安溪贞洋参加游击队周年纪念大会，他们途经永春达埔岭头亭时不幸被捕。当天下午，颜湖被押往永春县城国民党第十九路军一八一旅张励部，受尽严刑拷打，坚贞不屈。安溪中心县委获悉后，曾积极设法营救但无效果。颜湖于5月12日在永春西校场英勇就义。由于颜湖的极力掩护，敌人找不到杨七的"罪

证",只好以嫌
疑人身份将其关
押在永春,后杨
七在"福建事变"
释放政治犯时才
出狱回到安溪。
颜湖牺牲后,德
化党、团组织工
作受到严重的挫
折,尤其三班一
带在反动派的白

红二支队活动旧址

色恐怖下,工作难以开展,几乎陷于停顿。

　　5月上旬,安溪中心县委在贞洋召开了各区委(特支)和红二支队等负责人参加的中心县委扩大会议,通过了政治任务等11个决议案,同时制订了安南永德四县红色区域打成一片的工作计划。同月,德化成立特务队,作为骨干武装,积极配合红二支队作战。德化原计划成立游击队,因谢少平在厦门被捕,加上颜湖和杨七也被捕,工作受到影响。此后,安溪中心县委领导安南永德地区人民进行了一系列斗争,不断发展和壮大党组织及其领导的红二支队和其他群众团体组织,通过开展"红五月"和"夏收斗争",使广大群众革命情绪更为高涨。

　　8月,安南永德边区在安溪中心县委领导下,全党行动起来,以冲锋的精神不断开展游击战争和进行骚扰活动,打杀土豪地霸,进一步发动抗租分粮斗争,收缴敌人武装,扩大了游击区域,取得了很大胜利。永春和安溪的斗争更加激烈,特别是安溪官桥区反"围剿"斗争取得了很大胜利,为建立苏区打下了基础。9月,"青云楼事件"发生,安溪中心县委的工作遭受严重损失。10月,十九路军又纠集三县边境反动武装及当地反动民团第二次"围剿"东溪革命根据地。安溪中心县委分析了敌人的新动向,立即召开扩大会

议，总结经验教训后，决定采取新策略，组织一支列宁队在永春达埔创建新的游击斗争区域，发动群众积极配合秋收斗争，打击敌人，以支援东溪的反"围剿"斗争。同时改组中心县委，由李剑光代理中心县委书记。此时，德化因地处军事要冲，十九路军往返德化非常频繁，连国民党德化县党部都转入秘密活动。德化区工委本来有基本群众五六百人，因杨七和颜湖被捕工作一度停顿。安溪中心县委决定派粘文华去恢复，粘因病未到德化，又派林书作到德化工作，林先后任中共德化县工委委员、书记，以加强对边远区域的领导。十九路军发动"福建事变"，为德化革命斗争的恢复发展创造了条件。杨七释放后，仍被派到德化协助林书作恢复和开展德化的工作。这期间，德化区工委委员有李其森和李凤朝。德化党组织的恢复，为游击斗争的大力开展创造了条件，人民群众斗争情绪更加高涨。1934年4月14日，德化区工委发动农民群众武装——赤卫队，经过周密侦察，掌握到国民党德化县党部执委李亲起的行动规律，即配合李剑光、粘文华、郭港及潘月华等游击队二三十人，在丁墘把李亲起镇压了。5月初，游击队又在盖德打杀了到处敲诈勒索、民愤极大的林青龙土匪连长林勤祖和国民党暗探曾受，并贴出布告，宣布其罪行。布告上署有红军游击队的番号及负责人姓名，群众拍手称快。下旬，游击队又到泗荣抓捕了民军营长徐会春的弟弟徐发（又名徐会祥），令其献枪赎罪，但在途经下寮大弯时，因游击队与县保安队一百多人发生遭遇战，徐发乘机逃脱，保安队被打得狼狈逃回县城。

在进行武装骚扰、瓦解敌人和搜集枪支、扩大武装斗争的同时，党组织的革命宣传教育工作也做得很活跃。革命的传单、标语不仅遍布地下武装控制的地区，就是在敌人所控制的县城内也时常出现。鹏湖村的许通、许光敬（后均病亡），利用向县府包买粪便经常出入的机会，和县府勤务曹和一起，将革命传单和标语张贴、散发到县府里，使县府里的官吏惶恐不安（当时的标语大都是用蜡烛煮红银朱写的，这种颜色可以保持很久不褪色，因此写在墙上的标

语，虽经国民党反动派多次涂刷，直至德化临解放时在仙荣石鼓村公路旁的一座公馆墙壁上，还可以见到"打倒土豪劣绅"等标语）。在三班、丁溪、盖德等村的革命群众中，不断传唱着《农民歌》《妇女歌》《红军歌》等歌谣。

这一时期，德化党组织还在盖德村的"顶塔边"厝举办过训练班，有三班、丁溪、盖德等地的积极分子参加，内容为安溪中心县委的有关指示和地下交通联络事项等。同时，三班、丁溪、盖德、仙荣等村曾派代表到永春达埔游击根据地学习，传播革命道理的《农民报》也经常寄到德化来。

在开展游击斗争中，尽管活动地区仅在靠近永春边界一带的三班和县城至盖德一带，但这些地方却是德化政治经济、文化的中心，且斗争十分艰难。在配合安南永游击根据地开展游击斗争中，德化游击活动在党组织的领导下从无到有，从小到大，随着安南永边区游击斗争的发展，德化的革命斗争也逐渐恢复与发展，成为安南永德红色苏区的一部分。

第四节　抗日救亡运动

一、抗日救亡，保家卫国

1937年七七事变后，日本侵略者狂言"三月亡华"。敌人的铁蹄在神州大地肆意蹂躏，国难当头，全国同胞同仇敌忾，吹响一场波澜壮阔的反侵略战争的号角。9月，在《抗日救国十大纲领》引导下，成立"德化县抗敌后援会"，后改名为"福建省抗敌后援会德化分会"，下设侦察、宣传、纠察、慰劳、总务等股，负责办理抗日后援工作。其间，印发抗日文告，号召全县各界人士团结起来，

投入抗日救亡运动；县民众教育馆、培风、浔中、雁塔、育英等文化团体、中小学组织宣传队，开展抗日救亡宣传；成立"德化县民众抗敌后援总队""德化县妇女抗敌后援队""德化县儿童劝征募队"；组织义勇队、宣传队、设立难民收容所，各区民众捐募各种物资和资金，支援抗日前线战士。

在中国共产党领导的抗日民族统一战线的感召下，全县抗日宣传团体和宣传队伍，在城镇、学校、农村开展抗日救亡宣传活动。在农村组织农会，倡导教育救国，创办战时民众夜校，组织农民白天开展后方大生产，晚上上夜校读书，同时教唱抗日歌曲和抗日民谣，唤起民众觉醒，树立抗战必胜的信心。

1938年，为配合抗战征兵，县设兵役询问处，动员青壮年踊跃应征，奔赴抗日前线报效国家。9月，德化县国民政府奉命紧急征兵90人，送往抗日前线参战；当年，全县完成征兵398人开赴抗日前线。同年冬，全县募捐征鞋500双，机关、学校募捐棉背心540件、捐法币2000余元等送往抗日前线。

抗日战争期间，德化县境内有省立晋江中学、省立德化师范学校、德化初级中学等89名德化籍知识青年，经抗日宣传教育，毅然投笔从戎，参军走上抗日前线。抗日战争期间，德化县共征集兵员4777人，为保家卫国做出了应有的贡献。德化籍海外侨胞也心怀祖国，情系家乡，大家怀抱"国家兴亡，匹夫有责"的心，有钱出钱，有力出力，以满腔热忱报效祖国。当时马来亚各地有德化籍华侨5000余人，大家积极参加侨领陈嘉庚领导的"南侨总会"，为国家抗日筹款募捐，到抗日前方慰劳抗日将士。日军进犯新加坡等南洋群岛时，德化籍华侨青年叶侨生毅然参加新加坡义勇军，与日军英勇作战时光荣牺牲。在异国他乡参加抗击日寇英勇牺牲的德化籍华侨，有文字可查的还有徐富润、庄趋、张成基、周旷、叶金水、林宝统等数十位爱国青年。

1938年春，马来亚华侨罗信尔送子罗浪（又名罗南传）回祖国参加抗日，随罗浪回国抗日的还有徐翔。他们两人直奔延安参加

抗日队伍。罗浪进入延安鲁迅艺术学院，从师冼星海，后任华北军区军乐队队长，成为中国人民解放军军乐奠基人、红色音乐家。徐翔进入延安抗大，后任八路军旅一二九师政治指导员，进东北参加四平、辽沈战役等。华侨青年肖德清抛弃在南洋的舒适生活，回国当空军飞行员，1942年在云南驾机与日机作战时为国殉职。

1937年开始，金门、厦门等沿海城市、集镇先后沦陷，金门、厦门、莆田、晋江等地大批难民涌入德化避难。德化县各界人士在程田寺设难民收容所，收容难民684人，德化民众募集大量粮食，让难民们有饭吃，把难民安置在县城及周边乡镇垦荒种植，有的安排打短工，让受难同胞在德化生活下去；1939年，创办德化凤林慈儿院，招收抗日战士遗孤、军烈属子弟、孤苦难童等。把受难儿童抚养成有文化的劳动者，有的还参加中国人民解放军，或成为教师、国家干部等，为民族解放和国家建设事业做贡献。

二、制作"抗日瓷"，宣传抗战救国

全国抗日救亡运动一开始，在共产党倡导的《抗日救国十大纲领》指引下，德化县广大瓷工和陶瓷艺术家们，以爱我中华、爱我民族的精神情感，生产抗日救国题材的瓷器，如木兰从军、岳母刺字等瓷塑，烧制出一尊尊隐含勇敢、爱国精神的艺术瓷，教育激发广大群众的爱国热情。在陈列瓷、日用瓷画上抗日救国的宣传画，

"抗日瓷"之一

如梅兰菊竹"四君子";写上抗日标语、口号、诗词等,以别具一格的形式,开展抗日救国宣传活动。他们在杯、瓶等日用瓷上,铭刻"还我河山""保家卫国""生产救国""团结一致,抵抗日本";在茶具、酒瓶、花瓶、笔洗、笔筒、罐等器物上,绘制的内容更为广泛,有"抗战救国""读书救国""教育救国""节约救国""抗战建国""日本必败""中国必胜""铁血救国""誓雪国耻""抗战必胜""抗战到底""勿忘国耻""笑谈渴饮倭奴血"等。德化瓷器质地优良,造型雅观,利用宣传抗日的瓷器做礼品、纪念品、奖品,在当时很受欢迎。德化瓷商们在永安、泉州、莆田、永春、龙岩,以及广东省潮州、汕头等地,设德化瓷器彩画加工点,销售有宣传抗日内容的瓷器。利用瓷器宣传抗日,是德化瓷工、技术人员、陶瓷艺术家们的自觉行动,对唤起民众、团结抗日发挥了积极作用。这批抗日宣传瓷,后来被称为"抗日瓷",成为特定历史时期的珍贵文物,其中有不少珍品身价倍增,被许多博物馆、收藏家争相高价收藏。

"抗日瓷"之二

三、抗战时期的德化凤林慈儿院

1939年,日寇侵略势力扩展至东南沿海地区,福建泉州、厦门等城市和农村一大批难民流亡到德化山区避难,其中包括许多流离失所的儿童。面对日寇造成的惨状,爱国华侨叶乃矧挺身而出,

大声疾呼，倡议设立慈儿院，以挽救孤苦伶仃的受难儿童，带头捐资一万元作为办院经费。叶乃矧的义举，得到社会上许多有爱国心、正义感人士的响应和支持，或出谋献策，或捐献资金，并劝募程田寺收取的寺租为基金，成立董事会，以程田寺原慈英初级小学校舍为院舍，创办德化凤林慈儿院。招收对象为抗日军属子弟、抗日阵亡将士遗孤、沦陷区贫孤儿童等。

德化凤林慈儿院聘任李述贤为院长，以民国时期教育家陶行知"知行合一"的教育理念为宗旨，有明确的教育培养目标，使学生具有健康的体魄、科学的头脑、农夫的身手、艺术的兴趣、改造社会的精神。教育与生活相结合，学校与社会打成一片，把教育与抗日救国、改造社会、振兴中华民族结合起来，使学生在增长知识的同时培养爱国、爱民的思想情操，以便将来为救国、救民出力，成为有较高思想觉悟、有一定文化知识的新人。

德化凤林慈儿院第一批共招收67个学生，实行半工半读制。上午以班级为单位，由教师传授文化知识，下午职业教育课，进行劳动生产技能训练。文化课程以小学课本为依据。职业教育分农、工、商三部分，在教学上注意引导学生走出院门，联系实际，达到"做""学""教"相结合，请社会上知名人士来院讲课，扩大视野，增长知识。自办农牧场，种植水稻、蔬菜等农作物，饲养家禽家畜，解决部分生活问题。除学习文化基础知识外，还有"做事"一门，训练学生自治、自立、自给、自卫的能力。教学活动井然有序，有条不紊。慈儿院还设有俱乐室，备有乒乓球、围棋及各种乐器，供学生课余娱乐，还经常举行全院性音乐会、茶话会和周末晚会，师生自编自演节目，同台表演，亲如一家，深受各界好评，被誉为抗战时期"难童的乐园"。

凤林慈儿院的教学活动根据学生的生活需要和社会需要安排和设置，同时采取"向农林业求生存，从工商业谋发展"的办学措施。因此，在太平洋战争爆发，侨汇中断，失去外援的情况下，生活费用仍能基本自给，学生的衣、食、住全由院里负责。农牧场的主要

产品用于学生的基本生活，工场、农场的收入作为办学经费。缝纫、理发、简易土木修缮和炊事由学生自己承担。每年春季还举办茶花展览，展出学生精心培植的"十八学士""回春""花麒麟""花牡丹""梅杏同春"等二十多种奇特茶花，将义卖所得的钱捐献给抗日前线，为抗日战争做贡献。

德化凤林慈儿院创办后的十多年里，把抗日战争期间数以百计的难童、孤儿从死亡线上挽救回来，培养成有文化知识的劳动者。新中国成立后，他们有的参加中国人民解放军，有的成为中小学教师，有的成为国家干部，甚至成为县处级领导干部，有的成为工人或民间艺人，为国家社会主义建设事业做出积极贡献。

第二章

战争年代·戴云山风云

高风亮节，坚韧不拔。林海中淬炼的血性品格，岁月里凝聚的民族力量。因为有它，风云消散；因为有它，红旗招展！

中共福建省委旧址——水口坂里

（徐艺星 摄）

抗日战争全面爆发后，建立抗日民族统一战线，打败日本侵略者，是中共中央发出的伟大号召，也是全国人民的愿望。中共地下党组织按照上级党组织的部署，结合德化面临的形势，根据戴云山风云变幻的规律，及时调整斗争策略，推进革命事业不断向前发展。

1941年11月，在雷峰长基成立中共德（化）永（春）特别支部，负责组织开展德化、永春边区的抗日救亡工作；1943年，在水口毛厝成立中共毛厝支部，建立抗日反顽斗争据点和地下联络站，打通德化至大田、永泰地下交通线，开辟革命活动新区域，为中共福建省委迁驻坂里打下扎实的群众基础。

1943年，国民党顽固派置民族存亡于不顾，对闽西北发动更大规模的军事围攻。中共福建省委为了打破敌人的"围剿"，开创抗日反顽斗争新局面，做出南迁闽中的重大决策。1944年3月，中共福建省委机关及其武装主力部队打破敌人的封锁，长途跋涉，迁驻水口坂里牛寮沟。其间，召开"红五月"会议，总结一段时期来全省革命斗争的经验和教训；组织开展整风学习，提高理论和思想修养水平；进行革命气节教育，发扬顽强斗争精神；认识和把握面临的新形势新特点，树立新的革命思想和作风。坂里成为省委继续领导全省人民抗日反顽、开创新斗争局面的指挥中心。

抗日战争胜利后，在德化毛厝、十字格等继续开展革命斗争活动的省委游击支队，针对国民党"寸权必夺，寸利必得"的反动路线，贯彻执行中共中央"针锋相对，寸土必争"的方针，既打击了敌人的嚣张气焰，又保存了革命力量。其间，德化老区人民面对敌人的威胁利诱、严刑拷打，坚贞不屈，大义凛然，表现出"富贵不能淫，威武不能屈"的革命气节和民族精神。更令人悲愤和难忘的是在一场敌我力量悬殊的戴云山战斗中，革命战士英勇顽强、视死如归的战斗精神，以及与德化老区人民患难与共的情谊，更是惊天动地，名垂青史！

1949年11月24日，德化老区人民在中共党组织的领导下，团结一致，再接再厉，配合中国人民解放军，解放德化县城，建立人民政权，同全国人民一起走上自由、民主、幸福的生活道路。

第一节　创建红色边区

一、重建中共德化组织

1939年7月，中共福建省委召开党员代表大会。会议针对国民党顽固派有计划地袭击中共各地组织，残杀共产党员的血的教训，指示各地党组织做好应付突然事变发生的准备，并决定重建和扩大游击武装，采取利用矛盾、孤立顽固、利用落后和推动进步，以及争取合法斗争的策略，以自卫武装作为群众合法斗争的后盾，保持南方革命战略基点，进行反顽自卫斗争。

中共闽南特委根据省党代会精神，组织所辖各县开展新的斗争。1941年4月，中共泉州中心县委为贯彻闽南特委关于建立隐蔽的戴云山区抗日游击根据地的决定，指派林金榜到戴云山区找几处工作立足点。7月，泉州中心县委听取林金榜汇报并上报闽南特委后，闽南特委派泉州中心县委委员林士带（化名黄炳凡）为永春、德化特派员，率领林金榜（化名黄文炳）、杨致平（化名施性仁）到德化开展工作。他们来到南埕枣坑，与在当地教书的地下党员郑靖接上关系。为开展工作之便，林金榜接替郑靖教师职位，在枣坑开展抗日救亡宣传活动，杨致平到水口小学以教书为掩护开展活动。其间，林士带在枣坑与水口乡毛厝保毛修相遇，经谈心结成朋友。1941年10月，林士带以到毛修家做客为名，深入群众了解情况，观察毛厝的地理位置和地形地势，认为毛厝地处德化、永泰、仙游三县交界点，是德化的边远山区，山高路遥，森林密布，四周村落稀少。农民深受封建势力的剥削和压迫，生活贫困，反动势力的统治力量较薄弱，是共产党开展地下活动、发展革命力量的好地方。

因此，他开始在群众中秘密进行抗日救亡宣传教育，激发贫困农民的爱国主义思想，参加抗日反顽斗争。

1941年11月，林士带到雷峰长基村开展革命活动，建立德（化）永（春）特别支部，由林金榜任书记，杨致平、郑靖任委员，负责开展德化、永春边区的抗日救亡工作。

1942年初，林士带回到毛厝继续开展工作，培养毛声足、毛票、毛美桥为革命积极分子。1942年农历正月初，毛厝村部分群众内讧，发生一起杀害人事件。林士带恐事态有变，一旦国民党政府派人查案，自己又是外地人，为了避免暴露目标离开毛厝。临行前，林士带向毛声足、毛票、毛美桥交代说，他走后，会有人来接替他的工作，并约定以后联络的暗号及其他情况。

1943年春，泉州中心临时工委书记吴天亮（化名许育德、许德）到毛厝开展革命工作，在林士带工作基础上，发展毛票、毛声足、毛美桥3人为共产党员，成立中共毛厝支部，毛声足任支部书记。在党支部领导下，这些共产党员深入毛厝及周围村落做群众的思想工作，引导他们加入抗日反顽斗争队伍，开展抗日反顽斗争。

毛厝党支部成立后，吴天亮经常出入毛厝检查指导工作。1943年10月，闽江特委黄扆禹、吴天亮为永德大特派员到毛厝，率毛票到大田武陵垵与闽中工委书记林大蕃接上关系，经两次来往探索，打通大田武陵垵至德化毛厝地下交通线，毛厝成为闽中沟通闽东、闽北、闽南的交通联络站。林大蕃的队伍经常出入，在毛厝休整、补充供给。后来省委机关迁驻坂里期间，数百人的队伍和机关工作人员在坂里的生活供给和安全保密工作，由毛厝党支部组织毛厝、坂里的群众负责担当。1945年中共福建省委游击支队在毛厝隐蔽，时间达8个月，其主要供给也靠毛厝党支部筹措供应。1947年，戴云纵队在戴云山被冲散后，司令部和主力队伍路过毛厝，在毛厝补充供给，人员来往均安全。

毛厝党支部通过亲情等关系，把全村的人连接成一个整体，休戚与共，肝胆相照。国民党保安团在毛厝"清剿"省委游击队时，

毛厝不少群众被抓去关押，遭受严刑拷打，绝大部分人都坚贞不屈，守口如瓶。冒着生命危险为党组织通风报信，使游击队及时做好防范，化险为夷，安全转移。

二、开辟福建省委地下交通线

1943年4月，国民党调集20个团的兵力对闽浙赣边区发动第三次围攻，中共福建省委处于国民党的军事包围圈内。省委机关和各特委的联系暂时中断。8月，为了避免闽北地区的党组织和人民群众遭受更大的损失，省委决定将省委机关南迁闽中。为了适应省委机关南迁后的斗争需要，必须开辟一条以古田为中转站，从闽北到闽中的地下交通线，作为沟通闽北、闽中基本地区的联系网络，以发挥省委指挥中枢的领导作用，更好地开展抗日反顽自卫斗争。

1943年8月，省委书记曾镜冰到闽中仙（游）永（泰）一带边区开办整风学习班。这期间，省委指挥学员广泛发动群众，打通交通路线，建立革命据点。9月间，省委在闽中特委机关驻地仙游县上湖底召开有闽中、闽江党干部参加的联席扩大会议，并举办学习班，在德化工作的吴天亮、林金榜、李友梅、刘国梁、毛票等参加学习。其间，省委书记曾镜冰在会上做了《论狭隘观念》的报告，重申了中共中央关于国共联合抗日的方针、政策，总结了中共福建省委在对敌斗争中的经验教训。通过学习与讨论，统一了闽中、闽江两特委领导人的思想认识，为中共福建省委机关南迁做了重要的

1943年10月，中共福建省委派黄扆禹、吴天亮、毛票在德化春美乡尤床村半山苏初鲁家建立的地下交通站

思想准备。会后，曾镜冰指派苏华加紧进行地下交通联络工作。苏华根据省委的部署建立了仙游何岭头联络站，沟通莆仙至闽南各县的联络；派交通员建立后埔联络站和德化毛厝坂里联络站；派吴天亮在梧桐、胡芦丘设立联络站，闽中与各地联络网迅速建立起来。同时，省委提出"秘密工作与武装斗争相结合"的方针，以武工队的形式沟通闽中内部及毗邻地区间的联系。随后，省委派吴天亮兼任大田特派员，到大田与闽中工委领导人林大蕃协商开辟大田到德化转省委机关的交通线。闽中工委负责开辟大田边境和德化境内的十八格、双翰一带的交通线，中共德（化）永（春）特别支部负责开辟西南乡（雷峰）通水口的交通线，以及赤水乡至西南乡转水口乡的秘密交通线。

1943年10月，根据省委的决定，闽江特委领导人黄宸禹和永德大特派员吴天亮，由毛票和21号（黄宸禹妻）带路，到大田县武陵垵与闽中工委书记林大蕃接上关系，传达省委关于组织一支武装队伍南下，保卫省委机关的指示，并当面介绍开辟一条通往德化、仙游、永泰边境的地下交通路线。为此，闽中工委立即召开会议并决定：派林大森配合吴天亮打前站，探索行军路线和沿途宿营点，以便落实行军计划；精选人员组成挺进队；组织以农民党员为骨干的生产代耕队，负责代耕任务，以解除挺进队员家庭生活的后顾之忧。随后，吴天亮、林大森、毛票等克服各种困难，经过两次艰辛的探索，终于在德化境内建立尤床半山、上涌下涌山茶、葛坑漈头十字格等地下交通站，与水口毛厝等交通站联络，打通了从大田到德化的交通路线，后人称德化戴云山地下交通路线。

大田到德化的交通路线打通后，中共闽中工委决定组织挺进队，由黄宸禹负总责，林大蕃任政委，刘捷生任队长。11月中旬，首批挺进队员在武陵垵下岩村集中出发，沿途经过大田的京程、福塘、张墘村，德化的尤床半山、下涌、山茶、洪田十字格等，到达毛厝村。因省委机关从仙游上湖底迁移到永泰县的青溪，消息中断，挺进队在毛厝停留了几天，才进入坂里村。在坂里群众的帮助下，

挺进队在坂里后头山的牛寮沟搭建了一座竹棚，为省委机关迁驻坂里创造条件。吴天亮到永泰青溪找到省委机关后，另一支由黄国璋带领的队伍，也到坂里与挺进队会合。两支队伍会合后，按照福建省委的指示，由坂里出发，经永泰的紫山、溪里，仙游的里坪、东湖、角秋、东山等村，到达省委机关驻地永泰县青溪村。挺进队从出征地到目的地，沿途经过大田、德化、仙游、永泰等数十个村庄，一边行军一边开展宣传活动，扩大了共产党的政治影响。交通线的打通和沿途群众的觉醒，为省委机关迁驻坂里打下了良好的基础。

1944年1月，中共泉州工委根据省委指示和闽中特委部署，也派员在本地区内全面开展打通地下交通线的活动，以保证省委主力南下和上下联系需要。派刘祖丕负责打通惠西到仙游的路线；派许集美打通从泉州清源山到仙游西乡的路线；派洪瑞英负责打通南安四都、葵山至仙游的路线等。

地下交通路线的打通，使闽北、闽西北和闽中各个地区的革命活动统一在省委的领导下，加强了彼此的联系与协作，为省委机关迁驻坂里，开展抗日反顽自卫斗争创造了有利条件。

第二节　省委机关迁驻坂里

一、省委机关突围南迁

1943年春，国民党顽固派掀起第三次反共高潮，蒋介石集团扬言要在两年时间内消灭中国共产党和一切革命力量。这时，省委驻地在闽浙赣三省边界的闽北地区，建阳县太阳山一带，这个地区已成为国民党在东南的重要战略据点和国民党政府第三战区军事指挥机关所在地。同年4月，国民党顽固派对这个地区发动了第三次

军事围攻，妄图消灭中共福建省委，以及闽北革命武装力量。这年秋，斗争更为残酷，形势日趋严峻。省委驻地方圆200里内顽军密布，省委机关上与党中央、华中局，下与闽中、闽东、闽西北、建松政各块基本地区的通信联络亦被切断。

8月，省委书记曾镜冰冒着生命危险，从建阳突围来到莆田，同闽中特委负责人黄国璋等，对闽中地区的环境及敌我各方的情况做实地考察。在这个特定的历史条件下，省委认为闽中地处沿海抗日前线，国民党的统治与闽北比较相对薄弱，党在闽中的原有基础也较好，有较为稳固的农村基本地区和海上隐藏据点，并且经济富足，筹措经费较为便利。如果省委领导中心南移闽中，就近发动抗日游击战争，既可促进闽中局势的进一步好转，又可减轻中共闽北基本地区的军事压力，对闽北及其他基本地区的抗日反顽斗争都将是有力的支持。而且立足闽中后，又可以把斗争尽快地向周围辐射，逐步打通同闽北、闽东、闽西北、闽浙边以及闽江沿岸等地区的联系，把中共各基本地区连成一片，将开创全省抗日反顽斗争的新局面。同时，曾镜冰还对仙（游）永（泰）边做了考察。省委领导对省委机关南迁闽中的决心更加坚定，果断地做出了重大决策，并为南迁做了必要的准备。

1943年9月，曾镜冰在闽中特委机关驻地仙游上湖底主持召开中共闽中、闽江地委联席扩大会议，解决闽中党组织中有碍于团结的问题。同时，派特委武装先行进入永泰境内，选定青溪村作为省委机关的新址，搭棚修路做好迎接省委南迁的准备，闽中特委还从海上抽调部分游击队武装到青溪一带布防。吴天亮等加紧打通大田到永泰的交通路线，毛厝、坂里一带的隐蔽据点已形成。

省委机关和武装人员先后分两批南下闽中。第一批是部分机关干部，于1943年10月从建阳麻沙恩娘岭出发，分别乘坐汽车、汽船和木船，经南平、福州等地，于12月间先后到达永泰青溪村。省委先行人员到达永泰青溪后，把打通各块基本地区的地下交通路线作为首要任务来抓。先后打通了以古田和大田为中转的两条沟通闽

北、闽西北与闽中的交通线。这一任务的完成，对于转变全省局面起了很大作用。后来，省委机关在青溪的活动频繁，引起国民党政府的惊恐。为了避开国民党顽固派的正面进攻，省委机关主动撤出青溪，于1944年3月开始转移到德化水口坂里牛寮沟。

1944年4月，左丰美、叶良运率领的省委武装主力南下闽中，从建阳老鼠岗一带出发，经顺昌、建瓯至古田鸟仔垄，同黄宸禹率领的古田武工队会合。随后留下部分骨干在当地坚持开辟新区，其余主力跨闽江，经闽清、永泰等地下交通线，于5月到达坂里，与原先到达的省委机关特务队、大田武工队（挺进队）和闽中特委武装共4支队伍在坂里胜利会师。至此，省委胜利地完成了领导机关南移的重大任务，闽中地区随之成为省委领导抗日和反顽自卫斗争的指挥中心，开创了新局面。

二、省委机关及其武装主力在坂里整训

省委机关迁入德化坂里后，在坂里村后的困狗形山的牛寮沟盖起10多座竹棚，开设操场练兵，架设电台，并在这里把从莆田涵江交通银行缴获的钞票分发给闽北、古田、福州等地区地下党组织，作为革命活动经费。全省各革命根据地的领导人不断到省委机关开会和请示汇报工作。这时期，坂里村成为全省革命活动中心之一。

省委机关在坂里期间，开展整风学习和革命气节教育，开始时有二三十人，后来集中近百人。省委、闽中、闽西北、泉州中心县委和大田等地党组织的主要干部左丰美、苏华、黄宸禹、黄国璋、许集美、祝增华、林汝楠、侯如海、杨兰珍、朱伦炎、林大蕃、郭文焕、宋梅影、郭永星，以及吴天亮、林云祥、刘祖丕、林金榜、刘国梁、毛票等同志参加了学习，曾镜冰同志主持。

1944年5月，省委在坂里牛寮沟召开"红五月"会议，总结机关南迁期间的斗争经验。曾镜冰同志在会上做了《反对斗争中的主观主义》的报告，并集中省委和闽中特委主要领导干部进行学习讨论，用整风精神讨论工作中的经验教训。省委提出在整风中必须

省委机关在坂里期间工作人员活动联络点旧址

"发扬顽强斗争精神""正确把握政策""加强调查研究""在斗争中学习"等要求。通过整风学习，在反对主观主义的斗争中改造自己，以适应斗争形式的需要。为了加强党员党性锻炼，曾镜冰同志结合当时的实际情况给大家讲解刘少奇的《论共产党员的修养》和陈云的《怎样做一个共产党员》等文章，收到了良好的效果。与此同时，曾镜冰还亲自对机关警卫部队和党员干部进行革命气节教育，号召大家应具有"富贵不能淫，贫贱不能移，威武不能屈，困难不能动，美色不能迷，头可断，肢可解，革命气节必须坚持不可灭"的精神。在火线上，不论胜利还是失败，都能英勇作战；在法庭上，不论敌人拷打还是利诱，都能坚持革命气节；在生活上，不论有无党的监督，都能积极进取而不腐化堕落。省委号召全体同志要学习林祥谦、方志敏烈士的革命精神，并树立本省卢懋居烈士为典型。并强调，在反对国民党特务政策的斗争中，全体同志必须做到立场坚定，不动摇，不叛变，要做"龙"，不当"虫"。各种形式的革命气节教育，为警卫部队和党员干部在继续执行保卫任务和反顽斗争中打下了扎实的思想基础。

省委在坂里学习期间，出版墙报，总结部队的学习教育情况；

创办《顽强斗争者》刊物两期，向全省地下党组织发行。这本刊物是用毛边纸油印的小册子。刊物登载的文章大都是曾镜冰（当时化名陈真）撰写的。这本刊物用群众普遍能懂的道理和易于接受的形式，把实践提高到理论高度，深入浅出地进行宣传，对动员群众、坚定信心，有着特殊的意义。《顽强斗争者》的具体工作由刘祖丕等负责，全部印刷工具只有一支钢笔、一筒蜡纸、一块没有木框的钢板、一罐油墨和一支油漆刷。当时从福州买来一部发报机（电台），曾由老游和中央联系上，但可惜只同中央通了一次话就损坏了。

1944年6月10日，省委在总结上半年开展整风学习经验、初步解决党风问题的基础上，从坂里发出《关于整顿学风的决定》，明确指出："根据我们斗争环境的特点，整顿学风主要火力应集中于反对斗争中的主观主义"，号召全党在反对主观主义中应建立四种作风，即顽强斗争的作风、把握政策的作风、调查研究的作风、斗争学习的作风，把党在组织上提出的三个目的和在思想上提出的四种作风密切地结合起来，把组织建设提到思想理论建设的高度，为夺取抗日战争和反顽自卫斗争的最后胜利奠定了必要的思想基础。

省委机关在坂里期间，除了开展整风学习外，还组织进行文化学习和军事训练。在文化学习中，省委向每个学员分发了学习本和毛边纸订的写字本，对于学习成绩好的学员奖励笔记本、手帕等。军事训练从实战需要出发，互教互学，能者为师，主要内容有队列操练、机枪瞄准、武器拆装和保护，以及行军知识讲解等。队伍就在牛寮沟内两块比篮球场大些的平地上进行集合、跑步、操练等。

同年5月，为了加强对闽西北地区的领导，省委决定改闽中工委为闽西北特委，由林大蕃任书记；把闽中工委游击队扩建为闽西北游击支队，由肖冠槐任支队长，林大蕃任政委。派张羽到南（平）沙（县）尤（溪）地区加强工作，成立南（平）沙（县）尤（溪）工委，由张羽、林志群分别任正副书记。

省委机关在坂里期间的生活条件十分艰苦。尽管群众竭尽全力

支持，但由于坂里山区粮食产量低，到整风学习后期，粮食供应出现了困难。省委只好派人到东湖去运米。为了避开敌人的搜索，被派往东湖的警卫队员只能利用夜间进行运粮。到东湖后，将大米袋扎成冬瓜形，扛在肩上摸黑赶路。当时一个警卫队员步行到东湖要用5个夜晚时间，一次最多扛回60斤大米，还要一路提防敌人，任务十分艰巨。为了节省开支，同志们省吃俭用，首长们更是以身作则，带头过苦日子。当时吃的菜只有芥菜、苦菜、笋干，炊事员给曾镜冰等首长的所谓"加菜"，也就是大锅菜再加上一小碟炒菜梗。同志们衣衫单薄，又没有备用衣物，碰上寒冷天气，想用木材烧火取暖，又担心木材燃烧后的浓烟冒出山头，会引起敌人怀疑，只好用烧红了的木炭抵御严寒。此外，同志们还得同牛寮沟山上的蚂蟥做斗争。

恶劣的环境、艰苦的生活并没有挫伤省委机关全体同志的革命意志。机关上下士气旺盛，情绪高昂，秩序井井有条。每天晚饭之后，同志们有的讲革命故事，有的唱歌。坂里山上时而可以听到"五省乌龟王八蛋，一起大集中，向着我们大举进攻，来吧……"的歌声。在同闽北武装会师后，机关还举办过联欢会，演出内容有话剧、山歌对唱、革命歌曲演唱等。

三、省委机关人员和坂里人民鱼水情深

省委机关南迁闽中地区，执行的是隐蔽政策，是为了顾全抗日大局、避开国顽（即国民党顽固派军队）的"清剿"，准备日军入侵时发动和领导群众抗日。因此，必须围绕保证机关安全、解决给养问题而开展机关周围的群众工作。省委机关在牛寮沟时，它的周围有坂里、昆山、毛厝、南山、墘头、梅岭头等自然村。在省委的指导下，省委机关干部中会讲闽南话的吴天亮、刘国梁、毛票等深入农村做好群众工作；刘祖丕主要在机关接待群众来访，有时也跑跑坂里和南山；林金榜配合机关情报工作，分工负责了解省保安纵队司令部和三班、湖洋国民党驻军，以及县警察局、自卫队的动态。

省委机关刚迁至牛寮沟的一段时间里，吴天亮等人以"香菇客"的身份在各村活动，在群众中开展个别串联和宣传教育工作，使群众明白党的政策、提高觉悟。开展地下宣传和串联活动一段时间后，党组织和群众的关系密切了，在坂里的群众基础也增强了。群众帮助省委机关采购粮食和一些生活物品，探清入村人员情况和动机，利用外出时间了解国民党军队的动态、周围的敌情，保证机关的安全。为了让省委机关人员在夜间安全进村开展工作，群众以敲竹筒为号，作为省委机关人员进村的联络信号。

为确保省委机关的安全，坂里群众向省委机关反映，村里人多嘴杂，担心保密工作会出纰漏，建议机关派人下村开会解决这一问题。一天晚上，闽中特委书记黄国璋带着几位武装警卫及刘祖丕、吴天亮等，一起到坂里群众陈存星家，召集家妹、家传、郁阿、家鉴、利阿等10多位群众代表开会。会上，黄国璋向他们讲述了国内外形势，并对大家提出要求。经讨论，一致同意订立公约，其内容大致是拥护共产党，要注意保密，要帮助采购粮食、帮助搞情报，见到生客或是外来人要主动向省委报告等。会议结束后，省委的同志用鸡煮面招待这些群众代表，并与他们按当地传统最严肃、最讲信义的仪式，一起喝了鸡血酒，订下盟约，俗称"歃血为盟"。在南山，为稳住保长，争取其对省委安全工作的帮助，保护基本群众，刘祖丕以省委机关代表的身份，同吴天亮一起到保长家进行谈话，立约结盟。

省委机关进驻在坂里期间，没有发生过一起群众泄密事件。在群众的掩护下，省委机关的各项工作得以顺利进行。省委机关迁离坂里后，群众立即将机关开设的一些用于办公、学习和练兵的场所毁掉，将半山腰上的竹棚烧掉，并就地种上萝卜、蔬菜。国民党德化县政府曾两次派兵"搜剿"毛厝、南山、坂里一带村庄，均找不到任何机关驻过的痕迹。

第三节　省委游击支队在德化

一、在毛厝的游击活动

1945年春，世界反法西斯战争已经处在最后胜利的前夜。在这重要的历史时刻，1945年4月23日至6月11日，中国共产党在延安召开了第七次全国代表大会。毛泽东向大会做了《论联合政府》的报告。大会根据这一报告制定了党"放手发动群众，壮大人民力量，在我党的领导下，打败日本侵略者，解放全国人民，建立一个新民主主义的中国"的政治路线。

5月上旬，省委在南阳召开主要干部会议，曾镜冰做了《最近两个月来的工作检讨与今后工作问题》的报告，指出今后必须正确执行中央和华中局关于"精干分散隐蔽"的方针，在隐蔽中创造发展的条件。5月11日，中共福建省委发出《训令》，提出"分散隐蔽、坚持原有阵地、待机发展"的方针。为了打击国民党顽固派和迎接新四军南下福建，省委建立了游击支队，由许光（祝增华）、许达（林汝楠）分别任支队长、政委，率领二分队离开南阳，奔赴永泰、闽侯、仙游三县边区选好掩蔽点，加强群众工作，创造发展条件。

黄国璋、叶良运和陈光带领一分队从南阳来到永泰，与二分队会合。黄国璋传达省委的新部署：一、由黄国璋领导，祝增华为支队长兼政委，高祖武为支队参谋长，带领一个分队到德化隐藏；二、叶良运、林汝楠、饶云山、陈光带一部分队伍留在永泰等地坚持斗争，实行分散隐蔽游击战术，以粉碎顽固派的进攻，保存有生力量。

到德化隐藏的这支队伍，在黄国璋带领下，秘密转移到德化、永泰、仙游接合部山区，在毛厝村墩头后的山洞里宿营。不久，转

中共福建省游击支队活动旧址

移到毛厝村陈坑猴洞，随后又转移到毛厝西边山头寨仔脚的密林里。队伍转移到德化山区后，加紧军事训练。黄国璋派毛票、刘国梁到村里同毛厝党组织秘密联系，了解各方面情况，做群众工作。7月1日，支队在毛厝村岐山堂召开有群众参加的庆祝中国共产党成立24周年纪念会。会上，黄国璋做了报告，向群众宣讲党的革命斗争历史、革命形势和革命道理，号召群众积极参加和支持革命斗争。大会开了一整天，充满了团结战斗的气氛。9月中旬，传来日寇投降的好消息，支队在毛厝召开庆祝抗日胜利大会。

这期间，支队深入发动群众，开展细致的宣传教育工作，参加生产劳动，帮助解决群众困难。毛厝村群众宁愿自己少吃点也要把留下来的粮食供给游击队，为游击队了解情况、提供情报、做向导、站岗放哨。毛票的母亲黄冬，在自己生活已很困难的情况下，毫不吝惜地拿出家里的粮食、杀掉辛勤饲养的猪，解决支队供给问题，将长年累月省吃俭用积累下来准备为儿子成亲的钱，拿出来给队伍做经费。在国民党军队搜捕游击队时，黄冬老妈妈多次被抓捕，受尽严刑拷打，折磨得死去活来，但她始终坚贞不屈，从没有泄露出党组织和游击队的任何秘密，最后被折磨得精神失常。

抗日战争胜利后，针对蒋介石"寸权必夺，寸利必得"的反动路线，党中央提出"针锋相对，寸土必争"的方针。在德化毛厝一带继续隐蔽的省游击支队，在祝增华、高祖武带领下进行整顿，加强了三个方面的工作：第一，进一步加强部队政治思想工作和军事训练，强调坚持革命不怕苦、不怕死、同甘苦、共患难，要求党员干部处处以身作则，险事苦活抢在前面干。第二，继续深入发动群众，不仅进行较细致的宣传工作，还以实际行动支持群众生产劳动，尽可能地帮助群众解决实际问题。第三，认真掌握民情敌情，注意倾听群众的反映，关注他们的疾苦，同时通过广大群众收集敌情。在毛厝隐蔽期间，分队做到和群众同甘共苦，并以"诊治疾病，帮婚助丧，行动感化"的方法，帮助群众解决实际困难。战士们经常帮助群众做工、种田、修理家具和治病等。支队长祝增华曾从师学医三年，当过中药铺店员，利用自己学到的药物和医疗知识，主动为村里的群众治病。群众在缺医少药的情况下，能有医生诊治，就异常感激，因而党群关系、军民关系十分融洽。

二、在十字格隐蔽斗争

1945年11月，闽中绥靖区驻仙游凤顶特种区的省保安团团长胡季宽，派陈蔚华率一个保安中队兵力闯入德化，进驻毛厝，设关布哨。国民党军警在村周围山上搜省委游击支队及党组织，搜捕革命群众和游击队员，指名搜捕毛票兄弟等。由于群众的支持和掩护，支队一直坚持在毛厝一带山上，同数量十倍于游击队的敌人周旋。游击队为了避免和减少群众遭受敌人的摧残，经支队党支部决定，由高祖武带领部分队员转移到德化葛岭乡漈头保十字格曾稳（女）、李阿鸾家乡一带隐蔽；祝增华、毛票等转移到梨坑山上，派出向省委、闽南特委机关汇报工作的同志也归队。1946年1月，在敌人加紧"搜剿"的情况下，祝增华、刘国梁、毛票到十字格与高祖武会合，坚持隐蔽斗争。

十字格是一个只有五六户人家、50多口人的小村落，建有党支部，党员4人，适合队伍隐蔽。游击队转移到十字格与牛车坪两村交界的石蕉坑，由于队员大部分是外地人，熟悉本地的只有一两个。

针对这一情况，支队采取流动住宿的办法进行隐蔽。因地方偏僻、人口稀少，粮食无法长期供应，游击队生活十分困难。其间，李阿鸾、李火正因把粮食供应给游击队，拖欠国民党政府各种捐款，引起当地甲长的注意，并密报国民党德化县政府特秘室。特秘室秘书苏健、军事科组训科员林其瑶、县自卫队驻水口分队长陈顺兴等，便带领县自卫中队、乡民众自卫队100多人，进驻葛岭乡溧头保洪田"清剿"游击队，声称要抓捕毛票、李阿鸾等，群众的财物也被洗劫一空。至6月，支队的处境非常困难，为保存有生力量，支队支委会决定把队伍全部转移到南（安）永（春）仙（游）交界山区，跳出敌人的"搜剿"范围。因掩护游击队，革命群众曾稳被捕后惨遭酷刑，坚贞不屈；共产党员李阿泮、李火正被捕后英勇就义。

福建省委游击支队从1945年5月转移到德化毛厝、十字格进行隐蔽斗争，到1946年6月游击队安全转移到南（安）永（春）仙（游）交界地区，历时一年多，同几倍、十几倍的敌人周旋，历经艰险，多次化险为夷，不仅保存了革命有生力量，还有所发展。在艰苦的岁月里，敌人千方百计地挑拨离间党群关系，企图断绝游击队伍的生路；甚至把群众的财物、粮食抢光，鸡鸭杀尽，抓捕群众严刑拷打、灌辣椒水、坐老虎凳，无所不用其极，还把妇女的乳头用铁丝串过，吊起来，逼群众供出游击队的驻地和支持游击队的群众名字，驱赶群众上山为他们带路搜山，都未能得逞。在敌人的疯狂暴行下，仅毛厝村及附近的村庄，就有150多名革命群众被捕，毛票一家8口，在家的6人全被抓去，毛票的母亲黄冬被严刑致残。敌人耍尽毒计，残酷摧残，广大群众仍千方百计地掩护游击队，及时把消息告诉游击队，使游击队安全转移，避免损失。为支持革命斗争，德化人民付出了代价，为人民解放事业做出了贡献。

第四节　戴云山之战

一、组建戴云纵队

　　1946年下半年，全面内战爆发，中国共产党领导解放区军民粉碎了国民党军的全面进攻。1947年春，国民党当局在对解放区的全面进攻遭到失败之后，立即变换战略，集中兵力重点进攻陕北解放区和山东解放区。为了粉碎国民党军队重点进攻的阴谋，中共华中分局根据中共中央指示精神，发出《关于在蒋管区发动农民武装斗争问题的指示》，号召各蒋管区的中共地方组织要积极开展游击战争，以减轻国民党军队对解放区的军事压力。为了贯彻闽浙赣边区党委《关于发动爱国游击战争的决定》的指示，同年2月，中共闽中地委在闽侯尚干召开会议，决定大力开展群众工作，积极筹款、搞枪、组织游击队，开展爱国游击战争，并指派陈振先回福清，陈亨源回长乐，林汝楠回莆田，组织发动群众，筹款搞枪，开展组建游击武装的工作。3月中旬，闽浙赣边区党委在福州召开紧急会议，传达中共中央和华中分局的指示精神，边区党委书记曾镜冰向各地党组织发出重要指示（即"3·16"指示），要求各地清除保守思想，立即行动起来，开展反抽丁、反征粮、反征税的群众运动与游击战争。

　　为了贯彻执行中共华中分局和闽浙赣边区党委的指示精神，中共闽中地委于同年3月20日在长乐玉田龙广墓农场召开闽中各县党组织负责人会议，传达边区党委的"3·16"指示，并决定组建地方武装，作为闽中地委的主力部队。随后，闽中地委先后部署在福清和晋江进行"龙（田）高（山）暴动"和攻打安海，以公开的武

装斗争，扩大政治影响，牵制敌人的兵力，并做好筹建主力部队的工作，以配合闽浙赣三省的武装斗争。同年4月，以福清（长乐、闽侯、永泰）游击队和莆田游击队为基础，在莆田西亭成立了"闽中游击纵队"（即戴云纵队），由闽中地委书记黄国璋任纵队司令员兼政委，陈亨源任纵队副司令员，林汝楠任纵队副政委，罗迎祥任纵队参谋长。戴云纵队组建后，遵照闽浙赣边区党委的指示，向闽中南方向挺进，计划与左丰美领导的闽浙赣游击纵队会合，然后在仙（游）永（泰）德（化）边区一带的戴云山脉开辟新的革命根据地，以推动全省的革命进程。戴云山位于德化县境内，山脉延伸至仙游、大田、永泰、尤溪等县，战略地位十分重要，是历史上兵家必争之地。

中共闽中地委组建戴云纵队后，为了扩大革命影响，立即提出"开仓济贫"的口号，以争取广大人民群众的支持和拥护。同时地委还决定在群众基础较好的莆（田）仙（游）交界的常太、兴太山区开展武装斗争，惩治地方反动势力，开仓接济饥饿的群众，以鼓舞士气，壮大游击队的声

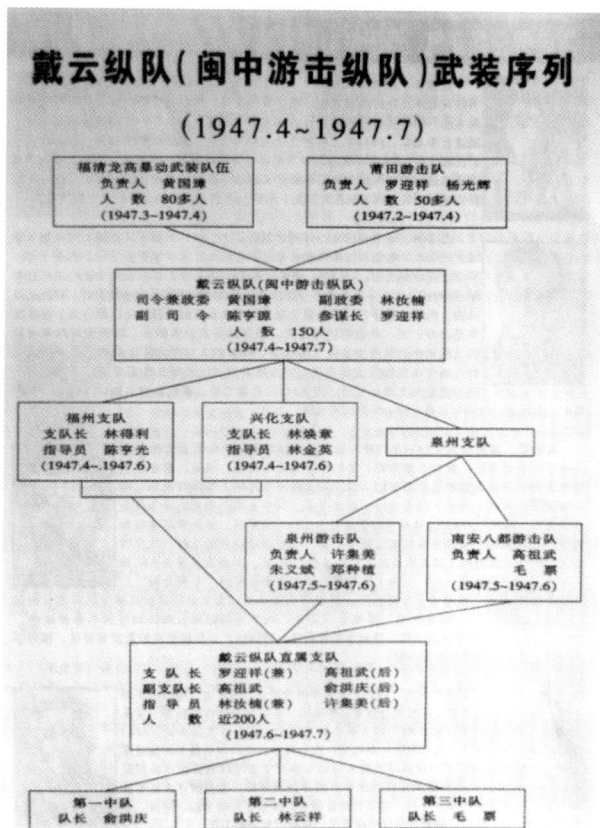

戴云纵队（闽中游击纵队）武装序列

势。4月中旬，戴云纵队在黄国璋、罗迎祥等人的带领下，攻克了国民党莆田常太区公所枫叶塘田粮处，活抓了乡长，打死粮警多人，缴获了长枪数十支以及军用地图和电话机等。同时戴云纵队将枫叶粮仓储存的200多担谷子分给当地农民。枫叶塘战斗是戴云纵队组建后的第一次战斗，不仅使纵队的武器装备得到了改善，而且在闽中各县引起很大反响，从而揭开了戴云纵队武装斗争的序幕，但也激怒了国民党莆田当局。为了避免与敌人重兵的直接冲突，闽中地委决定将戴云纵队转移到仙游县境内，以便一方面继续征集兵员扩大武装力量，一方面使队伍按照闽浙赣边区党委的指示向戴云山脉运动。

4月底，戴云纵队领导人黄国璋、林汝楠、罗迎祥等率领30多名先遣人员及纵队机关向仙游县境内转移。黄国璋等人先在仙游的兴太山区以及仙（游）永（泰）交界的高阳、青溪一带活动，随后纵队驻扎在仙游凤山白岩山区的一个石窟里，以此为据点多次派出人员四处联络，千方百计征集兵员，扩大武装力量。

5月初，福清游击队负责人俞洪庆带领10多名游击队员到达仙游象溪山园，驻扎在山园后山的一石窟里，并派人同戴云纵队的领导人取得联系。随后，黄国璋率领纵队机关人员同俞洪庆游击队会合，扩大了戴云纵队武装力量。接着，在闽中地委和莆田地方党组织的积极宣传鼓动下，一些青年学生和农民骨干踊跃报名参加戴云纵队，莆田党组织当即派林焕章、林金英带领30多名刚入伍的新队员从莆田忠门沿海经杉尾进入仙游境内。仙游县工委遵照地委的指示，也积极输送近30名青年骨干参加戴云纵队。5月底，戴云纵队副政委林汝楠又从莆田召来了30多名青年学生和进步农民到达仙游兴太麦斜山区，同黄国璋、罗迎祥率领的戴云纵队主力会师。至此，戴云纵队发展到100多人。纵队领导决定在参谋长罗迎祥的老家麦斜郑洋村附近山区实施休整计划，一方面对部队进行政治思想教育，增强队员们克服困难的信心；另一方面加强军事训练，提高戴云纵队的军事素质。

二、挺进戴云山

6月6日，戴云纵队在莆仙交界的九天关与国民党福建省保安总队第六中队、仙游县常备自卫队打了一仗。双方短兵相接，保安队被毙1人，伤多人，戴云纵队有1人掉队被俘。此战虽无辉煌战果，但却显示了戴云纵队的战斗力。九天关战斗之后，国民党地方当局对戴云纵队的发展大为恐慌。于是，国民党福建省府一面派兵围追堵截，一面电令闽中各县加强军事防御和强化地方防范工作。另外，省府当局又派遣省保安总队分赴各县，纠集闽中各县的自卫队、常备队和警察等合力"清剿"游击队。与此同时，省保安总队第六中队要在兴太山区寻找戴云纵队主力决战，国民党仙游县地方武装也倾巢出动，四处侦探戴云纵队的踪迹。为了摆脱困境，戴云纵队必须遵照区党委的计划，尽快与左丰美所部会师。于是，在黄国璋的率领下，戴云纵队夜行晓宿，向仙游的社硎、书峰山区秘密转移。6月中旬，戴云纵队挺进度尾后埔，攻打后埔粮库，破仓分粮，以解决农民群众迫切需要的粮食问题。为了让群众事后不受国民党当局的迫害，戴云纵队在撤离前将粮仓烧毁，使国民党仙游当局摸不清粮食丢失的数量。

戴云纵队在仙游破仓分粮之后，为了按时完成闽浙赣边区党委关于两大主力会师的计划，于6月17日晚，在黄国璋、林汝楠、罗迎祥等人的率领下，离开了仙游，挥师西去，向戴云山脉方向挺进。

戴云纵队挺进戴云山是根据闽浙赣边区党委关于开辟戴云山根据地的指示进行的。原计划由闽北左丰美率领的游击纵队从古田南下闽中，由黄国璋率领的戴云纵队从莆田仙游向德化一带运动，待两大主力部队在戴云山会师后，共同开辟新的革命根据地。国民党地方当局为了阻止游击队的会师计划，连忙调兵遣将，由国民党福建省主席刘建绪亲自督办此事，成立了"第三清剿区"，调省保安总队司令官胡季宽任指挥官，还制订了"防剿奸匪实施办法"，强化联防统治。于是，一场"清剿"与反"清剿"的殊死斗争在戴

云山脉展开了。同年四五月间，左丰美部在闽清受阻，敌我双方展开激战，为了摆脱困境，闽北游击纵队折回古田。为此，边区党委马上通知戴云纵队取消会师计划，但由于战斗频繁，联络不便，当戴云纵队接到通知时，已在挺进途中，后面有国民党军队围追。当戴云纵队经德化大溪、永春湖洋等地，到达南（安）永（春）边界的云峰一带后，与高祖武、毛票带领的八都山游击队会合。与此同时，由许集美、朱义斌、郑种植领导的泉州游击武装于5月11日攻打安海后，组织小型、精干的游击队伍挺进安（溪）南（安）永（春）边区，也于6月底分两批分别由许集美、朱义斌带往南安八都山和码头伍堡与戴云纵队主力会师（许集美由永春桂地出发，朱义斌由晋江内坑出发）。三支队伍会师后，扩编了"爱国游击队戴云纵队直属支队"，由纵队参谋长罗迎祥兼支队长，纵队副政委林汝楠兼支队指导员，高祖武（化名林捷，又称教官）任副支队长。直属支队下设3个中队，第一中队中队长俞洪庆，第二中队中队长林云祥，第三中队中队长毛票（化名卢志）；另设政工队由许集美负责，总务科由郑春敏负责，还设有警卫班、侦察班，支队约200人。7月1日，戴云山纵队在南安伍堡召开中国共产党诞生26周年纪念大会。队伍在转驻石水缸小山村后，遭国民党码头镇警察及自卫队的包围，立即突围转移到南安杉仔尾和深坂一带，于4日深夜到达山门。5日早，戴云山纵队刚准备破仓分粮，又遭到从仙游尾追来的国民党省保安总队第六中队和南安、安溪等县自卫队、警察1000多人的前后夹攻。指战员们当即占据山门村的制高点，迎击数倍于己的敌人。战斗从上午9时持续到傍晚，副支队长高祖武、中队长俞洪庆相继受伤，生命垂危。纵队参谋长罗迎祥为掩护纵队机关和主力突围，带领警卫班在小山上阻击敌人。警卫班的战士奋勇杀敌，连续击退敌保安队的多次冲锋。在激烈战斗中，参谋长罗迎祥不幸被敌人的子弹击中，壮烈牺牲。在这次战斗中，警卫班长林秋水以及何天走等同志，也为革命献出了生命。当日傍晚，纵队机关和主力击毙敌人中队长及以下官兵60多人，突出重围。

突围后，戴云纵队及直属支队连夜向安溪、永春边境转移，当晚，在转移途中调整了直属支队的领导：支队长高祖武，支队指导员许集美。随后纵队战胜疲劳和饥饿，绕过敌人的封锁线，翻山越岭，于9日到达了永春桂地。为了扩大政治影响和迷惑敌人，以利北进戴云山，纵队在桂地休整三四天后，于12日突然西进夜袭安溪待御潭（下镇），打下粮仓，发动群众挑走粮食。紧接着队伍急行军到永春刘坪，在刘坪召开会议，决定安排朱义斌、林金妙等回原地区工作，把俞洪庆等留下来治伤。当纵队行军到永春锦斗时，又安排郑种植、郑智民、吴碧玉（女）回原地区工作（他们在回归途中均被捕）。后纵队急行军绕过永春西北边境，经锦斗、呈祥进入德化儒山。

三、血染戴云松

戴云纵队的行动，引起国民党反动当局的极大震动和恐惧，不断命令各县严密"防范"，加强"警戒"。7月14日上午，国民党永春县政府发现纵队向德化县境运动，即电告德化县政府。国民党德化县政府召开了紧急会议，派遣地方武装，调动县、乡自卫队，对游击队进行跟踪堵击。14日下午4时，纵队近百人由永春呈祥云路进入德化锦福乡三福保，黄昏时到达上林保的宴林口（林地）。纵队指战员经过持续战斗和昼夜的转移行军，已极度疲劳，大家正准备分散休息，买米煮饭时，遭到徐登云、肖梦球率领的国民党县自卫队的埋伏袭击。敌人火力猛烈，溪上小桥被封锁，队伍被截分成三路。黄国璋、林汝楠等纵队机关领导和毛票带领的第三中队，从上林店仔处向上林水尾转移；高祖武、许集美带第一、二中队30多人从上林迎仙宫处往宫后冲向山头，边撤退边迎击敌人，掩护司令部转移；林云祥、毛材等沿着黄国璋等撤退的方向转移。

宴林口激战后，黄国璋、林汝楠等纵队机关领导和毛票带领的第三中队先在宴林口仙岭一带山上树林里等待队伍会合，但等待很久未联络上，他们即离开上林，途经格头保的后塘、燕仔祖，越过

溪坂洋木桥时，天已拂晓，队伍便掩蔽在冷水坑山头上群众连尚琂厝内。15日上午，毛票化装到南斗找交通员陈利曾，共商为游击队做向导和解决给养问题。此时，陈已不幸被捕关押在县城牢狱里近一个月，家中只有其妻林长及岳父母林以如夫妇。就在这时，敌人已全面动员对游击队进行跟踪围追堵截。赤水乡乡长李世树带领反动乡警、自卫队早已到国宝、佛岭一带，逼近南斗，堵住了上戴云山之路，局势十分紧张。在此情况下，林长对毛票仍然热情接待，虽家中粮食很困难，仍为游击队供应了饭菜。当毛票离开林家返回冷水坑时，队伍的行踪被前来收税的保队副连金铃发觉并向上峰报告。于是国民党德化县自卫队与科荣、格（甲）头等保的民众自卫队便分别占领冷水坑周围高地，对这支游击队进行包围。当天下午4时许，敌军发起攻击，游击队指战员顽强抵抗。战斗持续至黄昏，游击队才突围转移。

在冷水坑战斗中，戴天宝不幸牺牲，凶残的敌人砍下他的头颅，挂在德化县城云龙桥头电线杆上"示众"。15日晚上，队伍快转移到佛岭格时，又遭到敌

冷水坑战斗旧址

人的伏击，后队伍沿着往南斗方向的山上行进，至深夜才到达南斗。指战员在这里吃过饭，迅速向戴云山挺进。队伍经前芹到梓溪水尾大地，进入漈头十字格，并在此镇压了为非作歹的李××。后经德化和永泰边境地区，在永泰、德化交界的张池格、半林村与敌人打了一仗。至此，黄国璋率领的这一路队伍，历尽千辛万苦，在群众的支持和掩护下，同敌人周旋了3个多月，穿过敌人的重重封锁，

经仙游到莆田，分散隐蔽了部分人员（毛票和国钦往回寻找队伍，后返回八都山），其余10多人返回莆田。而林云祥、毛材等8人因失去联系，在山头上隐蔽了一天一夜，第二天半夜安全到达南斗，后到荐解又被打散。林秋霖等5人在荐解遭保长抓捕，毛材和林云祥、杨凤城等3人分散转移到水口毛厝、大田武陵垵和永泰紫山隐蔽，杨凤城在回到老家紫山后被反动派抓捕杀害。

在宴林口遭敌伏击后，高祖武和许集美带领的30多人，除政工、后勤人员外，武装人员还有20多人枪。队伍与纵队机关失去联系，便等候了一天一夜。由于这部分队伍中多数战士是福清、长乐、莆田、晋江等地人，对这一带人地生疏，又无向导，他们在山上辗转了两三天，决定仍继续朝戴云山方向前进，以寻找司令部。16日夜，这路游击队穿过公路往厚德保刘山而上，遇上了敌人，指战员们以迅雷不及掩耳之势，首先向敌人开枪猛射，随即翻过山头，向戴云山挺进。但就在这支游击队向戴云山挺进时，敌人的增援部队已源源而来。前一天，省保一团第一总队一、四中队及保一总队副队长黄震欧先后抵达德化县城，正在指挥南斗、瑞上各线搜索堵截，加之前两路游击队也在这一带打过仗，各地反动武装已麇集而来。因此，这一遭遇仗暴露了高祖武和许集美带领的这路队伍的目标，敌人便从四面八方包围过来了。17日凌晨，队伍到达南斗附近的上洋水尾牛角垵稍事休息，派姚世成（姚泽山）找南斗交通站陈利曾打听消息和寻找粮食，姚不幸被捕。队伍等了约一个钟头，不见姚世成回来，即从尖仔格方向上戴云山。就在这时，山

南斗突围战中部分游击队员隐蔽旧址

下和左右两侧响起了枪声，敌人围上来了。游击队冲到半山腰时，遭到瑞上乡乡队副陈仁桂等乡保自卫队的阻击，密集的子弹倾泻而来。由于敌众我寡，敌人又占了主路口等有利地形，控制了山下的开阔地和村庄，加上南斗保和李溪保等地民众自卫队和县自卫队、省保一团第一总队一、四中队都围拢上来，前堵后追，两面夹攻，游击队只得在戴云山半山腰的南斗东山、祥云乌岐山、梅坂虎贲山一带迂回作战。这路游击队已粮尽弹缺，且历经三天三夜的转移行军，已极度疲劳，在强行冲出敌人包围的战斗中，又遭受重大损失，支队长高祖武以及林金英、张水镜、罗智光等10多位壮烈牺牲，傅维葵、吴秀琼（女）、何国英、林文如等在敌人搜山时被捕。随之，队伍被打散，丁祥雄、张克昌、刘竹、莺莺等突围后，穿荆棘、钻丛林，跋山涉水从德化往仙游磨石岭、后埔，经南安八都山返回晋江内坑，找到泉州中心县委；许集美、高景春（女）、李绵绵（吴珊，女）、张家伯在当地群众陈公书等的掩护下，史爱珠（女）、黄亚妹（女）在群众叶宝一家掩护下，就地隐蔽，分批顺利通过封锁线返回泉州。被捕的郑种植、傅维葵、吴秀琼、吴碧玉被敌人辗转押回泉州。

四、青史长存

戴云纵队挺进在国民党长期统治的戴云山区，进行较大规模公开的武装斗争，震动了国民党反动统治，这是闽中地委从长期隐蔽向公开的武装斗争的转折，其影响是深远的。

戴云之战纪念碑

在整个战斗中，部队沿途宣传、发动群众，军纪严明，秋毫无犯，英勇杀敌，进一步扩大了共产党和游击队的政治影响，增强了人们推翻国民党反动政府统治，争取解放、翻身做主的决心和信心。但是，这次军事行动仅凭借游击队开展单纯的军事行动，忽视了充分发动群众，逐步建立根据地的策略。在军事行动中，虽提出"开仓济贫"的口号，却是游击队自己动手，发动群众不够，没有解决群众的根本问题。当时，群众最迫切的要求是抗丁、抗粮、抗税，建立人民自己的政权。由于这些问题没有很好地解决，因此当游击队仓促进入群众基础较弱的地区时，就失去了当地群众的有力支持。在南安山门战斗中，面对敌强我弱的形势，结果吃了亏；转移时，又一直朝新区走，缺乏群众基础，陷于越来越被动挨打的处境，导致戴云山战斗最后失利。这一次失利，地方党组织、基点村和主力游击武装损失惨重，一支近200人的游击队伍只剩下80来人；罗迎祥、高祖武等优秀指挥员和武装骨干不幸牺牲。

在挺进戴云山战斗中，许多指战员为了党的利益和人民的解放事业，顽强作战，英勇牺牲。在弹药几乎断绝的情况下，林金英还有20多发的步枪子弹，他自告奋勇带领4名战士当后卫，在掩护撤退时不幸牺牲；老班长罗智光大腿被敌人打断不能走动，还持着机

1984年12月1日，参加戴云山血战座谈会的同志合影

枪向敌人扫射，子弹打完后，为了不让敌人拿到机枪，把零件拆散扔掉后，自己也壮烈牺牲。戴云山战斗虽然失利了，但动摇了国民党在闽中的统治，在德化革命斗争史上留下光辉壮烈的一页。在战斗中英勇牺牲的革命烈士永垂不朽！他们视死如归的革命精神与世长存！他们功垂青史，永远值得我们怀念！

戴云山战斗失利后，敌人集中一切反动势力对莆田、仙游、永泰、长乐、福清、闽侯、德化、惠安、南安、永春、晋江等闽中地区进行大"清剿"。凡闽中游击队经过的地方都遭到敌人的严重摧残，共有200多名党员、群众被杀害（其中县级干部16人），整个闽中地区又笼罩在白色恐怖之中。

1947年10月，闽中地委在惠安山腰召开会议，总结开展爱国游击战争的经验教训。会议根据华东局的指示，认真总结经验、吸取教训。黄国璋传达贯彻闽浙赣边区党委《闽浙赣人民斗争特点与闽浙赣人民游击战争的指示》（即"八二八"指示）的精神，决定恢复、发展党的组织，发动群众，铲除反动根基，镇压反革命，在斗争中求生存，建立隐蔽根据地。此后，在中共闽中党组织的领导下，在广大群众的支持下，闽中地区的武装斗争，又扎扎实实、灵活广泛地开展起来，开创出新局面，以迎接新的伟大胜利！

第五节　瓷城烽火

一、地方党组织恢复与抗"三征"斗争

1949年元旦，中共中央主席毛泽东发表《将革命进行到底》的新年献词，向全世界宣告，中国人民解放军将渡江南下，将革命进行到底。在新的形势下，中共闽浙赣省委召开了干部扩大会议，总

结斗争经验，确定了进一步发动群众，开仓济贫，扩大游击队以及筹粮筹枪等任务。根据省委《关于配合解放军南下解放闽浙赣，展开武装斗争紧急任务的决定》，中共闽中地委于2月间召开了紧急扩大会议，在改中共闽中地委为中共闽中工委的同时，成立"闽浙赣游击纵队闽中支队"。中共闽中工委任毛票为德化县工委书记，刘佐周任仙游工委书记。同月中旬，刘、毛等人根据当时面临的实际情况，将仙游工委与德化工委联合成立中共仙（游）德（化）工委，刘佐周任书记、毛票任副书记，同时决定组建仙德游击队，呈报闽中党组织审批。

仙德工委成立后，组织党员深入农村，发动农民开展抗"三征"（征粮、征兵、征税）、"求生存"斗争，团结教育广大人民，使他们纷纷组织起来，拿起武器，投入人民游击战争。在很短时间里，仙游地区的游击武装迅速发展壮大。为了正确把握群众的斗争方向，使农民武装斗争健康发展，中共闽中工委于4月初派郑挺植来仙游协助工作。郑挺植来仙游后，在慈孝地区召开了中共仙德工委扩大会议。会议认真传达贯彻《目前农村报告大纲》的精神和中共闽中工委关于开展武装斗争的指示，分析了全国革命形势和两县的实际情况，制定了进一步发展武装斗争的措施和步骤。为了加强仙游、德化两县武装斗争，使之继续健康地发展，闽中工委于6月底派闽中支队参谋长高原（康金树）到达仙游。随后，仙德工委的领导成员做了变动和调整，以加强党对游击队的领导，在这期间，闽中工委负责人陈亨源、林汝楠于7月6日向高原发来指示信，要求仙游"可组成一个临时工委会，由高原同志负责，委员暂定为老王（蓝炳雄）、王佑（刘佐周）、鲁志（卢志、毛票）、老马（傅德标）"，以统一领导仙游地区党的工作。根据闽中工委领导人的指示，高原于7月中旬召开了中共仙游地方组织负责人会议。决定"仙游组织临时工委会，委员是王佑、老王、老马、卢志、高原五个人"。月底，高原返回莆田，仙游县工委的工作仍由刘佐周负责。8月下旬，闽中工委和闽中支队司令部任命毛票为仙游县县长，与刘佐周等负责

中共仙游县委和仙游县人民政府的筹建工作。

二、策反工作

1948年5月，张连在中共华南分局支持和同意下，在香港九龙建立了中共泉厦临工委，一方面领导恢复闽南白区党组织，一方面派干部设法与闽粤边区党委及闽南地委接上组织关系，并确定工作重点转入安溪，开展武装斗争。尔后，泉厦临工委陆续派干部回厦门、安溪等地开展工作，领导开展抗"三征"斗争，建立人民武装，进行人民游击战争。同年暑假期间，在南安师范学习的德化籍党员林明生，利用假期回乡，在德化县城知识青年中建立党的外围组织"启智学社"，传播革命思想。11月，根据全国解放战争形势发展的需要，泉厦临工委决定在具有光荣革命传统的安永德农村开展游击战争，派王新整（化名钟炎）到安溪长坑开展工作。其时王新整在杨玉霜家遇到中共华中分局社会部派到福建开展情报策反工作的张强（中共特别党员），王就与张强一起工作。张强建议在永春坑仔口开辟武装斗争据点，与安溪长坑的游击根据地互相呼应，并将活动地区扩展到德化、大田等县。王新整同意这一建议，并于1949年2月通过泉厦临工委，调厦大党员石益、郑坚、力伯昌，侨师党员张永年、李勇、黄杰6人到坑仔口找康明深，由康把他们分别安排在玉坑乡西北中心小学及西坪、杏村、景山等国民学校任教，开展群众工作。2月中旬，王新整到永春坑仔口，见到张强和朱文鉴（共产党员）。为了便于统一领导开展工作，他们共商建立中共安永德临工委（未宣布），下辖玉坑党总支。王新整离开后，永春、德化的工作由朱文鉴、张强具体领导，并组织抗征会，开展对国民党地方军政人员的统战工作。

张强曾于1948年5月联系闽南地区一部分国民党军政人员，在香港成立"福建人民自救同盟"（简称"福盟"），确定接受共产党领导，进行武装组织准备，并相机举行起义。在永春、德化、大田三县，张强等人先后联络策动了康明深、李逸云、李仁实、苏玉英、

林曼辉、陈鸣皋、陈鹏程、涂石凤、曾一良等一批国民党军政人员和地方实力派人物，准备武装起义，曾于1945年间任过"军事委员会畲山先遣军"中校副团长的陈鹏程参加了"福盟"组织，在厦门接受姚建华和张强的指派回德化，联络了国民党德化县党部干事郭永昭，筹划在国民党德化县的党政军人员中开展策反工作。陈鹏程回到原籍德化丁墘村，利用其在土地革命时期参加过革命活动的关系，在群众中开辟活动据点，并利用德化县国民党和三青团之间的矛盾，广泛联系而且争取了国民党德化县自卫总团副团长陈继、参议长陈其英、副议长曾天民等一批军政界人士，还打入警察所，对仓管人员开展工作。

1949年2月，负责德化方面工作的陈鹏程到坑仔口向张强、朱文鉴汇报工作。这期间，郭永昭、苏永显以及归国的马共党员郑积山、林水碧等通过徐志荣、康良石同张强取得了联系。郑积山接受任务回德化三高乡（今三班），开展抗"三征"活动。3月初，张强根据陈鹏程等人的要求，建议石益以党代表的身份到德化开展工作。石益到德化后，经陈鹏程介绍，接触国民党德化县一些上层人士和知识分子，策动他们为革命工作。随即召开会议，成立了"德化县人民解放委员会"，布置了抗"三征"及策反工作。随后，在三高、浔中、碧霞、桂涌等乡镇也先后成立"解放委员会"。此时正值国民党招兵，石益派苏永显打入国民党三二五师招募连，准备筹集枪支，开展游击活动。

1949年春，中共泉厦临工委开辟了以安溪为中心的安永德游击区后，于4月18日在安溪长坑玉湖召开了泉厦临工委会议，决定成立中共安溪中心县委，取代泉厦临工委，以统一领导安南同、安溪、永德大、漳平、厦门、同安、泉州等的闽西南党组织。安溪中心县委成立后，为加强对永德大游击战争的领导，由张连副书记于5月中旬率一批军政干部到达永春坑仔口，着手建立永德大工委，领导永德大地区的游击战争。

在安永德革命运动向前发展的形势下，为抓紧做好策反工作，

石益于5月间通过陈鹏程等联系，与国民党德化县县长陈伟彬在县城附近的一个粮食仓库里进行谈判。石益向陈伟彬宣传革命形势和共产党的政策，希望陈当机立断，做识时务的开明人士。陈表面唯唯诺诺，但不久就率队逃往赤水，仅留自卫总团副团长陈继与警察局局长明大光等，带部分军警看守县城。

安溪人民游击大队于5月10日解放安溪县城，促进永德大地区游击斗争的迅猛发展。为充实军队和地方对干部的急需，安溪中心县委于5月下旬派出参加闽粤赣边区纵队第八支队第四团军政干部训练班学习的林明生、徐南等一些南师地下党员到达永春。28日，永春县城解放。永德大工委即派出一批党、团员到德化济屏乡开展民运工作，南师党员郭少青随同前往。林明生、徐南等10人奉派入德化县城，于6月初成立中共德化总支委员会（闽西南），由林明生任总支书记，有党员10多人（其中原南师地下党员10人）。党总支在政委秘书、党代表石益的指导下，发挥集体领导作用，加紧筹划开展武装斗争。

6月中旬，得悉国民党县长陈伟彬要将县自卫总团副团长陈继带领的队伍撤退到葛坑的情报，陈鹏程与陈继密商起义，向张连请示，经获同意派永春游击大队第三中队长潘孝东，带领永春游击大队第三中队，在德化解放委员会成员陈鹏程、陈子仙及一些抗征会人员配合下，于6月17日占领德化县城，德化第一次得到解放。陈继等起义人员朝天开枪佯装抵抗后，即接受改编。县警察局局长明大光等官佐警员在游击队围困下投诚。对不愿参加游击队的投诚官兵给予资散回家。

6月下旬，永德大工委在永春蓬壶毓斌中学召开永德大三县党政军干部会议，进行组织和思想整顿，决定成立永春中心县分工委（安溪中心县委会议记录），下辖永春、德化、大田三个县工委。分工委隶属于安溪中心县委，机关设在蓬壶（后迁桂洋）。7月上旬，城关召开群众大会，张贴布告，宣布德化县人民民主政府成立，由德化县工委书记徐志荣兼任县长，并着手筹备县政务委员会及拟任

各科室人员名单。

7月中旬，国民党德化县县长陈伟彬和"德大联防清剿"指挥官林青龙乘游击队在县城的力量薄弱之机，派兵攻袭。在敌强我弱、敌众我寡的情况下，德化县城失守，党组织和游击队被迫撤离到永春苏坑，继续在永德边境开展对敌斗争。后来，徐志荣由张连安排在八支四团三营负责审判工作。林明生奉命带徐南、黄光辉进入南安协助张清开展工作，党组织的活动暂告一段落，主要以游击队活动于永德边境。

三、重建游击队

为了适应全国解放战争迅速发展的形势，中国人民解放军闽浙赣边纵队（亦称闽浙赣游击纵队）于1949年2月3日正式成立。纵队发布《闽浙赣人民游击纵队行动纲领》，号召全党和全区人民为推翻蒋介石反动独裁统治，建立人民民主政权而奋斗。根据省委的一系列指示，中共闽中地委于2月间召开了紧急扩大会议，为加强领导，统一指挥各县武装力量，正式成立"闽浙赣游击纵队闽中支队"，由黄国璋任司令员兼政委，陈亨源任副司令员，林汝楠任副政委，康金树任参谋长，祝增华任政治部主任。同月，仙德县工委根据闽中工委的指示，决定组建仙德游击队，作为仙德工委的武装。

仙德游击队主要是以毛票从毛厝运去的一批武器和以毛材等德化籍部分游击队员为基础建立的。经过短时间筹备，一支名为"铁流队"的游击武装在仙游西区宣告正式成立，这是由仙德两县的农民骨干组成的，以后迅速扩大，并很快成为仙德游击大队的主力。仙德游击队组建之后，着力进行筹粮筹枪等游击活动。4月上旬，仙德工委召开干部扩大会议，决定扩大游击区，进一步发展游击武装，研究部署各地联合开展活动计划。

根据闽中工委提出的搞枪筹款装备自己的指示，仙德游击队为完成任务，决定袭击敌人基层政权，攻粮仓，解决军需民用等问题。其中主要战斗有：9日，仙德工委书记刘佐周、副书记毛票召集仙游、德化两县的3个游击小分队约60人，化装突袭国民党仙游磨头晋仙警察所，缴获长短枪8支；13日凌晨，刘佐周、毛票又率领游击队向仙游枫亭进发，袭击枫亭乡公所，但由于天已微明，游击队的行动过早被自卫队发现而遭阻击，只好撤退；继则向溪南粮仓进发，攻下粮仓，分粮千余担，缴获步枪13支、子弹千余发、自行车1辆；17日，毛票亲自出击，在仙游大圳镇压了罪大恶极的便衣队长吴瑞英，为民除了害，不仅仙游西区的群众拍手称快，且对国民党的官员也起到威慑作用，那些平时为非作歹的地霸土劣的嚣张气焰也大有收敛。

在闽中各县武装斗争蓬勃发展的大好形势下，闽中工委于1949年4月召开了扩大会议，重申闽中工委在2月间提出的"放手发展，大胆进攻"的战略方针，指示各县要"扩大战果，填敌空隙，肢解敌人"。为此，中共仙德工委于4月中旬在西区召开扩大会议，研究制定仙游地区武装斗争策略。会议决定，利用当时的大好形势，在仙游岭西开辟一块游击区，作为工委和游击武装的根据地；同时，根据闽中工委的指示，派毛票率仙德游击队部分队员返回德化东部，在永（泰）仙（游）德（化）交界的边区开展武装斗争，以便前后呼应，牵制国民党当局的兵力。

仙德游击队进驻德化毛厝等地后，积极宣传发动群众，不断扩大武装力量。4月20日，毛票带领18名精干的游击队员（其中德化籍8名，仙游籍10名）回到毛厝，继续开展游击斗争，收缴保里10支步枪，同时，采取各种方式，大造声势，扩大游击队的影响，使周围不少农民青年纷纷前来要求参加游击队，队伍增加到40多人枪，从而揭开了永（泰）德（化）仙（游）边区武装斗争的序幕。正当中共仙德工委在岭西开辟根据地之际，传来中国人民解放军渡江之后势如破竹，于4月23日解放了国民党盘踞22年之久的反革命统治中心——南京的喜讯。在这翻天覆地的大好形势下，仙德人民欢欣鼓舞，仙德工委不失时机地号召人民群众立即行动起来，开展更大规模的武装斗争，为迎接全国解放积极创造条件。经过一段时

间的努力，仙德工委领导下的游击武装迅速发展。在毛票率队回德化东区毛厝一带活动期间，仙游县的武装斗争烈火也遍及各区。但是，随着武装斗争的日益发展，也出现了各自为政、行动失控等不良现象。针对出现的情况，仙德工委书记刘佐周决定采取有效措施，统一武装领导，以便集中力量，更有效地打击敌人。4月下旬，仙德工委再次召开干部碰头会议，并决定在仙游岭西的石牌兜砺山中学成立仙德司令部，归仙德工委领导，统一指挥仙德两县的游击武装和军事行动。毛票带领的游击队也属仙德司令部管辖，另随毛票到德化开展武装斗争的陈新献游击队也属仙德司令部指挥。

四、永德仙游击队斗争活动

（一）建立指挥部

根据形势发展的需要，遵照闽中工委和支队司令部"挖蒋根"准备迎接解放福建的指示，为了便于领导永泰、德化、仙游三县边区的游击活动，毛票带领的游击队回毛厝后，在开展宣传发动工作的基础上，于4月下旬成立了永德仙人民游击队总指挥部，由毛票任总指挥，毛材任副总指挥，刘佐周兼任政治委员，归仙德工委领导。总指挥部设在毛厝。永德仙人民游击队成立后，积极开展武装斗争。5月6日，毛材带领游击队30多人攻打永泰洑口乡公所，俘敌1人，缴获步枪5支、短枪1支、子弹200多发、电话机1部，并以俘虏为人质，逼使国民党洑口乡的乡长率乡丁携带长短枪13支向游击队投降。11日晨4时许，毛材带领游击队，在仙游陈新献游击队配合下，由南埕保苦坑村第七甲甲长陈民当向导，共百余人包围了德化南埕警察所。游击队先剪断电话线，防止警兵向县城求援，后勒令其投降，开始时警兵负隅顽抗，垂死挣扎，游击队采用火烧警察所的战术，逼使警兵投降，共缴获步枪5支、驳壳枪2支、部分弹药、电话机1部及警服等。15日4时左右，毛票、毛材率领游击队员100

多人包围国民党水口乡公所，缴获长短枪10支。随后，他们又发动群众开仓分粮，将水口粮仓内藏的800多担粮食除留一部分为游击队的军粮外，其余分发给当地的群众。21日，永德仙人民游击队在毛票指挥下，由陈永照做内应，挥师攻打国民党嵩口镇公所。游击队分兵四路包围了永泰嵩口镇：第一路由毛美桥带领一个分队，从半山直插嵩口大道外围，占领嵩口新郑龟山，逼近新郑山边和桥头两个敌堡，控制碉堡内敌人的火力；第二路由毛材带领，从半山村抄小路到官山面；第三路由杨宝树带领游击队主力，自半山翻山越岭，取道大喜坑，出敌不备，从背后逼近嵩口镇；第四路由毛票亲自带领部分队员，从半山经龙湘、灯芯岭，取道奚湖到嵩口小溪尾控制渡船。另外，又派出林明孝小分队，于当晚潜入镇车路尾，负责砍断县城通往嵩口的电杆，剪断电话线，破坏敌人的通信联络，防止敌派援兵。第二天拂晓，一声号响，四路游击队同时行动。顿时，嵩口镇上杀声四起，而镇公所的自卫分队、警察等在游击队的突然袭击下，措手不及，一片混乱。嵩口镇的部分自卫分队首先投降，但自卫分队队长却率部分自卫队员龟缩在嵩口钟山碉堡内，负隅顽抗。这时，毛材、杨宝树带领游击队将尾寨警察所团团围住，并用火力封锁了警察所炮楼门口，然后备了煤油、棉花，准备火烧警察所。警兵见状，胆战心惊，只好缴械投降。钟山碉堡里的自卫队长和部分自卫分队队员见大势已去，孤立无援，趁游击队忙于围攻警所时，仓皇向闽侯竹岐方向潜逃。接着，游击队开仓分粮，将400多担粮食分给当地群众。嵩口一战，大获全胜，共缴获长短枪46支、子弹500余发、电话总机1部、大刀2把。这一仗，大大加强了永德仙游击队的武器装备，扩大了永德仙游击队的政治影响。永德仙游击队采取的一系列军事行动，与仙德游击司令部和仙游岭西根据地遥相呼应，不仅给永泰、德化、仙游三县的国民党当局以沉重的打击，而且大大促进了永、德、仙三县武装斗争的蓬勃发展。

（二）永德仙游击队整编

正当仙德工委领导仙游、德化两县人民积极开展武装斗争之际，中共闽浙赣省委向各地方党组织发出指示，阐明了闽省的形势，指出了"蒋匪积极备战，闽省编五个师，企图在解放军主力南下前消灭我们，并抵抗解放军主力，但蒋匪下层极动摇"，希望各地党组织"认识今天形势，积极联合群众，扩党练干，发动群众斗争，千万不可急于武装行动"，"在解放军南下前，全部力量应放在建立支部、区委、县委，发展党员联系群众的工作上面"。中共闽中工委在贯彻省委指示后，闽中各县的政治局势相对稳定。随后闽中工委为了使各县的武装斗争更加健康地发展，便抓住有利时机，对各县游击队进行整编。6月上旬，闽中工委通知仙游、德化两县的游击武装开赴莆田大洋整编，仙德游击司令部立即将闽中工委指示及时转告驻德化游击队。于是，永德仙游击队负责人毛票立即率60多名游击队员到达仙游岭西，与仙德游击司令部的游击队胜利会师。随后，刘佐周、毛票于6月中旬率350多名游击主力奔赴闽中。仙德游击队在莆田大洋整编之后，闽中工委为了使仙游、德化两县的武装斗争继续健康发展，于1949年6月底派闽浙赣游击纵队中支队参谋长高原（康金树）率领整编后的武装人员返回仙游。队伍到达仙游兴太山区后，高原一方面率游击武装协助兴太区的游击队摧毁国民党的地方势力，筹建人民民主政权；一方面派毛票率德化游击队返回德化毛厝，以加强德化地区的武装斗争。

（三）永德仙游击队斗争和支前活动

毛票带领队伍到大洋整编时，永德仙游击队由毛材统一负责，继续对敌进行斗争。6月中旬，毛材等人封了雷峰粮仓，并缴了西山、久住、淳湖、大溪等保的一批枪支。后来，闽西南德化游击队也封了雷峰粮仓。后双方磋商解决，将雷峰粮仓400多担粮食分给永德仙和德化游击队（闽西南）作为军粮。下旬，毛票带领几十个队员

回德化。不久，永德仙人民游击队指挥部从毛厝迁到水口。由于游击队四处袭击，声势浩大，震慑了敌人，永泰的梧桐、下拔、盖洋等地的伪职人员纷纷缴枪投诚。这时，仅德化的游击队伍就发展到200多人，解放了德化和永泰边境的一部分地区。7月，闽中工委在大洋召开扩大会议，布置开展筹粮支前运动和继续摧毁国民党地方政权两大任务。仙德工委根据闽中工委和支队司令部指示，凡解放军经过之处，均设立供应站、接待站，做好欢迎接待准备工作，并通知各乡、各区抓紧募粮，以保证大军供应。8月初，永德仙游击队遵照闽中工委的指示，对溃逃永泰、德化一带的国民党九十六军残部进行伏击，计出动100多人，先后在永泰梧村和德化科坑交界的张池格、德化毛厝后头的苦竹格及南埕、雷峰、蕉溪等处打击了溃退之敌，从而保护了水口等地人民生命财产的安全。与此同时，在中共仙游工委和仙游、德化两县游击队的积极努力下，仙游、德化两县的筹粮和支前工作局面迅速打开。德化水口至凤顶一带设立了粮食供应站和支前工作站，做好一切支前准备工作。8月3日，中国人民解放军第二十九军先头部队抵达永泰嵩口及闽清十五都，永德仙指挥部派陈永照到嵩口配合解放军成立了军民联合办事处，由陈永照任办事处副主任。随之，永德仙游击队和群众踊跃挑粮支前，计组织支前民工1000多人次，运送大米300余担，还有猪肉、蔬菜、笋干等物资。8月中旬，中国人民解放军先头部队到达德化水口，要求毛票等人在5日内供应粮食5万斤。因当地普遍缺粮，毛票等人千方百计先后只筹集300余担，不敷之数，由陈永照向永泰洑口、盖洋、嵩口一带筹募。在以后的日子里，中共仙德工委多方筹募支前粮食，积极完成上级交给的任务。7—8月间，永德仙游击队在已解放的德化水口、雷峰（西南）、碧霞和永泰的盖洑等地成立了乡人民政权。8月底，仙游县城解放，闽中工委，闽中支队司令部、政治部委派毛票、毛材分别担任仙游县县长和县游击大队大队长后，永德仙游击队由吴文甫、毛美桥、蔡元德负责，直到德化解放。

五、蕉溪保卫战

永德仙游击队下辖的另一支驻扎德化蕉溪一带的中队，系原在德化县警察局服役的查铁等5人于6月上旬起义后组建的，由查铁（1950年叛投刘子宽匪部）任中队长，郑其相任中队副，下辖3个分队，共有60多人枪，归永德仙指挥部领导。该队组建时，毛票委派陈利曾、张诗桃任正副政治指导员，以加强对游击队的领导，巩固武装队伍，充分发挥其战斗力，以便更好地配合南下解放大军解放德化。永德仙游击队蕉溪中队，以蕉溪为据点，积极发动与领导人民群众开展抗"三征"斗争，曾于七八月间在雷峰、上蕉溪、瑞上等地打击敌"德大联防清剿指挥部"林青龙部在雷峰的部分武装，以及由国民党瑞上乡公所、县参议员陈石瑜、乡长陈金星拼凑的30多人枪的武装，积极地配合西南乡人民政府开展减租减息斗争。蕉溪中队处于永德仙指挥部的前哨，与林青龙、陈伟彬的反动势力形成对峙局面。为防御林、陈反动势力反扑，中队分别在蕉溪的牛车荇、大头岭、陈厝山头等制高点设岗布防，昼夜巡逻、观察，监视盘踞县城的敌人林荣春、徐登云、陈福中等部的动向。

1949年9月25日凌晨4时30分，林荣春率领"德大联防清剿指挥部"下辖的德大县民众自卫独立团第一营第三连约百人，趁浓雾笼罩，向蕉溪大头岭附近村庄摸进，随即被守卫在这里的蕉溪游击中队的战士发现。他们一面反击敌人，一面迅速派员分别前往水口、三班向永德仙指挥部、驻三班的闽西南白区党组织领导的二十六连联系求

蕉溪牛车荇保卫战旧址

援。永德仙指挥部和二十六连获讯，即派兵赶来增援。其时，驻防在大头岭、陈厝山头的游击战士20多人与敌展开激烈战斗，在敌众我寡的情况下，只好退守牛车苓阵地，中队部及独立排人员冲出包围圈，也向牛车苓靠拢。在转移的战斗中，分队长蔡德玉不幸牺牲，进攻大头岭、陈厝山一带的敌人县自卫队，由于人地生疏、情况不明，加上浓雾笼罩方向不清，不敢轻易前进，暂龟缩在蕉溪车头一带，盲目放冷枪，并乘机窜入民房大肆抢掠群众财物，宰杀群众牲畜。雾散时，敌县自卫队又疯狂向游击队控制的牛车苓阵地进犯。牛车苓阵地较为险要，除挖有交通壕外，还外加有竹尖的木栅，有利于防御作战。6时30分，中队几乎全部进入阵地，迎击敌自卫队的进攻。在其后的半天时间中，游击健儿击退了自卫队的三次进攻。下午2时左右，当战斗进入白热化之际，驻守三班的二十六连指导员张忠（赖清晨）、副连长颜峰（颜团成）率领一个排的战士，迅速赶到蕉溪，与蕉溪中队并肩作战，并乘敌自卫队兵吃午饭之际，组织几个小分队埋伏坂尾、深洋等地予以伏击，迫使敌自卫队从十八岗溃退至寨仔山一带。斯时，游击队又迅速地组织一部分兵力，到吴氏祖厝后头山上和牛林岐等林荫地带，配合其他阵地的小分队，集中火力对准盘踞在寨仔山一带的敌自卫队展开猛攻。这时，到永春运粮的解放军一个侦察班，随同二十六连一齐进入阵地，即向敌自卫队阵地发射迫击炮弹。敌自卫队误认为解放大军赶到，惊惶失措，忙撤到南门墩一带山上，并有撤回县城的迹象。至下午5时左右，二十六连和蕉溪游击中队会合，互相交谈了战斗经过。这时天也渐渐地黑了，指战员们吃过晚饭后，由赖清晨、颜峰带领队伍返回三班。当晚，永德仙指挥部派吴文甫带领的队伍也赶到了蕉溪，同查铁领导的游击队一起认真总结当天的战斗情况，重新布置兵力。进攻牛车苓的敌军并未退回县城，只是潜伏在车头、南门墩一带。

26日上午8时许，敌县自卫队第二中队由队长李世树率领，兵分三路，配合驻车头一带的林荣中部计300多人，向牛车苓等地包

抄而来，从上午10时至下午4时，发动4次冲锋，均被游击队击退，敌受伤多人。下午4时30分左右，敌号称"神枪手"的德化县自卫总团自卫营第二连第二排排长"左拐地"——陈炳地（人称打鸟地），手持驳壳枪在距游击队阵地东侧约150米的山坡上指手画脚，大喊大叫："谁打进去抓到一个活的奖银圆五十块，打死一个奖银圆三十块！"七八个亡命之徒，跃跃欲试。就在这时，蕉溪中队第三排长郑国雄命令手持步枪的5位队员对准敌人5枪齐发，作恶多端、血债累累的陈炳地和另一自卫队兵当即毙命。一时间，敌军惊恐万分，抬着尸体和伤员，退出了阵地。为更好地抗击敌自卫队的再次进攻，游击队主动退出阵地，经石室转移到寺内村进行短时间休整。当游击队撤离后，敌自卫队李世树、林荣春率部冲进牛车苓阵地，放火烧毁木栅、草房。27日，游击队在补充了弹药之后，又返回蕉溪，并调动民兵、打猎队等武装，在毛美桥带领的永德仙游击队二中队配合下，对敌自卫队展开反攻。驻三班的闽粤赣边纵队第二十六连得悉敌自卫队继续进犯蕉溪游击队时，迅即派出副连长颜峰率领一个排兵力赶赴蕉溪，设伏在西南方向的朱紫大湾，以防敌兵往县城溃逃和伏袭县城来的增援敌军。上午9时许，战斗打响了，手榴弹投向敌群，在强大火力打击下，这支拼凑而成的县自卫队惊慌失措，乱成一团。当天下午，经过激烈战斗后，敌指挥官林荣春、徐登云、陈福中等人见大势已去，率残兵从潘祠、西漈、内坂、格仔后逃回县城。蕉溪战斗的胜利，极大鼓舞了游击队战士、民兵和革命群众的斗志，增强了革命必胜的信心，为配合人民解放军解放德化做出了重要贡献。

六、解放德化县城

1949年6月，中共安溪中心县委管辖下的永（春）、德（化）大（田）（简称永德大）县工委，派林明生、徐南等到德化开展工作，在丁墘村菜姑庵建立中共德化总支委员会，党员10多名。为了争取县城国民党地方实力派的投诚起义，永春人民游击大队潘孝东三中

队进入德化支援。6月17日，原国民党自卫总团副团长陈继、参议会秘书陈子仙率部分官兵起义，游击队占领县城，德化县城第一次解放。6月底，中共永德大工委在永春蓬壶毓斌中学召开三县党政军干部大会，进行组织和思想整顿，决定成立中共永春中心县工委，代替永德大工委，隶属中共安溪中心县委领导，办公地点设在永春蓬壶，下设永德大三县党的工作委员会，并成立永德大游击队总队，下辖8个中队，会上宣布任命徐志荣为德化县工委书记兼德化县人民民主政府县长。

11月中旬，中共福建省委第五地委、福建省第五行政督察专员公署、中国人民解放军第二十九军八十七师和福建省军区第五军分区联合成立剿匪委员会，确定以南安及晋（江）、惠（安）、仙（游）三角地带之四角亭为剿匪重点区，并侦察了解盘踞德化的林青龙、陈伟彬等股匪情况。剿匪部队以二六〇团为主，联合省军区第五军分区警备五团一营及各县常备队，于11月16日由泉州分两路出发。11月21日，两路部队都抵达永春，短暂集结后又兵分两路向德化开进。11月24日，永德大游击队配合解放军部队解放了德化县城，随即成立德化县人民政府。由于当时德化归属永安地区建制，永安还没有解放，因此，中共福建省第五地方委员会临时委派永春县县长张连兼任中共德化县委代理书记，调原仙游县县长毛票代理德化县人民政府县长，调永春县人民政府秘书室秘书石益代理德化县人民政府副县长。

1950年1月27日，永安和平解放。2月，中共永安地方委员会和永安行政督察专员公署相继成立，即派中国人民解放军三十一军某团政委路湘云等十几位干部接管德化，组织开展剿匪、恢复生产等工作。根据省委的指示，由中共永安地委委派路湘云组建中共德化县委员会，路湘云为中共德化县委书记。3月1日，正式启用"中国共产党德化县委员会"印章。6月，永安行署派仲兆成任德化县县长，毛票改任副县长，石益调永安工作。10月27日，中共德化县委改属中共第五地方委员会（泉州）管辖。

德化县解放和地方人民民主政权的建立，宣告国民党反动政府对德化的黑暗统治结束，标志着中国共产党领导的新民主主义革命在德化取得胜利，德化历史从此掀开了崭新的一页。

【链接】

1949年，罗浪奉命负责为中华人民共和国开国大典组建一支联合军乐队，并担任指挥。10月1日，中华人民共和国开国大典在北京举行。14时50分，当毛泽东主席一行登上天安门城楼时，军乐队奏响高昂的《东方红》。15时整，毛泽东主席庄严地向世界宣告："中华人民共和国中央人民政府今天成立了！"接着，升国旗，鸣礼炮后，罗浪按预定程序，果断地指挥军乐队奏起国歌，天安门广场上顿时欢声雷动。紧接着阅兵式开始，军乐队奏响雄壮的《中国人民解放军进行曲》等。在开国大典上，200人的演奏，没有错一个音符。军乐队的出色表演，受到毛泽东主席等国家领导人高度赞赏，被称为奏响"新中国的第一个音符"！

罗浪

罗浪开国大典指挥军乐队

第三章

共和国起步·路漫漫其修远

马克思说:"在科学上没有平坦的大道,只有不畏劳苦沿着陡峭山路攀登的人,才能到达光辉的顶点。"

在通往顶峰的路上

(陈能与 摄)

1949年11月24日，德化县解放。德化县人民政府成立后，德化老区人民继续发扬艰苦奋斗的革命传统，积极投身社会主义建设事业，贡献自己的智慧和力量。德化解放初期，老区人民继续冒着生命危险，配合中国人民解放军清剿土匪等残余反革命势力，建立和巩固县、乡各级人民政权及其配套组织；配合党和政府镇压反革命分子、扫除旧社会遗留下来的各种丑恶现象，稳定社会秩序，创造文明民主的社会环境；积极参加土地改革，真正享受到当家作主人的尊严与幸福；踊跃参加抗美援朝、保家卫国运动，捐款捐物，参加中国人民解放军，弘扬爱国主义和国际主义精神。

在农业合作化时期，德化老区人民坚决贯彻执行党的路线、方针和政策。在建立德化第一个党组织的丁墘，成立全县第一个互助组"何良互助组"，至1952年，全县大部分农民都参加互助组；1953年，贯彻执行国家"一五计划"和"关于发展农业生产合作社"的精神；至1955年，参加农业生产合作社的农户占全县总户数的89%，同时，工商业的改造也进展顺利，完成向社会主义过渡的任务。

1958年后，由于受"浮夸风"等因素的影响，全县工农业生产下滑，人民生活经历了三年的困难时期。党和政府及时推出"调整、巩固、充实、提高"等政策措施，至1962年，全县经济又开始恢复发展。1966年，德化同全国一样卷入一场长达十年的"文化大革命"，无政府主义泛滥，人民思想模糊不清甚至迷失方向，社会局势动荡不安，尤其是一批又一批的"冤、假、错"案，严重打击了不少干部、群众的思想，挫伤了他们工作生产的积极性，国民经济和社会主义各项事业在艰难中发展缓慢，广大人民群众未能摆脱贫苦、解决温饱问题，优秀的民族文化和正常的教育受到严重摧残，给人民留下深刻的教训。

1978年召开的中共中央十一届三中全会，坚持"实践是检验真理的唯一标准"的马克思主义思想原则，拨乱反正，通过"一批二打三整顿"、平反冤假错案、落实党的各项政策等措施，终结了"文化大革命"的混乱局势，实现历史性的伟大转折，迎来安定团

结的新局面，开创改革开放的新时代。

第一节　人民政权建立与巩固

一、建立人民民主政权

（一）中共德化县委及基层党组织的建立

1949年11月24日，德化县城解放，永春县县长张连兼任中共德化县委代理书记，进行中共德化县委的筹建工作。由于张连常驻永春，不能直接领导德化工作，即由毛票、石益、林金榜等10多位党员成立党的临时支部，推选毛票为临时党支部书记，以便随时研究情况，开展工作和处理日常事务。

1950年2月，中共永安地委根据省委的指示，在永安组建中共德化县委，由路湘云担任县委书记，孔凡侯、张德超、李文华、王子振为县委委员。2月19日，县委成员由永安地委派往德化工作。随同来德化工作的还有南下干部和青年学生（第七行署工作队）。路湘云等一行来到德化县城后，与毛票、石益等县人民政府干部会合，于3月1日正式成立中共德化县委，并正式启用"中国共产党福建省德化县委员会"印章。随即召开县委扩大会，研究部署工作，会议确定以剿匪为主，结合征粮减租、发展生产的工作方针，明确了一段时期的工作重点，同时设立县委秘书处、组织部、宣传部、纪律检查委员会。

3月中旬，永安地委陆续派"革大"服务团、警校干部及从二十九军部队中转业的一批干部到德化，充实县级党、政机构和区委班子的力量。在县委的领导下，迅速开展党的基层组织建设和其他各项工作。11月，德化县的隶属关系从永安转交晋江地区管辖，中共德化县委隶属中共晋江地方委员会领导。1956年5月29日至6月3日，召开中国共产党德化县第一次代表大会，选举产生中共德化县第一届委员会委员、监察委员会组成人员。

1950年初，中共德化县委辖8个支部，党员81名。1952年，县委贯彻执行"积极慎重"发展党员的方针，通过剿匪反霸、抗美援朝、土地改革、整风运动等的斗争考验，培养了一批党外积极分子。1952年8月至1953年8月，全县吸收中共新党员103名，新建立党支部14个。1956年底，全县设立党支部103个，党员总数2040人。

（二）德化县人民政府及基层政权的建立

1949年11月24日，解放德化县城，随即成立德化县人民政府，调原仙游县县长毛票代理德化县人民政府县长，调永春县人民政府秘书处秘书石益代理副县长。1950年6月，永安行署派仲兆成任德化县县长，毛票改任副县长，石益调永安工作，并着手组建新的办事机构和基层人民政权。

德化县城解放后虽然成立人民民主政权，但全县基层人民民主政权还没有完全建立，除了原游击队已建立的政权外，大部分乡镇仍归农会管理。随着剿匪进程而渐次建立乡、村人民政权，乡长由县政府委派，村主任由村民选举。1950年5月，县人民政府先后设置秘书室、民政科、财粮科、文教科、建设科、司法科、税务局、公安局等8个直属机构。6月，中共福建省委发出《关于废除保甲制度建立乡村人民民主政权的指示》，强调指出保甲制度系为人民所痛恨的，必须给予彻底摧毁，随即建立乡村的人民民主政权。12月，省人民政府又发出《关于结合土改加强民主建政工作的指示》，要求完成土改的地区普遍建立乡人民代表会议和乡人民政府委员会，随即德化全县城乡基层民主建政工作全面展开。

根据省、地委的指示精神，县委派出工作队，组织发动农民，建立以贫雇农为骨干、吸收中农参加的农民协会，结合征粮、减租、

退押、剿匪、反霸和土地改革等中心工作。1951年1月以后，各乡（镇）在农代会基础上相继成立乡（镇）人民政府。

1955年12月，根据《中华人民共和国地方各级人民代表大会和地方各级人民委员会组织法》的规定，德化县人民政府改称县人民委员会，由县长、副县长、委员组成德化县人民委员会，县人民委员会工作机构增至17个。

（三）完善政权组织与社会改造

德化解放后，根据省、地委的指示精神，县委的中心任务就是县城的接管与社会改造。通过对县政权的接管，摧毁了国民党反动派统治机构和黑暗的政治统治，建立和巩固了人民民主专政的地方政权，为全县城乡民主改革和社会改造奠定了基础。在德化县城区社会改造中，解决民主革命遗留问题，恢复和发展曾遭受到战争破坏的国民经济，为开展大规模的经济建设和有系统的社会主义改造准备条件。

在接管德化县城的同时，德化县委组织发动群众在县城和农村进行了多方面的民主改革和社会改造。

1. 完善基层政权组织

1950年，为进一步发扬民主，德化县委、县政府决定改造旧政权，建立新政权，完善基层政权组织形式。5月26日，召开县第一届各界人民代表会议第一次会议，提出"改造保甲政权，建立人民民主政权"施政方针。废除保甲制度，推行区、乡制，设5个区27个乡。区一级为县政府派出机构，设区长、副区长3人。1951年1月以后，各乡（镇）在农代会基础上相继建立人民代表会议制，成立乡（镇）人民政府，选举乡（镇）长和委员。1953年7月，全县开展普选工作，民主选举县、乡（镇）人民代表，召开乡（镇）各界人民代表会议，改选正、副乡（镇）长和委员。

1952年，随着人民代表会议制度的建立，广大人民群众树立了当家作主的思想，密切了同政府的联系，较好地发挥了人民群众

参与管理基层政权组织的积极性。一年中，全县召开了3次县各届人民代表会议，一次比一次开得好，在每次会议上都有报告、讨论、研究和通过中心工作的议程，会上发挥民主精神，代表们以主人翁的精神研究讨论问题。12月中旬，召开了第二届一次各界人民代表会议，代行人民代表大会职权，民主选举县人民政府县长、副县长、委员，审查通过县政府三年来的工作报告和今后三个月的工作方针。

2. 扫除各种社会丑恶现象

1950年初，历史遗留的社会痼疾，如贩毒吸毒、卖淫嫖娼、设局赌博等丑恶现象仍毒害人们的心灵，严重扰乱社会秩序。因此，集中力量荡涤旧社会的污泥浊水是县委、县政府进行社会改造的重要内容。为树立新的社会风尚，促进社会文明进步。5月，德化县公安局依法查处16名贩毒、吸毒人员。7月，清毒运动在全县展开。8月，县政府成立"清毒指挥部"，副县长孙安国任指挥，公安局局长李文华为副指挥，下设办公室。9月，共清理出贩毒者57人，吸毒者147人，逮捕烟贩2人，管制2人。同时，对举办赌博场所和惯赌人员逐一登记、严厉查处。1951年9月、11月依法拘留惯赌13名。至1953年12月，全县共破获制毒和种毒案5件，贩毒案6件，查处吸毒者147人，铲除种植的罂粟1967株，逮捕制造毒品、贩毒、吸毒首恶分子6名。随着调查深入和群众检举揭发，县公安局查办力度不断加大。至此，社会风气得到改善，社会环境得到净化，党和政府的威信明显提高。

在禁赌肃毒的同时，取缔娼妓、查封妓院、改造妓女工作也同时展开。1950年6月，县政府发布取缔娼妓的通知，7月，县公安局清理查处数名娼妓，卖淫现象一度销声匿迹。同时，着手对卖淫的暗娼进行教育，帮助她们改造思想，并安排她们参加力所能及的生产活动，学习文化和技术知识，树立劳动观念，最终将她们改造成为自食其力的社会主义新人。

3.宣传贯彻《婚姻法》

1949年前，德化人民婚姻基本上是一夫一妻制。但豪绅官吏土匪地主恶霸纳妾者不少，民众盛行早婚。当然，也有部分贫苦的民众因为经济拮据等原因而晚婚或终身未婚。新中国成立后，社会制度虽然发生了质的变化，但是旧的婚姻观念依然在老百姓的心灵根深蒂固，野蛮落后的旧婚姻制度仍然束缚着人民，男尊女卑、父母包办、买卖婚姻等现象仍然存在。

1950年5月1日，国家颁布了《中华人民共和国婚姻法》，县委认真贯彻执行《婚姻法》，大力提倡男女平等，批判男尊女卑，逐步废除包办强迫、漠视子女利益的封建主义婚姻制度。随着《婚姻法》的贯彻执行，男女婚姻实现了真正意义上的自由，一夫一妻、男女权利平等，真正建立保护妇女和子女合法利益的新民主主义婚姻制度。几千年来社会家庭生活的伟大变革，是德化县人民反封建斗争的深入，也是德化社会文明进步的一个显著标志，广大妇女真正得到解放。1952年，全县共登记结婚2602人，离婚1412人，基本消除了包办买卖婚姻制度，获得婚姻自主。

4.对旧教育文化事业的改造

德化解放后，为建立新的教育秩序，根据上级党委的指示精神，县委决定采取"有步骤地谨慎地进行对学校教育事业和旧有社会文化事业的改革工作，争取一切爱国的知识分子为人民服务"。并以"维持原状，逐渐改造"的方针，首先在管理制度上取消训导制，成立校务委员会，使学校管理逐步符合民主集中制的原则。

20世纪50年代德化第一中学

为了改变旧社会劳动人民没有接受文化教育的现状，县政府要求各地举办民众夜校学习文化知识进行扫盲，使许多普通劳动者接受基础文化知识教育。在民师方面，通过举办各种训练班，培养了群众教师369名，速成识字教师95名，冬学教师300名，并建立各种规章制度，为扫盲打下基础，使工农教育主要与中心工作紧密结合，为生产服务。[1]

1952年，福建省德化第一中学招收首届高中新生，成为德化县第一所完中。乡镇基本设立小学，1950年全县只有小学24所，学生1379人[2]，而1956年全县共有小学143所，学生10253人，在校学生数同比增加6.4倍。在校学生中工农成分比例逐年增加，到1955年，中学生中工农成分占学生总数68.89%，小学生中工农成分占87%。工农业余学校也得到很快的发展，1956年，全县共有8997人在民校学习，占全县文盲半文盲总数的42%，在全县范围内形成了空前的学习文化高潮。

5. 对卫生事业的初步改造和发展

新中国成立前，德化的卫生事业十分落后，缺医少药，人民群众生病只能用传统的中医中药和民间流传的草药（俗称青草）治疗，生命健康只能听天由命。

1950年2月，德化县政府接管了德化县卫生院，并重建德化县卫生所，组建卫生科，配备医务人员7人。1950年4月，医务人员增至9人，设有病床13张，负责全县卫生医疗工作。

德化县卫生所贯彻"以防为主，面向工农兵，团结中西医，卫生工作者与群众运动相结合"的方针，先后成立县防疫委员会、爱国卫生委员会，广泛发动群众，开展爱国卫生运动，改善卫生条件，大力培训医疗卫生人员，广泛利用县内丰富的中药资源，发挥"一把草、一根针"的作用。

---

[1] 德化县人民政府：《工作总结报告》，1952年12月21日。
[2] 中共德化县委：《关于六年来工作及今后任务的工作报告（草稿）》，1956年5月29日。

1952年9月，德化县政府接管惠德医院，1953年，改名"德化医院"，1954年5月，并入县卫生院，医务人员增至45人，1956年11月，更名为"德化县医院"。1954年10月，私营的"大众诊所""延年牙科诊所""万山药房"组成了德化城关中西医联合诊所（现德化县中医院）。至1956年底，全县已初步形成县、区、乡级卫生医疗网点，共有医疗专业人员131人，农村保健员320人，初步改变农村就医难的局面。

1950年12月，成立德化县医务工作者协会。为了振兴中医中药，协会把分散在民间的医生组织起来，定期学习、互相交流技术，并进行登记，发展他们成为协会会员，首批对5名中医师颁发了开业证书。

1954年，对私营药店进行登记，发给营业执照。1956年初，对私人医疗商业进行社会主义改造。城关各私营药店过渡为浔中供销社的中药门市部和分售处，其他私人诊所就地加入各区组织的联合诊所。

在发展医疗卫生事业的同时，卫生防疫工作也随之展开。新中国成立前，天花、鼠疫、血丝虫等传染病与地方病泛滥，患者往往只能坐以待毙。1950年，县成立防疫委员会。1951年，大力开展卫生宣传教育，发动群众毒杀老鼠。1952年，为防御美国的细菌战，全县各区、乡全部建立卫生防疫机构。1953年2月，县区成立爱国卫生运动委员会，在全县广泛开展反细菌战的爱国卫生运动，清理环境卫生，清理垃圾，城乡环境卫生面貌得到不同程度的改善，增进人民的身体健康。

（四）各界人民代表会议的召开和各人民群众团体的建立

1949年10月，中共福建省委发出《关于召集各界代表会议的指示》。中共德化县委遵照省委的指示精神，大张旗鼓地开展宣传鼓动工作。宣传的主要内容有：召开首届人民代表会议对巩固人民民主专政的重要性，人民代表会议的性质和任务，代表的选举办法

和提案的提出办法等。经过广泛地宣传教育，人民充分地发动起来，为首届各界人民代表会议的召开做好了思想准备。

1950年5月，德化县开始实行各界人民代表会议制度。至1953年9月，召开过两届共12次会议。

1950年5月26日，德化县首届各界人民代表会议在城关召开，会议听取并审议德化县人民政府工作报告，听取县委总结德化解放后6个月工作的报告，提出"发动和组织群众，集中力量剿匪反霸、减租减息、开展生产度荒，改造保甲政权，建立人民民主政权"的施政方针。

1952年12月15—20日，召开第二届各界人民代表会议，会议代表总人数190人，出席会议代表185名。会议听取并审议解放三年来《德化县人民政府工作报告》和本年度财政收支的报告，听取县委书记今后施政方针的建议报告。选举产生德化县第二届人民代表会议常务委员会，首次由人民代表选举李文华为县长、孙安国为副县长、李如金等19人为人民政府委员会委员。

全县各地各界代表会议的召开，具有重大和深远的意义。它密切了人民群众和政府之间的关系，加强了各界人民的团结，人民群众做到"知无不言，言无不尽"，对政府工作大胆地提出批评意见和建议，使政府在施政中避免了许多错误和损失。政府对代表的议案和意见也进行了认真研究，提出处理意见，充分表明人民政府是切实以人民利益为重，其宗旨是为人民服务。

在建立人民政权的同时，各群众团体组织也相应成立，它们动员和团结全县各界各阶层的人民，克服各种困难，齐心协力完成县政府各项工作任务，也为恢复和发展生产，巩固新生人民政权做出积极贡献，进一步密切了党和政府同人民群众的血肉联系，巩固了人民民主政权的社会基础。

（五）县人民武装部和基层民兵组织的建立

1950年，县、区民兵由农会领导指挥。1951年，根据省委和

省军区指示精神，县建立人民武装领导机构，配备优秀干部开展武装工作，所有民兵（自卫队）由各级人武部统一指挥。1951年2月6日，成立德化县人民武装部（人武部），毛票任部长，笪志高任副部长，作为中共德化县委武装委员会职能机构，同时，各区（全县设7个区）人民武装部相继成立。1951年5月29日，遵照中国人民解放军福建军区晋江军分区司令部命令，改为"福建晋江军分区德化县人民武装部"。1952年7月，县独立营整编，从中选调一批干部充实县人武部。此后，人武部经历了改编为兵役局又恢复人武部，改归地方建制又收归军队建制的历程，但人武部的性质和工作任务没有变，负责县区民兵和兵役工作，是全县的军事领导指挥机关。1952年12月，继续发展地方武装，总人数达170人，各区人民武装部负责领导和组织民兵工作。1953年，全县实行普遍民兵制，凡年满18～25岁，家庭出身好，身体强壮，军事素质较好的青年编为基干民兵，其他的编为普通民兵。

德化解放初期，在土地改革、反霸斗争和镇压反革命运动中，广大民兵（包括自卫队、守望队）带头检举揭发恶霸地主的罪行，进行面对面的说理斗争，日夜轮班站岗放哨，保卫土改运动的顺利进行，积极协助公安部门侦破反革命案件，捕捉反革命分子，看守和押送犯人。他们还对地主、富农、反革命分子、坏分子进行教育监督改造，发挥人民民主专政作用。

二、巩固人民民主政权

（一）减租反霸斗争

减租减息是党在新民主主义革命时期行之有效的土地政策，它减轻了农民受地主剥削的程度，提高了农民的阶级觉悟。在实行土地改革前，德化县委、县政府领导农民进行减租反霸斗争。为了巩固新生人民政权，1950年5月，县第一届各界人民代表会议提出"发动和组织群众，集中力量剿匪反霸、减租减息、开展生产度荒，改

造保甲政权，建立人民民主政权"的施政方针。县、区政府派出工作队，下乡发动群众组织农会、民兵，开展减租反霸斗争。随后，县政府设立公安局、建设科、金融、财税等8个直属机构和建立5个区、27个乡、1个镇的基层政权，废除保甲制，逐步实施和完善政府的各方面职能。所谓减租就是租额减少25%，按原所交的每100斤租谷向地主挑回25斤，即"二五"减租，以改善农民生活，调动劳动者生产积极性。贯彻执行中共中央华东局领导的新区减租暂行条例，不仅有利于农民，而且有利于地主。在土地改革准备还没有成熟之前，减租运动有效减轻了封建地主的剥削，初步改善农民生活，促进恢复农业和工业生产，同时引导地主逐步改变封建寄生生活习惯，为转入正当工商业与转入劳动生产创造了条件。

随着减租活动的开展，减租方式也从"二五"减租发展到"三〇"减租，然后又按全年收成折扣缴纳。在执行减租减息中，采取农会协调与政府仲裁相结合的办法解决各种纠纷。

反霸斗争是与减租减息运动同步进行的，不打击地主恶霸的嚣张气焰，许多贫雇农就不敢放手要求地主恶霸减租减息，有些农民甚至白天从地主挑回了减租减下的租谷，晚上又偷偷地送回去。因此，发动广大农民反霸斗争势在必行。

在减租运动中，全县共减租谷20.4万公斤，被减户464户，贫雇农受益2179户，在剿匪、反霸、土改斗争中，由农会发动召开斗争会65次，斗地霸381名，上台诉苦2852名，通过批斗大会，贫苦农民认识到苦根就在封建地主恶霸身上，只有打倒地主恶霸，消灭土匪，推翻地主恶霸的靠山——国民党反动政权，才能过上幸福生活，并且提高阶级觉悟，因此他们纷纷要求参加农会。这样大大地改善农民生活水平，调动广大农民劳动生产积极性，为恢复和发展生产打下坚实的基础。

（二）剿匪斗争

1949年12月，遵照毛泽东主席关于"福建部队需全力以赴，

保证肃清土匪、实行土改"两大任务完成的指示精神，以及省委确定的"军事政治双管齐下"的剿匪基本方针，争取多数、打击少数，利用矛盾、各个击破，以政治分化瓦解为主军事打击斗争相结合，"必须正确执行'首恶必办、胁从不问、立功受奖'的政策"[①]。县委决定以剿匪反霸和建设地方武装为当前的中心任务。1949年12月6日，成立了德化警备大队，配合二六〇团开展剿匪反霸斗争。

1950年1月，二六〇团政委范银根、二营营长邵勇率领部队进驻霞山，围剿刘子宽股匪，迫使刘子宽股匪离开老巢下山屯四处流窜。1950年8月，各剿匪部队进驻重点清剿区，经过短期思想整顿后，随即开展清剿活动。

1950年8月17日，第五军分区司令员叶克守在德化下山屯召开德化、永春、永泰、仙游等县大队（含县警备大队、县常备大队）负责人会议，部署全面剿匪工作。会议确定第一步重点围剿刘子宽部，第二步剿灭陈伟彬部，最后再消灭林青龙部（苏玉英股匪由二六〇团三营一部配合大田县武装清剿）。其他小股土匪在清剿活动中结合进行清剿。

下山屯会议后，叶克守指挥二六〇团、第五军分区警备团以及德化、仙游、永泰、永春等县地方武装和民兵计3000多人，集中围剿"东南人民反共救国军闽南军区"副指挥兼"闽中纵队"司令刘子宽部。1950年10月19日，二六〇团三营勤杂人员陈荣（勇）等10多人在永春湖洋庵坑山擒获作恶多端的匪首刘子宽。1950年12月15日，匪首刘子宽在永春湖洋伏法。至此，该部散匪纷纷向人民政府自新。

随着围剿刘子宽股匪的胜利，围歼陈伟彬股匪的战役也同时展开。1950年10月，二六〇团参谋长邱奕晋、二营教导员黄明、营长邵勇，率领四连和六连指战员配合县警备大队副大队长薛恒明、第二中队长邱福熙、指导员施朝根带领的队伍，直指陈伟彬匪巢（葛坑）。

---

① 中共福建省委：《关于剿匪问题的指示》，1949 年 11 月 19 日。

10月3日，在尤溪与德化交界处的杨梅白叶村一带发现小股土匪，在尤溪县剿匪部队的支持下，经过拉网式追歼，活抓陈伟彬之父、国民党原旅长陈国华以及匪徒4人。陈伟彬闻讯，慌忙纠集400多名匪众，妄图截击营救其父，剿匪部队刚抵达葛坑堀粪地花树格，即与陈伟彬股匪遭遇，双方激战3个小时，击毙匪排长陈金珑及匪卒3人，陈伟彬乘夜色逃走。10月12日，剿匪部队分三路围剿，在白叶、长坑活捉陈伟彬之妻林桂英、儿子陈海荣及匪徒等3人。陈伟彬带次子陈海涛化装潜逃到尤溪与德化交界处的西墘和二十三都一带。11月6日，剿匪部队将陈国华从尤溪押回葛坑，利用其进行瓦解土匪工作。在军事压力和政治攻势之下，陈伟彬部股匪三连连长陈宣石（陈国华三子）和陈亲信连长陈福中自首，数天内先后有130多名匪徒自新。12月22日，陈伟彬见大势已去，带陈海涛由白叶经福州第三码头逃往台湾。

1950年8—11月，全县共歼匪530人，其中中队长以上20人，缴获各种武器205件，有效地打击土匪在德化的势力。随后，土匪化整为零，到处流窜，时集时散，与人民武装展开拉锯战。剿匪部队采取猛打穷追及驻剿挖根、重点清剿与联防会剿相结合的方法，继续打击土匪残部。

刘子宽、陈伟彬两股匪基本被歼后，1951年1月，二六〇团一、二营和第五军分区警备团部分兵力，进驻尊美、大儒、上春、尤床、新阁等地及大田交界处一带围剿林青龙、苏玉英。剿匪部队一方面在白天搜山围剿，晚间在路口要塞伏击；一方面开展政治攻势、宣传中共政策，一些散匪纷纷自新。林青龙四处逃窜，于1951年1月9日病死在苏园村。

在进行军事清剿的同时，广泛宣传、发动群众、大力开展政治瓦解，发挥政策威力，彻底纠正"宽大无边"的倾向，镇压一批罪大恶极的土匪和反革命分子，取得了剿匪斗争的决定性胜利。仅1951年2月10日至3月5日，县警备大队争取瓦解股匪大队长以下80余人，俘匪排长以下12人，伤1人。歼灭股匪卢振唐、苏厚子、苏

万邦、林清献等，缴获长短枪100余支、各种子弹2000余发。至此，德化县内的四大股匪基本被歼灭，只有少数残匪四处逃窜。1951年7月19日，德化县委、县人民政府在城关体育场召开剿匪庆功大会，表彰一批有功人员。

股匪基本肃清后，少数残匪流窜于县、区接合部的偏远山区，完全转入潜伏状态，有的利用社会关系进行掩护；有的打入地方政权和群众组织，伺机进行各种破坏活动和配合台湾国民党当局为其反攻大陆创造条件做准备。

1951年8月，解放军二六〇团指战员陆续返回部队集结休整。清剿散匪任务由县人武部、独立六营和公安机关、民兵继续展开。1951年9月6日，再次成立德化县剿匪指挥部[①]，随后又成立"德化县清匪治安委员会"，负责指挥清剿散匪工作。1952年5月以后，剿匪行动逐步转变为以公安武装为骨干，以民兵为主体的群众清匪肃特运动。1952年10月28日，德化县剿匪指挥部组织全县796名民兵、1531名群众搜捕流散匪徒，12月19日又与大田县成立"德大剿匪指挥部"。1953年2月18日，重新成立德（化）、大（田）、尤（溪）三县剿匪指挥部，负责指挥和协调三县清剿残匪工作。

1949年12月至1956年6月期间，德化县党政军民经过4个阶段的剿匪斗争，共歼灭土匪2933名，其中毙伤254名，俘匪1496名，自新1183名，缴获步枪1174支、机枪18挺、卡宾枪24支、子弹71672发、电台2部、电话机5台、望远镜8架，胜利完成剿匪任务。

剿匪胜利极大地鼓舞了广大人民群众的必胜信心，在斗争中发展地方武装，壮大民兵队伍，进一步巩固了革命的胜利果实，社会秩序更加安定稳定。在四大股匪相继被歼，一大批罪大恶极的反革命分子被镇压后，危害德化人民数十年的匪患基本肃清，社会安定，政权得到巩固，人民当家做了主，为后续的减租反霸斗争奠定了坚实的基础。

---

① 德化县人民政府：《德化县关于成立剿匪指挥部的通知》，1951年9月6日。

（三）镇压反革命运动

为了加强和巩固人民民主专政，建立革命民主新秩序，恢复和解放生产力，及时打击反革命分子，1949年11月底，由进驻德化的中国人民解放军剿匪部队组建特别法庭代行司法审判匪特和重大刑事案件。至1951年6月撤销时，共受理审判敌特匪案件和重大刑事案件585件。1950年5月至1952年10月，德化县人民法院司法科共受理审判刑事案件874件。

1950年3月18日，中共中央发出关于镇压反革命活动的指示，要求各地对反革命破坏活动必须给予坚决的及时的镇压，决不能过分宽容，让其猖獗。按照毛泽东"有形的敌人被打倒以后，隐蔽的特务，无形的、不拿枪的敌人依然存在，而且他们野心不死，必然地要和我们作垂死挣扎"的指示①，全县在剿匪反霸的同时，充分宣传发动群众，大张旗鼓地开展镇压反革命运动。同时，把打击的重点对准匪首、惯匪、恶霸、特务、反动党团骨干及反动会道门头子这五个方面的反革命分子。

1950年，公安局破获"闽南反共救国军"反革命案件。1950年6月初，对携械投敌的匪首恶霸，进行了枪决，有力地打击了反革命分子的嚣张气焰。至1950年12月下旬，根据晋江地委指示精神，组织力量开始镇压反革命，逮捕一批反革命分子。

1951年2月21日，中央人民政府公布实施《中华人民共和国惩治反革命条例》。之后，县委和剿匪部队紧急通知各区、营、县大队，"凡自新土匪排长以上和罪大恶极民愤极大的惯匪于3月31日集中扣留，解送德剿匪司令部"。5月下旬，召开公安会议，贯彻全国第三次公安会议精神，总结镇反工作经验，对捕人杀人进行了控制，转入清理积案阶段，对反革命分子实行严格管制，共清理在押犯585人。9月6日，成立德化县剿匪指挥部和清匪治安委员会，县公安局既加紧搜捕残匪散匪，又对国民党的党、团、军、政、特务、宪兵

---

① 德化县公安局：《关于镇压反革命总结报告》，1951年5月25日。

进行全面清查登记。

至1951年12月，整个镇反运动期间，采取公审大会和人民法庭两种形式打击六方面的敌人（土匪、特务、恶霸、反动党团骨干、反动会道门头子和坚决反抗破坏土改的反革命分子），曾经猖獗一时的匪霸、特务反动等组织受到摧毁性打击，国民党反动政权残余势力基本得到扫除。

至1956年，肃清全部土匪，清查国民党在德化的反动骨干分子，镇压罪恶极大的恶霸、反革命等要犯。对于判刑的罪犯，实行强迫劳动改造，成为新人，并视其悔改表现给予减刑或延长服刑。对地主、富农、反革命分子实行就地监督管制，依期评审，对改造好的给予"摘帽"。

通过开展镇反运动，进一步密切了党和政府同人民群众的血肉关系，进一步提高了党和政府的威信，也进一步纯洁了队伍，积累了经验，锻炼了干部。

三、土地改革

1950年6月30日，《中华人民共和国土地改革法》正式颁布实施，废除地主阶级封建土地所有制，实行农民土地所有制，为解放农村生产力、发展农业生产、新中国工业化开辟道路。

德化县委认真学习贯彻执行毛泽东关于"福建必须迅速实行土

德化县第二期土改训练班全体同志摄影纪念

改”及将剿匪与"广泛开展土改工作相配合的指示"，以及《省人民政府委员会第二次会议》精神，在城乡广泛宣传土地改革的必要性和目的意义，解释土地法令和方针政策，切实做到家喻户晓，深入人心。认真贯彻"依靠贫农雇农，团结中农富农，有步骤、有分别地消灭封建制度"的土改总路线，有序推进土地改革工作。

1950年11月，中共德化县委抽调县委会、群众团体、政府干部20多人组成土改工作队，按照有领导、有步骤、分阶段，以点带面的方针，分期分批开展土地改革运动。首先在浔中村、宝美村进行典型试验，然后由点到面分期分批展开。1951年1—3月，晋江地区成立土地改革委员会，并就如何进行土地改革做具体部署。按照上级的部署，县委抽调区干部和解放军第二六〇团部队部分干部、战士共38人组成土改工作队，对全县区、乡镇分三期进行土改。遵照上级"发动群众，一面剿匪、一面土改"的指示精神，在一、二、三、四、七区（部分乡）共22个乡开展第一期土改工作。从3月底到5月，开展第二期15个乡的土改工作。

1951年8月，晋江地委抽调部分干部及南安土改工作队，共531人（其中土改干部98人、积极分子123人、土整员70人）到德化开展第三期23个乡的土改工作。至此，全县60个乡基本完成土改工作任务。全县依法没收地主、征收富农耕地和公田75595.82亩、房屋2123间、耕牛310头、粮食49827.5公斤、农具11147件和家具8421件，分给贫农、雇户。土改后，农民分得耕地67800亩及其他大量的生产资料，平均每人1.9亩，占总户数31.3%，得利户17551户，占总户数66.54%，得利人口62389人，占总人口59.5%。经检查验收后颁发土地证，全县32237户共发放75544张土地证。

1951年，进行山地土改，没收地主山林，征收富农出租的山林，征收部分族众山林或出租的林权；保护中农山林，经自报登记、民主评议，把山林按人口平均分配给贫雇农。通过土地改革，消灭了地主阶级，废除封建社会的土地所有制，实现"耕者有其田"，从根本上改变了德化农村的生产关系，广大农民"翻了身，分了地，

当了家"。

土地改革运动的胜利完成，宣告封建社会的土地所有制在德化彻底被消灭，这是土地制度上的一次最彻底的历史性变革。广大农民摆脱了剥削和压迫，拥有自己的土地。他们精耕细作，发展生产，农村面貌焕然一新，生活水平显著提高。

四、抗美援朝运动

1950年6月25日，朝鲜内战爆发。6月28日，美国悍然宣布武装干涉朝鲜内战，支持韩国，紧接着又把战火引向中国边境，同时派第七舰队开进我国台湾海峡，公然干涉朝鲜和中国内政，新中国面临着外部的侵略。10月，为保卫新中国，党中央做出"抗美援朝、保家卫国"的战略决策，10月19日，组成中国人民志愿军，开赴朝鲜前线，同朝鲜人民军并肩战斗，进行震撼世界的反对侵略、保卫和平的正义战争。

按照中共中央的指示，德化县迅速掀起以仇视、鄙视、蔑视美帝国主义，支援朝鲜人民为中心内容的抗美援朝宣传教育活动，掀起声势浩大的群众性"抗美援朝、保家卫国"运动高潮，在各条战线上以努力生产、厉行节约的实际行动来支援战争，成为恢复和发展国民经济、推动社会改革的巨大动力。1951年1月，在全县人民代表会议上，成立了"德化县抗美援朝分会"，县人大常委会通过捐献一架"德化号战斗机"支援抗美援朝的决议。1951年"五一"节当天，参加抗议美国侵略朝鲜的示威游行群众达9300名。全县前后举行群众性示威游行活动26次，座谈会414次，晚会、诉苦会66次，组织44名宣传员分成4支宣传队到各区、村进行宣传；各区也分别建立宣传站，发展宣传员412名，7万多人次群众受教育。广大青年响应"保家卫国、保卫朝鲜胜利果实"的号召，踊跃报名参加志愿军，全县共有893名团员报名参军，227名优秀青年应征入伍（其中共青团员49名），出现了母亲送儿子、妻子送丈夫参加中国人民解放军的动人场面。

随着"抗美援朝、保家卫国"宣传运动的深入开展，全县人民共捐献1537.17万元（旧币）和其他物资。1951年6月7日，德化县总工会对职工进行爱国主义和国际主义教育，发动全县职工捐款29.7亿人民币（旧币），1952年底，全县又有9341名青年积极捐款。有2.6万多名妇女参加反对美国侵略朝鲜、武装日本、拥护和平的签名运动，50个乡的13097户51912名参加订立爱国公约；不少妇女还卖出猪、羊、鸡、鸭、兔等畜禽进行捐款，累计捐款7685.85元（新币）。1952年12月，全县68402人参加签名，反对美国重新武装日本和要求五大国（中国、苏联、美国、英国、法国）缔结和平公约，捐献购买飞机、大炮2.5亿元（旧币），向志愿军寄送慰问信1400封，赠送书刊784本。1953年，县工商联先后组织工商界人士捐款人民币6000多元（新币）。德化人民以朴素的阶级感情和出色的支前表现为抗美援朝战争的胜利做出了应有的贡献。

抗美援朝运动和朝鲜战争的胜利，极大地增强了全县人民爱国主义的热情，增强了民族自尊心自信心，树立了战胜一切帝国主义的大无畏精神，为恢复生产、发展国民经济和推动各项社会改革注入新的动力。

第二节　合作化时期经济社会

一、农业生产合作化

德化解放后，在县委和县人民政府的领导下先后开展了剿匪斗争、反霸减租斗争、土地改革运动，农业生产得到迅速恢复和发展。为了不误生产，土改集中在冬春农闲时进行。土改并没有改变小农经济的个体性质。由于摆脱了封建枷锁，个体农民的生产积极性大

大提高。县委认为在调动农民个体经济积极性的同时，要按照自愿和互助互利的原则，逐步发展个体农民之间的劳动互助。县委、县政府动员群众兴修水利，采取减轻赋税、发放农贷、疏导供销、推广技术、奖励丰产等措施，调动生产积极性，大力恢复和发展农业生产。

德化县委认真学习福建省委《关于春耕生产和救灾备荒的指示》[①]，在农村推行生产度荒，大力组织春耕生产，号召群众把所有的全劳动力、半劳动力和畜力组织起来投入生产或救灾的工作上。实行自愿原则，开展劳动互助，社会互济，生产自救，厉行节约，备荒与武装相结合，保护好耕牛、农具等一切劳动生产资料，并且在尽可能的条件下，帮助农民解决在劳动生产过程中遇到的困难和问题。同时反对任何轻视农业生产和放任个别难点不管，教育全县人民恢复和发展生产是革命成功的基础。通过开展生产度荒、发展生产活动，各地成效明显。

在自愿和互利的基础上，发展农民互助合作。1951年9月25日，德化土地改革完成。土地改革后，废除了封建土地所有制，广大贫苦农民成为土地的主人，农民为自己而劳动，迸发出史无前例的劳动生产积极性，从而使落后的农村经济得到较快的恢复和发展。10月，中共德化县委按照省委的指示，为把农业个体经济改造为集体所有制经济，逐步在农村建立社会主义经济制度，着手发动农民群众进行互助合作生产，领导和支持广大农村干部、党团员和积极分子带领农民组建农业生产互助组，包括临时的季节性互助组和常年的农副业结合的互助组，并制定了各种奖励和优待措施。

为了改善生产条件，抵御自然灾害，一些地方的农民曾经自愿组织起来，互相帮助，形成互助组。为此，县委对农民自发组织起来的互助组给予充分肯定和大力支持。这些生产互助组织，实行必要的集体劳动和分工协作，改进耕作技术和改善生产条件，农作物的产量超过单干的农户，大大提高劳动效率，而且增加了互助组农

---

① 中共福建省委：《关于春耕生产和救灾备荒的指示》，1950年2月9日。

民的收入。由于土地和其他生产资料仍归个体所有，还能发挥个体经济家庭经营的积极性，是农民群众乐意接受的。随着新技术和农具的推广，农业生产互助组织在总体上得到发展和巩固，常年互助的比重逐渐提高。同全省大多数地区一样，德化县实现农业合作化大致经历了三个阶段，即互助组的组织、巩固阶段，初级合作社的试办、提高阶段，高级合作社的建立、完善阶段。

（一）组织和巩固互助组

1951年11月，德化县成立第一个互助组——丁溪乡何良互助组。该互助组由12户农民组成，全劳力11人，半劳力11人，耕地面积103.54亩，农具较全，合作基础较好。在建组之前，农忙季节农民之间就有相互帮工的习惯，组织互助组，组员都是自愿加入的，建组时就达12户，远远高于当时全省平均每组3户的水平。何良互助组在当年冬积肥、修水利和冬种等方面都有较好的成绩，为全县树立了榜样。接着一区陈友邑，二区方部，三区黄绳权、许水利，四区林正榜也相继组织互助组试点，并以丁溪、雷峰、湖坂为重点，从点到面全面推开。

在何良互助组的带动和影响下，1951年11月底至12月初期间，全县各乡都相继组建了互助组。但是，互助合作是新生产物，广大农民群众还没有真正明确加入互助组的方向和前途，一些干部也缺少领导农业合作组的工作经验，一部分农民是为了能贷到款而加入互助组的，有的互助组还混进了不纯分子。因此，当时实际组建起来的互助组数量并不多，而且这段时间组建起来的互助组基础不牢固，有相当部分的互助组刚组建不久就自行解散了。

1952年元旦前，德化县委召开干部大会，认真学习中央、省委、地委精神，立足德化县农村现状和农民互助组的实践经验，提出互助组的过渡形式，即从农业生产互助组，经过初级农业生产合作社，而后进到高级农业合作社。县委及时成立了专门机构，县委主要领导亲自挂帅，加强对农业合作化的领导，在巩固原有互助组的基础

上，结合春耕备耕工作，加快组织建设互助组的步伐。

（二）抓典型，以点带面、典型引路

1952年，县委选择丁溪乡何良互助组为示范点，通过订立生产计划，合理安排农业生产，按照自愿结合、等价交换、自负盈亏的原则加强民主管理，调动了农民的生产积极性，通过精耕细作，当年粮食取得好收成。何良、陈友邑、林正榜等常年互助组当年粮食都增产五成左右，其他互助组粮食普遍增产二成。接着，县委安排何良在县人大会、一区农代会和县生产训练班上介绍经验，并组织部分农业互助合作骨干到何良互助组参观学习，扩大宣传和影响。此外，县委还通过板报、标语大力宣传农业互助合作的好处，通过会议、对比、诉苦的方法进行思想教育和政策教育，提高认识，增强信心，广泛发动组建互助组。

（三）抓互助组生产管理和培养训练领导骨干

1952年，全县举办互助组组长训练班数十个班次，培训农民1040人。筹划副业生产，组织互助组的剩余劳动力，开展副业生产，增加收入，对从事副业生产的人员，政府在政策和资金上也给予适当的扶持和帮助。通过广泛宣传和妇代会动员，发动引导农村妇女走出家门参加劳动。

（四）开展爱国生产竞赛活动

县委通过何良、方部、陈友邑等典型互助组事迹，向全县发出开展爱国生产竞赛倡议书，组织互助组参加爱国生产竞赛活动。1952年春，全县128个互助组参加了竞赛活动，其中30个互助组2个单位参加福建省和华东区竞赛。在爱国生产竞赛活动的推动下，到7月底，全县共组织1993个互助组，其中常年互助组293个，临时互助组1700个，全县约40%的农户参加互助组，高于全

国39.5%的平均水平，掀起农业生产合作运动的高潮。

（五）增加投入促进农业生产恢复和发展

互助组互帮互助、共同劳动、共同生产，调动了广大农民群众的劳动生产积极性，有力地促进了生产力的发展。县委、县政府因势利导，在财力十分有限的情况下增加农业投入，改善农业基础设施。此外，为了解决农民生产生活困难，县政府向贫困农民发放救济金和农业贷款88588.46万元，其中购买耕牛贷款9748.67万元，1244户农民生活贷款11438.38万元，212户农民种子贷款62.67万元，1022户农资贷款5705.7万元，购买农具1141件，促进农业生产的迅速发展。[①]1952年底，全县粮食总产量达31206.05吨，比1951年增收一成，280个互助组增收二成，平均亩产由1951年的143公斤提高到154.5公斤。全县完成秋征粮5484.038吨，有30个互助组带头向国家卖余粮。随着农业生产的发展，产量的提高，农民得到实惠，也带动了全县经济的发展。1952年，全县税收实际征收入库28.64亿元，比下达任务数增收2.15亿元，超额完成税收征收任务。

1953年，中共德化县委学习贯彻党在过渡时期的总路线，执行粮食统购统销政策，制订执行国家建设"第一个五年计划"（简称"一五"计划）的具体规划和措施。下半年，县委又组织学习中共中央《关于发展农业生产合作社的决议》精神，决定在浔中、良太等乡试办5个农业生产合作社。

1955年，县委组织党员干部到县、区和各农业生产合作社学习，总结办社经验，巩固办社成果。至年底，全县初级农业生产合作社发展到255个、5063户，高于全国平均水平，基本完成初级农业合作化任务。

同年11月，中共福建省委组织学习毛泽东主席《关于农业合作化问题》的报告，贯彻中央七届六次会议精神，提出加快步伐，大

---

① 德化县人民政府：《德化县1952年农业生产总结》，1952年12月16日。

办高级生产合作社的要求。德化县委按照省委的要求，在全县掀起大办高级生产合作社的高潮。1956年5月，全县创办高级生产合作社102个，入社农户19263户，占全县总户数的70%。1957年秋，全县创办高级农业生产合作社198个，社员25468户，占全县总农户数的95.92%，高于福建省平均63.3%的水平，实现生产资料私有制向集体所有制过渡。

在农业合作化运动过程中，德化县委根据上级党委的指示精神，制定了稳步推进的方针，始终坚持自愿互利、典型试验、政府援助的原则。通过互助组、初级社、高级社的组织形式，逐步实行农业的社会主义改造，在农村建立社会主义制度。

表3-1 1956年农业总产值、粮食总产量情况

年份	粮食总产量（吨）	平均亩产（公斤）	农村人均粮食（公斤）	农业总产值（万元）	占工农业总产值（%）	农民人均收入（元）
1949	23554.55	118.0	245.0	673.64	94.71	70.00
1950	16131.50	130.5	258.0	711.49	92.94	70.00
1951	28389.00	143.0	280.0	751.43	94.11	74.00
1952	31206.05	154.5	303.0	867.37	93.64	75.00
1953	32218.85	160.5	313.0	915.95	92.04	89.00
1954	39317.10	179.5	379.0	1066.66	88.65	103.00
1955	35314.85	179.0	332.0	992.52	82.73	93.00
1956	39272.20	174.5	362.0	1146.84	77.16	105.00

二、私营工商业改造

中华人民共和国成立初期，德化县有陶瓷、竹木器、酿酒等手工业，几乎涵盖了人们日常生活的各个方面。在农村，农民生产资料和生活资料大都由当地手工业生产。手工业产品成了地方工业产品的组成部分，这对支援农业生产，满足城乡人民生活需要，弥补工业产品和特种工艺品的不足发挥了重要作用。但是，手工业企

业地域分散、规模偏小，生产环境简陋、技术落后，抵御风险的能力很低，发展后劲不足，严重制约着企业的生存和发展。因此，个体手工业必须进行改造，逐步引导手工业走社会主义集体化的道路。

20 世纪 50 年代岳尾街外貌

1950年前，德化县没有大的工业企业，手工业也十分落后，资本主义商业也极不发达。新中国成立后，德化县委认真贯彻执行党的"利用、限制、改造"和福建省委"十分慎重、稳步前进、宁缓勿急"的方针，通过农业的社会主义改造推动手工业的社会主义改造。同时，县委根据"统筹兼顾、全面安排、积极改造"的方针，将手工业企业引入公私合营的轨道，德化县手工业社会主义改造是以和平过渡的方式进行的。

1956年2月，成立德化县手工业联合社，22个单位加入联合社，职工966人。1956年春在社会主义改造的高潮中，县人民政府组织个体手工业者参加手工业合作社（组），通过集中资金，提高产量、扩大产品品种，以满足人民生产生活的需要。与此同时，开展整风、整

20 世纪 50 年代岳尾街一角

社、清财、建财等工作，确立新的会计制度，端正经营作风，改善企业管理，健全和巩固手工业合作组织，促进手工业合作组织沿着健康的道路发展。

1956年底，全县的私营工业和商业分别转入国营或合作商业，按照"入社自愿，退社自由"的原则，组建成生产合作社（组）。手工业系统加入手联社后，从业人员领取薪金，实行公私合营，按股份领取定息。个体工商业也逐步组织起来，建立了67个合作商业和48个合作小组。至1956年第二季度，建立手工业劳动协会，把手工业逐步引向社会主义合作化道路。至此，全县基本完成个体手工业的社会主义改造，消灭了剥削制度和剥削阶级，基本确立了社会主义制度，农业、社会事业全面发展。

德化县的私营工商业规模较小，但遍布城乡。1950年，德化县政府鼓励私人工商业者开业，办理临时私营许可证199户。从1952年起，县人民政府一方面积极发展国营和供销合作商业，另一方面鼓励并引导私营工商业者走互助合作道路，同时投入资金办起公私合营企业。1952年，县政府工商科负责工商登记复查，全县工商业达1005户，从业1453人，年营业额233.36万元。

1954年下半年，根据省委、地委的部署，德化县委成立了资本主义工商业改造领导小组，由5人组成，其中办公室1人，由财贸部兼任，负责资本主义工商业社会主义改造领导工作。改造的总政策是"利用、限制、改造"和对资本家的"赎买"的方针，按照"统筹兼顾、全面安排、积极改造"以及"先安排、后改造，安排与改造相结合"等方法，有计划、有步骤、有领导，既慎重又稳妥地进行。

全面加强对私改造工作的领导。1956年1月19日，德化县委调整充实了对私改造领导小组。从有关单位抽调40人，组成对私改造工作组，分别深入浔中、赤水、上涌、三班4个集镇，开展对私改工作的大宣传大发动。同时，县人民政府大力开展良好服务月活动，促进私营工商业者自我改造和创造性活动，密切公私共事的关系。

经过三年的努力，德化县的农业、手工业和资本主义工商业的社会主义改造基本完成，个体私有的小农经济和私营工商业，也基本步入社会主义道路。"三大改造"的顺利完成，标志着德化县社会主义制度已经基本确立。

三、实现向社会主义过渡

1956年底，德化县生产资料私有制的社会主义改造取得了决定性的胜利。农民、手工业者、劳动群众个体所有的私有制，基本上转变成为劳动群众集体所有的公有制。全县农民和大多数其他个体劳动者，成为社会主义集体劳动者。国营经济迅速发展，全民所有制和集体所有制这两种形式的社会主义公有制经济，居于主导地位。这表明，社会主义性质的国营经济、合作经济和公私合营经济占绝对优势，占全县国民收入的绝大多数。德化县农村实现土地公有制，实现生产资料私有制向集体所有制过渡，建立了社会主义集体经济。1957年秋，全县高级社198个，入社社员25468户，占全县总农户数95.92%。全县绝大多数手工业加入手工业集体经济组织。农业、手工业、资本主义工商业的社会主义改造，实现了从量的积累到质的飞跃，标志着德化县生产资料私有制的社会主义改造已基本完成，德化县社会主义经济制度已经建立。

德化县社会主义经济制度的建立，为不断解放和发展社会生产力创造了有利条件。1952年，全县工农业总产值1247.62万元，工业产值只有56.98万元，约占4.57%，新中国成立后初三年恢复时期工业产值平均年递增约16.7%。1956年实施第一个五年计划后，全县经济继续较快发展，至1957年底，全县工农业总产值2064.22万元，工业产值达456.98万元，约占22.14%，工业产值年增51.7%。在第一个五年计划里，农业生产虽然遭受严重的自然灾害，由于德化县委、县政府及时增加工农业投资，及时提供贷款等资金支持，实施农业合作化，加强农田水利和工业设施建设，工农业生产仍然取得较大成绩。

第三节　前进中受挫与徘徊

一、"浮夸风"使经济发展受挫

（一）"拔白旗、插红旗"运动

1958年5月，党的八大二次会议制定了建设社会主义的总路线，在宣传中片面强调"速度是总路线的灵魂""快，是多快好省的中心环节"，批判主张经济建设必须稳步前进的同志是"观潮派""秋后算账派"，说他们举的不是红旗而是"白旗"，号召全国要"拔白旗、插红旗"。

1958年6月10—20日，福建省委召开省委扩大会议，提出为了保证实现亩产800斤、超过千斤关，必须广泛开展"拔白旗、插红旗"运动。这次会议结束之后，回去要结合总路线的宣传，到处"拔白旗、插红旗"，这样实现我们的目标才有保证。

德化县根据晋江地委的部署，把"拔白旗、插红旗"作为党的监察工作的"纲"来抓，把阻碍工农业生产"大跃进"的事例作为违纪案件处理。全县检查处理阻碍工农业生产"大跃进"违纪典型案件13件；拔掉"白旗"169人，其中机关干部2人，乡社干部167人，被开除党籍8人，撤销党内职务3人，点名批评、辩论、撤销行政职务132人。

1959年，继续"大跃进"时又再次挫伤干部积极性，并波及社员群众，没能按时完成任务的人，被插上"白旗"，不给饭吃，开会批斗惩罚，戴高帽游街游乡，干部给予撤职开除，由于层层高压，导致弄虚作假，虚报产量现象大量发生，"浮夸风"越刮越严重。

"拔白旗、插红旗"运动，混淆了敌我矛盾和党内是非问题的界线，把对"大跃进"有不同认识的同志当作"白旗"拔掉了，严重挫伤了广大干部的工作积极性，带来了压制正确意见，助长"左"倾错误的严重后果。

1957年下放干部合影

（二）农业"大跃进"

1958年3月9日，县委在一届二次全委会议上提出"乘风破浪，苦战三年，实现千斤县"。3月22日，德化县委、县人委下发《德化县1958年国民经济发展计划》，提出全县粮食总产1.6亿斤，争取2亿斤，亩产超700斤，争取800斤，三年实现千斤县；养猪10万头，一人养一头猪，三户养一头母猪，村村有公猪；耕牛15042头；工业总产值568.6万元，比1957年334.3万元增长70.1%；等等。

1958年5月27日，县成立由县委办、合作部、农业局、林业局、计划统计科等7个部门组成的"县委联合办公室"，统一协调全县"大跃进"各项工作。

6月9日，县委召开千人扩干会，按地委要求，修订1958年农业生产指标，粮食亩产由"保700斤争1000斤"修改为"保800斤争1500斤"；6月19日，县委向省委保证1958年实现亩产"千斤县"，1959年实现"双千斤县"。6月下旬，县委召开扩干会，再次修改

当年农业生产计划，农业"跃进"高潮掀起后，与高指标相伴相生的是竞放高产"卫星"的"浮夸风"，片面追求高速度，不断大幅提高和修改计划指标，喊出"人有多大胆，地有多大产"的口号。8月20日，县委召开会议，贯彻地委紧急会议精神，再次修改农业生产跃进指标，提出全县水稻亩产"保8000斤争10000斤"。全县要有8个亩产"万斤乡"，17个亩产"万斤社"，243个亩产"万斤队"，社社要有"万斤队"；大搞"卫星丰产田""斤粮担肥"，强迫采取"移苗并坵"等违背自然规律的措施。区、乡、村为争"红旗"，不被插"白旗"，弄虚作假，浮夸虚报。1958年12月31日，德化县被评为全国农业社会主义建设先进单位，获国务院奖状。当年，上报全县粮食产量11124万斤，比1957年8032.11万斤增长38.49%。实际粮食产量8186.15万斤，比1957年仅增长1.92%，多估多报了2937.85万斤。

1959年1月9日，县委下达指示，全县粮食总产3亿斤，亩产2400斤，人均2000斤。11月17日，粮食部向德化县发来"粮食增产"的贺信。1959年，全县实际粮食产量7503.65万斤，比1958年8186.15万斤减少8.33%，导致20世纪60年代初出现粮食供应紧张的局面，严重影响人民群众的生活。

（三）大炼钢铁

1958年6月间，根据中央"以钢为纲"的指示精神，福建省委要求"动员组织10万劳动大军上山挖铁挖煤"，提出"依靠群众，自力更生，以土为主，土洋结合，遍地开花"的方针，掀起全党全民大办钢铁工业高潮。在此期间，学校停课，商店关门，有的工厂停工停产，一切为"钢铁元帅"让路。

1958年6月9日，县委召开贯彻地委扩大会议精神的千人扩干会，计划钢铁产量由3万吨提高至5万吨，办钢铁厂由1000个提高到4000个。6月11日，县委通报已建设完成钢铁厂218个，在建的299个。全县捐献人民币14.9万元，投资21.53万元，平均每户捐献

14元。至6月下旬，全县完成捐献46.26万元，投资80.61万元，计划建设钢铁厂5532个，实际建成1274个，在建的655个。7月12日，县委召开扩大会，提出要建土高炉186个，平均每8人产1吨钢，力争钢铁产量全区第一。1958年秋，根据省委、地委中学生要参加大炼钢铁的指示，德化县数千名中小学师生停课上山砍柴烧炭，参加大炼钢铁运动。据统计资料记载，1958年全县参加大炼钢铁运动71650人，占总人口的63%，实际生产钢铁4055吨。在炼出的钢铁中，有相当一部分质量低劣，成本费用非常高，砍伐木材烧炭炼钢铁，造成了大面积的乱砍滥伐，严重破坏了森林资源。同时，由于过多地抽调农村劳动力投入大炼钢铁，1958年秋季的农业生产特别是秋收工作受到严重影响。

二、公社化时期经济生活

1958年9月，德化县成立8个人民公社，辖124个大队，738个生产队，实现人民公社化。人民公社最大特点为"一大二公"。

所谓"大"，就是人民公社规模大。德化县成立的8个人民公社，最大的公社8076户35965人，最小的公社1605户6914人，平均每社3387户14209人，超出当时干部的管理能力。人民公社成立后，实行三级管理，公社统管全社的生产安排、劳力调配、物资调拨和产品分配，生产大队仅负责生产管理和部分经济核算，生产小队只是具体组织生产的基本单位，公社领导可使用行政手段直接管理经济，权力高度集中，侵犯生产单位自主权，造成生产经营方面的瞎指挥。所谓"公"，就是大搞平均主义。实行"大集体，小全民"的所有制，把社员的自留地、牲畜、果树、较大的生产工具收归集体，家庭副业、小商小贩、集市贸易被取缔；社、队之间实行"一平二调"，集体的劳力、物资和农民的房屋、农具、耕牛、家具等私有财产均被无偿调用。改变按劳分配制度，实行供给制加补贴的分配制度，造成了人力物力的浪费，群众生活不便。

大办人民公社的过程，实际上是大刮以"一平二调"为主要

特点的"共产风"的过程。主要是当时工农业和各条战线的"大跃进""浮夸风",过分地强调了人的主观能动性和变革生产关系的作用,对贫穷落后国家建设社会主义的艰巨性、长期性认识不足,缺乏耐心,导致农村生产力遭到严重破坏,是建设社会主义过程中的一次严重失误。

1958年,德化各公社以生产队为单位办公共食堂。10月,全县公共食堂达688个,在公共食堂就餐的农民达97.5%。1960年,开展整社运动,全县公共食堂数量增至821个。大办公共食堂,违背自愿互利原则,不仅造成了社员生活的不便,而且断绝了社员粮食和蔬菜的重要来源,给社员的生活造成严重影响。

人民公社化以后,在农村推行全面供给制加补贴的分配形式。全面供给范围包括社员及其家属的吃饭、穿衣、住房、生育、看病、养老、养小、婚事、丧事、文娱、洗衣、缝纫、理发、就业等"15包",形成"吃饭不花钱、穿衣不要钱、看病不要钱、读书不要钱",可免费享受各种集体福利等。实行供给制超越了当时生产力的发展水平,加剧了农村经济的困难局面。

1959年9月,组织开展"反右倾、鼓干劲"运动,大搞丰产田,掀起"千斤稻万斤薯"运动。全县上报丰产田的面积4.9万亩,占全县中稻、地瓜种植面积的32%。其中:水稻亩产1000～2000斤的13389亩,2000斤以上的138亩,地瓜1万斤到2万斤的2789亩,2万斤以上的113亩。把大型畜牧场、瓷厂、农具厂、伐木场、榨油厂和大片林权收归公社所有。1960年,全县粮食总产量5797.13万斤,比1959年7503.65万斤减少22.73%;农业总产值873.36万元,比1959年1221.66万元减少28.51%。

德化县的"大跃进"和"浮夸风",给我们留下了深刻的教训,也付出了惨痛的代价,社会生产力受到严重破坏。开展"插红旗、拔白旗"和"反右倾"斗争,发表不同意见的就被扣上"右倾机会主义"帽子,遭撤职、开除;虚报浮夸、弄虚作假的现象普遍存在,"只求快、不求好,只管任务、不讲政策,爱做形式、不管效果,

光图虚名、不务实际"。结果事与愿违，导致工农业生产大幅滑坡，人民生活陷于困境。

第四节 "文化大革命"与历史性转折

一、以"阶级斗争为纲"的政治运动

1966年，中共德化县委按照省委、地委的部署，组织领导了"文化大革命"运动。"文化大革命"一开始，就以"阶级斗争为纲"，大批资本主义和修正主义。《关于无产阶级文化大革命的决定》（即"十六条"），对运动的对象、依靠力量、方法等根本性问题做了有严重错误的规定，大鸣、大放、大字报、大辩论，铺天盖地，揪斗、批判"走资本主义道路的当权派""反动学术权威"和横扫一切"牛鬼蛇神"等闹剧愈演愈烈，游街示众等侮辱人格的现象层出不穷，"怀疑一切""打倒一切"的事件横行，让人们在大是大非面前迷失方向，陷入不理解、不知所措的境地。

"斗、批、改"是十年"文化大革命"的重要组成部分，是以"阶级斗争为纲"路线、方针的主要产物。1966年，根据"十六条"，德化县组织指派军宣队、工宣队进驻教育、文化系统，开始开展所谓的"斗、批、改"。德化县革委会成立之后，又部署"斗、批、改"运动。

"斗、批、改"运动过程包括大批判、清理阶级队伍、整党、精简机构、改革不合理规章制度、下放科室人员等阶段。"文化大革命"中形成的许多冤假错案大多来源于"斗、批、改"中的"清

理阶级队伍"和"一打三反"，这二者是开展"斗、批、改"运动最直接、最突出的体现。

1968年10月中旬，德化县革委会召开第三次全委扩大会议，传达贯彻省革委会第二次全委会议精神后，一场大摆敌情、大查线索、大找疑点、大揭阶级敌人破坏活动的轰轰烈烈的"清理阶级队伍"的"人民战争"在全县范围内打响。为适应斗争的需要，各级革委会迅速组织了557人的工人纠察队、4153人的贫下中农纠察队和77人的红小兵纠察队，铸成向阶级敌人进攻的"铁拳"。同时，还组织了群众专案小组，把群众破案和专案工作结合起来。

1969年1月8日，县革命委员会"清理阶级队伍"办公室所做的《德化县一九六八年清理阶级队伍工作小结》做如下表述："解放前，德化是国民党、土匪、地霸狗咬狗的争权夺利的地方。全县有土匪3大股、24小股，各种特务组织13个，目前全县有五类分子2142人，敌伪人员6678人（其中反动骨干1370人）。个别生产队五类分子、土匪、国民党残渣余孽比贫下中农还多，反动基础相当浓厚。"在短短的2个多月里，全县揪出各种"阶级敌人"3627人，占总人口2.26%。

对纠察队采取"严刑逼供"高压手段下清理出来的所谓"阶级敌人"，采取政治上严厉打击，斗倒、搞臭；白天监督劳动，晚上写检查或批判、斗争，有的还集中起来办劳教班，各种各样的批斗会层出不穷，既有全县性的万人批斗，也有由公社、大队组织的批斗，还有在车间、班组、田间地头、柜台举行的批斗。一些人由于承受不了精神上的打击和肉体上的折磨，选择逃跑或自杀，许多普通群众被卷入运动的漩涡，遭到残酷迫害；一些无辜的干部、党员、群众蒙受冤屈、身陷囹圄，造成一场人为的灾难。

1970年初，在"狠抓阶级斗争和两条路线斗争这个纲"的思想指导下，大规模地开展"一打三反"运动，即在"清队"的基础上，上挂"黑主子"，下联"活靶子"，口诛笔伐，猛揭狠批，同样伤害了一批干部和群众。

二、国民经济在动乱中缓慢发展

德化各级党政领导中，虽然少数人在相当长时间里坚持错误立场，但是大多数人还都站在斗争的正确方面。他们无论是曾被错误打倒的，还是一直坚持工作的，或是下放后恢复工作的，都在极其困难的处境中尽力为人民群众办事以减轻动乱带来的损失。也正是由于他们能以社会主义主人翁的态度，在极端困难的条件下，克服频繁的政治运动的严重干扰而努力工作，才使德化的经济建设和各项事业能够有所发展。

"文革"期间，德化县先后制定了《德化县"三五"农业生产发展规划》（简称《农业"三五"规划》）、《德化县1966—1970年林业生产发展规划》（简称《林业五年计划》）、《德化县"三五"工业生产发展规划》。在计划执行的开局之年，"文化大革命"从"全面夺权"到

20 世纪 70 年代浔中瓷厂

"全面内战"，很快将正常的生产秩序全部打乱，德化的经济发展停滞不前，1968年工农业产值大幅度下滑，回落到接近1965年的水平，粮食总产量比1965年还低4.8%。

德化历来是农业县，"文化大革命"初期，农村基层组织领导班子大多处于瘫痪状态。各级革命委员会建立后，局势相对稳定，在"抓革命，促生产"的口号下，深受"左"的经济政策影响，尽管一直坚持"以粮为纲"，但粮食总产量基本在4.4万吨左右徘徊

（年均44880吨）。1976年全县粮食总量与1965年比较，增长8.4%；年均亩产增长12%；因人口增长，农业人口人均拥有粮食却减少25.7%，人均口粮从1966年的293.5公斤减少至225公斤；农业总产值增长84.6%，农民人均收入仅增长26.6%。

德化县工业基础薄弱，工业发展缓慢，"文革"期间工业总产值占工农业总产值的比重均在30%左右。1976年总产值比1965年增长114%，但在15个县属工业企业中，有6个企业长期亏损，占40%，亏损额达76.6万元。尤其是著名的瓷器产业，在片面强调"以粮为纲"的方针指导下遭受重挫。1958年后，有一定基础和条件的公社及其生产大队，先后创办集体瓷厂，主要生产日用瓷。1965年，全县属于人民公社所有的瓷厂6家，属于生产大队所有的瓷厂25家。全县瓷器总产量2104.78万件，其中社、队集体瓷厂的产量949.99万件，占总产量的45%。1970年初，德化举行了一场"瓷粮之争"大辩论，批判办瓷厂是"抓了钱，丢了粮"；在"斗、批、改"运动中，农村社队办瓷厂被扣上"破坏农业学大寨""破坏农业基础""对抗以粮为纲的方针政策"等帽子，开拓瓷器销售市场被批判为"破坏国家计划""挖社会主义墙脚"等，甚至把发展社队集体瓷厂提到"走资本主义道路"的高度进行批判。当年底，全县关闭社队瓷厂28家，瓷器总产量下降至1400万件，比1965年减少33.5%。1972年，县委传达贯彻中央、省计划、工业等会议精神，整顿企业，开展工业学大庆运动，全县工业生产逐渐恢复增长，被关闭的社队瓷厂逐渐恢复生产。

"文化大革命"期间，各种政治运动交替进行，德化的工农业生产在动荡中起起伏伏、艰难地缓慢发展。1976年，全县完成工农业总产值3625.37万元，比1965年增长53.4%；其中工业产值1289.73万元，比1965年增长114%；工业产值占总值比重为35.58%。在国家第四个五年计划期间，全县经济总量平均年递增15.2%。

表3-2 "文革"期间德化县工农业生产情况表

年份	粮食总产量（吨）	平均亩产（公斤）	人均口粮（公斤）	工农业总产值（万元）	农业产值（万元）	占工农业总产值（%）	工业产值（万元）	占工农业总产值（%）
1966	40916.60	201.5	293.5	2445.08	1268.10	67.38	679.98	27.81
1967	42194.85	208.0	291.0	2600.14	1311.42	65.85	774.77	29.80
1968	38717.80	192.0	258.5	2373.81	1203.39	66.24	698.81	29.44
1969	43512.85	216.5	274.0	2734.10	1352.38	64.40	851.72	31.15
1970	46585.05	232.5	284.5	2734.81	1447.86	69.63	719.53	26.31
1971	43348.30	227.5	255.5	2898.88	2135.01	73.65	763.89	26.35
1972	48929.80	248.5	281.5	3233.17	2174.24	67.25	1058.89	32.75
1973	45401.75	232.0	253.0	3366.19	2104.95	62.53	1261.24	37.46
1974	48186.85	248.5	260.5	3631.39	2234.66	61.54	1396.74	38.46
1975	51756.50	265.0	272.0	3867.00	2406.89	62.24	1460.11	37.76
1976	44129.85	226.5	225.0	3625.37	2335.64	64.42	1289.73	35.58

注：表中人均口粮指农村农业人口口粮。

三、干部下放与知识青年上山下乡

1968年12月，毛泽东发出"知识青年到农村去，接受贫下中农的再教育，很有必要"的号召，全国立即掀起知识青年上山下乡的高潮。同年12月13日，德化县革命委员会在南埕公社所在地举办县直机关、企事业单位毛泽东思想学习班，集中原来在县一级党政群团机关工作的干部、职工416人，其中包括县委原正副书记、县长5人，组成5个连，一边学习一边劳动。举办学习班的目的是为"搞好斗、批、改，下放科室人员"打基础，参加对象是在"文革"中被认为是"走资派""站错队"或有其他"问题"的干部。县革委会刚成立时，整个机构所配备的工作人员仅占其原科室人员的14.0%，如此不切合实际的精简，导致各方面工作无法有效开展。为了应付大量的行政管理工作和接连不断的各种政治运动，只好经

常增设各种临时或编外机构，并以各种名目借调人员，造成机构人员没有真正精简，又给各项工作带来被动与困难，既花费了国家大量财力、物力，又使大批干部遭受不应有的磨难。

1968年12月24日，按照中央的有关部署，福建省革委会发出《关于动员干部、知识青年和脱离劳动的城镇居民到农村去，到山区去的指示》，由此开始，"文化大革命"中干部下放和知识青年上山下乡这项工作付诸实施。县革委会为此专门成立了"四个面向办公室"，统一管理干部下放、知青上山下乡和大中专毕业生分配、复员退伍军人安置工作。

1969年1月，德化县革命委员会在南埕开办五七干校，将所谓有政治问题的干部、教师集中学习和劳动（该校于1971年撤销）。截至11月24日，县直机关、财贸系统下放到公社、大队、工厂、学校、林果厂、畜牧场的干部职工有346人。与此同时，省下放到德化17个公社、葛坑林场和瓷土矿等单位安置的干部97人，地专（市）下放到德化17个公社安置的干部95人。至1970年10月底，德化县共有省以下各级下放干部562人，其中德化县92人，接受省、专区、厦门市和华侨大学等机关单位的下放干部470人。

在阶级斗争扩大化的"左"倾氛围笼罩下，干部下放劳动在有些部门和单位成了排除异己、惩罚干部、摧残知识分子的手段。下放干部一方面除了生活环境比较艰苦，还要从事繁重的体力劳动，甚至接受批判和斗争，各种有形或无形的压力使不少干部背上沉重的思想包袱；一方面被排除在各项业务工作和科学文化研究之外，也耽误了必要的学习和深造的宝贵时光，其结果是造成人性的重要挫伤和人才的极大浪费。

1969年初，德化县开始安排城镇知识青年别无选择地走向农村，到"广阔天地炼红心"。同时，还陆续安置来自泉州等地的知识青年到全县各公社插队落户。据县革委会办事组统计，从1969年开始到"文革"结束恢复高考这段时间里，德化县安排936个城镇知识青年到农村接受贫下中农再教育，接收安置外县区知识青年

2985人到全县各公社插队落户。

在德化上山下乡的知识青年，经受了锻炼，接受了考验，通过他们自身的努力，用青春和汗水，为开发、改变农村面貌做出了贡献。在这些下乡插队的知识青年中，有的担任中小学教师，为穷乡僻壤播下文化的种子；有的成为"赤脚医生"，为缺医少药的农民群众解除病痛；有的当了生产队会计、保管，成了"红管家"；有的专心致志于农业科学技术的研究和应用，为提高农业科学技术水平、发展农业生产做出了无私的奉献；有的被选拔到农村基层领导岗位（94人），成为农民群众信赖的带头人；有的光荣地加入了中国共产党、中国共产主义青年团；还有不少人以他们出色的表现成为群众公认的、被各级组织、机构表彰的先进模范人物。更多的知识青年则以普通劳动者的姿态，默默耕耘，以自己纯净的热血和辛劳的汗水浇灌出丰硕的成果。在长期与广大农民群众共同劳动和生活中，体验了劳动的艰辛、民众的疾苦，增进了与劳动人民的感情；了解和熟悉社会尤其是最底层的农村的情况，懂得改造社会的必要和创业的艰辛。后来的历史证明，他们这一代人是那一段特殊历史的社会骨干和精英。

知识青年上山下乡时，正是他们长身体、增知识的时候，失去了接受正规教育和得到亲人呵护的机会，提前步入社会生活，付出的代价是巨大的，有的甚至失去了一生的幸福。在此过程中，国家也投入大量的人力、物力和财力，最后得到的却是尴尬的结局。这对国家、对社会、对个人都是深刻的教训。

四、拨乱反正，实现历史性转折

（一）平反冤假错案

1978年，中共德化县委先后成立"落实政策领导小组"，恢复"落实政策办公室"，调配充实办公室人员。6月13日，县委召开平反大会，对因反对林彪、"四人帮"，悼念周总理，拥护邓小平而遭

受迫害的51位同志公开平反。7月11—13日，县委召开全县落实政策工作会议，传达贯彻中央、省委、地委落实政策工作有关文件精神，结合德化实际情况，部署加快德化落实政策工作。各级党组织认真贯彻县委落实政策工作会议精神，按照落实政策对象、范围和标准等摸清底子，按照干部人事管理权限，复查、审查和审批。据不完全统计，在"清队""整党""一打三反"和清查"五一六"等运动中被立案审查的有3043人；在全县7个集团案件中受审查的5450人。至1982年9月，县委按照实事求是、有错必纠的原则，对"文革"案件进行全面的复查与平反，做出正确的结论；同时，还为错划"右派""中右""不纯"案件的同志摘帽和改正，使受迫害的同志恢复名誉；落实党的侨务、宗教政策，调动社会各阶层人士的积极性，促进社会安定团结，共同为社会主义现代化建设贡献力量。

（二）真理标准问题的讨论

粉碎"四人帮"以后，党和人民都迫切要求尽快结束"文化大革命"造成的混乱局面，进行全面的拨乱反正。但"文化大革命"中提出的"无产阶级专政下继续革命"的错误理论、方针，严重禁锢了人民的思想。

1978年5月10日，中共中央党校内部刊物发表了《实践是检验真理的唯一标准》一文，阐述了马克思主义的基本常识，论述了检验真理的标准只能是社会实践，理论与实践的统一是马克思主义一个最基本的原则，任何理论都要不断接受实践的检验等马克思主义基本原理，从而引发了一场全国性的关于理论标准问题的大讨论。

党的十一届三中全会对真理问题的讨论给予充分的肯定和高度评价。但有的同志对这场大讨论的认识不足，甚至把它同坚持四项基本原则对立起来。针对这种思想僵化的状况，福建省委贯彻三中全会精神时做出开展真理标准问题讨论"补课"的决定，以促进人们的思想解放。

德化县委根据省委、地委的部署，进一步开展真理标准问题的讨论。1979年，举办5期培训班，组织全县干部系统学习、讨论《实践是检验真理的唯一标准》及中共十一届三中全会精神。通过真理标准问题的"补课"，广大干部群众认识到，关于真理标准问题的大讨论，不仅仅是宣传部门的事和理论界的理论之争，而是一场深刻的马列主义、毛泽东思想教育活动，是两种世界观、两种思想路线的斗争，是关系到党和国家前途命运的大问题。只有坚持实践是检验真理的唯一标准，才能彻底肃清林彪、"四人帮"的流毒和影响，进一步发扬党的群众路线和实事求是、一切从实际出发、理论联系实际的优良传统作风，才能进一步端正思想路线，更好地坚持四项基本原则；认真贯彻执行党的十一届三中全会的路线、方针、政策，才能正确总结历史经验教训，顺利解决好历史遗留问题，实现历史性的伟大转折。

第四章

改革开放·扬帆绿水青山

历史上，一场场事关国家和人民命运的伟大变革，几乎是从泥田中开始，生根、发芽、长叶，直至给人们带来希望与辉煌！

在希望的田野上

（张圭如 摄）

20世纪80年代，一场改变国家和人民命运的伟大改革率先在农村拉开序幕。德化县委、县革命委员会贯彻执行中央、省、地区党和政府的决策部署，全面推行以家庭联产承包为主、多种形式并存，兼顾国家、集体、个人三者利益的生产责任制。1990年，县委、县政府提出《关于进一步完善家庭联产承包责任制的试行意见》，对家庭联产承包责任制进行巩固和完善；1998年，根据党和国家关于延长土地承包期的有关规定，做好新一轮土地承包合同签订、经营权证书发放等工作，进一步稳定农村各项政策，调动广大农民生产积极性，最大限度解放农村生产力，在希望的田野上，农、林、牧、渔全面发展，广大农民实现不愁吃不愁穿，生活年年攀升的美好愿望。

随着农村经济的发展，山区人本来想也不敢想的一件件大事、新事，逐渐从人们的视线中浮现出来。"要致富，先修路"，建电站、通电话等基础设施建设，不断摆上各级党委、政府的议事日程。德化县委、县政府顺民心，尊民意，多渠道多形式筹措并投入大量资金，先后组织实施"先行工程"，改造升级省道国道，建成高速公路和乡村公路网，疏通阻碍农村经济发展的瓶颈；组织实施"水电农村电气化建设"工程，开发水利资源，获"中国小水电之乡"称号；建成农村电网，各项指标均达到或超过国家水电农村电气化标准，农村用电走向规范化，为农民脱贫致富创造有利条件。

按照中央和省、市各级党委、政府的部署，德化县委、县政府一方面抓好农村经济体制改革与发展，一方面推进国有企业转变发展方式，走出亏损或发展缓慢的困境，确保国有资产保值增值；确立"不论体制求发展"思路，培育民营企业快速发展，成为德化经济发展的主力军；根据德化实际情况，组织实施"大城关"发展战略，建成一流瓷城，撑大经济总量；组织实施"三五七"造林绿化工程，开展以"绿色城市、绿色村镇、绿色通道、绿色屏障"为重点的城乡一体化建设，创建"全国绿化模范县"；走"可持续发展之路"，解决"林瓷矛盾"和环境污染问题，发展循环经济，建设

经济繁荣、环境良好、社会和谐的中国新瓷都。2006年7月，经国家环境部门监测，德化县是生态环境质量位居全国第二十九位、福建省第一位的最佳人居地。

第一节 改革解放生产力

一、"包产到户"解决温饱问题

20世纪80年代，农村实行的家庭联产承包责任制，是党和国家在农村推行的一项重大改革，拉开了社会全面改革的序幕，解决了制约农村生产力发展的体制机制问题，调动了广大农民的生产积极性，为农村经济社会事业发展，提高广大农民生活水平创造了良好条件。

1981年，德化县推行多种形式并存的联产承包责任制，以户或生产组为承包单位，将集体土地分给农民耕种，实行大包干到户，遵照兼顾国家、集体和个人三者利益的原则，规定承包户交售征购粮、加价粮、集体用粮，上交公积金、公益金、管理费，合理负担义务工。各家各户收入扣除成本费用和上交任务后，剩余部分归自己所有。据统计，全县1702个生产队，包产到组的有34个生产队，约占生产队总数的2%；包产到劳动力的有155个，占6.76%；包产到户的有335个，占19.68%；"双田制"的有9个，占0.52%；包干到户的有1197个，约占71.33%；以队派工、定额计酬的有12个，占0.71%。全县签订承包合同的有1050个生产队，占生产队总数的61.69%。

1982年，按照中央和省委、省政府的部署，德化县组织开展"四三二"教育活动，即以"四坚持""三兼顾""两反对"为主要

内容的社会主义、爱国主义教育活动，主要抓三件事：一是健全充实生产队领导班子，二是完善农业生产责任制，三是整顿社队财务。全县统一抽调干部589人，其中会计人员200人，经过培训后，先后进入17个公社、187个生产大队，分3期开展工作，每期工作时间2个月，分4个步骤：一是成立机构、宣传教育，调查摸底；二是联系实际，解决问题；三是公布账目，核实合同，建章立制；四是检查验收，总结评比。全县第一期接受教育的有590个生产队、70951人次，充实领导班子478个，占81.5%，签订合同占应签总数的45.5%，清理财务占75.55%，清收超支欠款54.2435万元。

1984年，全县以户为单位按人口分田的有1705个村民小组；以劳力为主，人口劳力结合分田的有9个村民小组。耕地承包年限分类承包期在4年以下的有664个村民小组，占总数38.5%；5～9年的有891个村民小组，占总数52%；10～14年的有77个村民小组，占总数4.5%；15年以上的有66个村民小组，占总数4%；其他16个村民小组，占总数1%。林、牧、副、渔、茶、果等生产项目也随着实行联产承包责任制。同时，鼓励农民或联户投资开荒造林、种果、办场、办厂。在农业产值中，林、牧、副、渔、产值由1978年的31.4%上升到1987年的48.12%。

德化县农村实行联产承包责任制后，经济状况明显好转，农民生活水平逐年提高。根据县经管站统计，1988年，农民人均纯收入532元；村集体经济年纯收入10万元以上的有13个村。1989年，据对70个农户家庭抽样调查，农

收 获

民现金支出发生变化，其中生产投入增加，生产费用现金支出人均31.05元，比1988年同期增长6.55%；消费结构改变，生活消费品现金支出人均97.83元，比1988年同期增长16.38%，文化生活支出人均1.99元，比1988年同期增长5.54%；银行存款上升，期末所存现金人均75.51元，比1988年同期增长4.7%，存款余额人均79.83元，比1988年同期上升25.05%。

1990年，德化县委、县政府发布《关于进一步完善家庭联产承包责任制的试行意见》，对家庭联产承包责任制若干问题进行完善，继续稳定以家庭联产承包为主统分结合的农村土地双层经营体制。

1991年，农民人均纯收入635元，人均纯收入在400元以下的低收入户比上年下降21.43%。1992年，农民人均纯收入819元，增长28.98%。1993年、1995年，农民人均纯收入分别为1061元、1836元，年均递增21.95%；居民人均生活消费支出1993年为816.02元，1995年为1626.89元，年均递增18.74%。

1992年，建立农业承包合同管理机构208个，其中县合同管理机构1个，乡镇合同管理机构17个，村合同管理小组190个，形成了农业承包合同三级管理网络。当年，组织对承包合同进行清理，至年底，共清理完善合同5.76万份，其中有50%以上的合同经乡镇合同管理机构鉴证。

1996年，按照农业产业化要求，以市场为导向，从区域优势出发，因地制宜选择和培育主导产业及优势产业，建设林业、食用菌、畜牧水产、水果、蔬菜基地；重点扶持年产值500万元或年纳税30万元以上的龙头企业；组织实施"511"农村小康工程，即培植经济新增长点，扩大收入来源，促进农民人均增收500元、一个村新上1个发展项目、村财增收1万元。

1997年，全县有16个乡镇、180个行政村（居）、60696户实现小康，分别占乡镇、村居、农户总数的88.9%、91%、88.5%。1999年，农民人均纯收入3286元，人均消费支出12363.83元。2002年，德

化县农村居民人均纯收入达到3713.02元，德化县基本解决温饱问题。

1998年，根据中央关于土地承包期再延长30年的政策规定，德化县组织新一轮土地承包经营权证书发放和土地承包合同签订。至2003年5月，签订合同184个村、1680个村民小组、6.05万户和18.42万亩，分别占应签合同的95.83%、97.56%、97.65%和98.76%，发放土地承包经营权证书并签订合同6.05万份，除8个村因历史原因不能全部完成土地延包工作外，其他乡镇、村（居）都如期完成经营权证书发放和合同签订任务。

家庭联产承包责任制的实行，解放了我国农村的生产力，开创了我国农业发展史上的第二个黄金时代。家庭联产承包责任制的实行取消了人民公社，没有走土地私有化的道路，是实行家庭联产承包为主，统分结合，双层经营的方式，既发挥了集体统一经营的优越性，又调动了农民生产积极性。这是适应我国农业特点和当前农村生产力发展水平以及管理水平的一种较好的经济形式。

二、多种经营让经济"活"起来

"开心果"——蜜柚

20世纪80年代，德化县全面推行家庭联产承包责任制，贯彻"绝不放松粮食生产，积极发展多种经营"的方针，农、林、牧、副、渔等多种经济迅速发展。尤其是推广杂交水稻，提高农业半机械化、机械化水平，粮食生产出现新的跨越。1987年与

硕果累累

1978年相比，全县粮食产量由62713吨增加到77189吨，增长23.08%，比1949年增长2.27倍；茶叶由63.7吨增长到353吨，增长454.16%；水果由144.65吨增长到2938吨，增长19.31倍；生猪存栏数由56222头增加到94592头，增长68.25%。农业总产值6323.65万元，比1978年增长117.07%；农民人均收入418元，增长78.66%。同时，出现了一批重点户、专业户，农村经济逐步由单一、自给和完全靠人力劳动的自然经济逐步向商品化、规模化和半机械化、机械化发展。

20世纪90年代，德化县实施"大城关"发展战略，农村劳动力成批进城，尤其是大部分青壮年农民工长期进城后，不少农村出现劳动力或短缺、或闲余等不均衡现象。德化县委、县政府全面贯彻中共中央、国务院各项农村政策，一部分偏僻、边远、种植效益低的山坡田地实行"退耕还林""退耕还草"，一部分根据当地气候、土壤等条件，因地制宜，种植茶叶和水果，或发

黑羊

展畜牧业和养殖业，不断调整产业结构，提高农业半机械化、机械化水平，加大综合开发力度，培育特色农产品，引导农业逐步走上多元、特色、商品经营的路子。1999年，全县耕地面积186168亩，比1989年减少6751亩；农业总产值75533万元，比1989年增长371.08%。

2000年后，德化县委、县政府通过完善家庭联产承包责任制，按照"自愿、有偿、依法、规范"的原则，引导土地通过转让、入股、转包、互换等形式，流转土地使用权，促成土地连片开发，因地制宜，发展适宜当地自然条件的茶果、蔬菜、畜牧业和养殖业，培植一批规模化经营的龙头企业，培育德化"三黄"（黄花菜、黄花梨、茶油）、"三黑"（黑鸡、黑羊、黑兔）和食用菌等特色产品，形成"公司＋基地＋农户"的产业化模式；建成国宝、湖坂、南埕、吾华4个"生态旅游村"，建成英山淮山、苏洋大棚蔬菜、龙阙黑鸡、祥光油茶、春美黄花菜等5个"特色农业村"。同时，实施"科技兴农"战略，不断引进推广"五新"（新技术、新品种、新农药、新化肥、新农机），改革耕作制度和耕作方法，实现农村增产、农业增效、农民增收的目标。

黑兔

2007年，全县农业总产值12.3亿元，是1988年的8.9倍，其中种植业产值5.16亿元，占41.98%；林业产值1.05亿元，占8.54%；养殖业产值5.8亿元，占47.13%；渔业产值1673万元，占1.36%。农民人均收入5854元，是1988年的10.89倍。交通、电力、通信等

基础设施日趋完善，小轿车、摩托车等现代化交通工具开始进入普通百姓家，电冰箱、电视机、空调等家电不再是平民的奢侈品，广大农民的生活水平跃上一个新台阶，为新农村建设创造了厚实的物质基础和良好条件。

黑　鸡

2010年，全县粮食播种面积23.34万亩，总产量8.79万吨；水果产量6.6万吨，茶叶产量732吨，蔬菜产量13万吨，肉蛋品产量2.75万吨，水产品产量0.163万吨。农村经济总收入103.3亿元，农民人均纯收入7630元。

2011年后，全县粮食播种面积稳定在22万亩左右，粮食总量保持在8.5万吨左右。水果产量稳中有升，蔬菜、畜牧业在"三黄""三黑"等特色产品的带动下，产量和产值增长幅度较大，占农村经济收入的比重逐渐增加，许多农户也从中受益。

2015年，全县粮食播种面积22.2万亩，总产量8.65万吨；水果产量7.23万吨，比2012年增加（下同）4.46%；茶叶产量888吨，比增4.71%；蔬菜产量13.94万吨，比增2.5%；肉蛋产量2.95万吨，水产品产量1730吨。"三黑""三黄"等特色农产品提质增效，实现产值5.24亿元，比增12.45%。农业总产值18.32亿元，比增2.5%。农民人均纯收入10281元，增长11.5%。

2017年，德化县建成"石冻王健康产业园""春秋农场""鑫义展生态园"等项目，新增农民专业合作社54家（总数604家）、家庭农场46家（总数404家），其中获评泉州市级以上家庭农场示范场7家、农业合作社示范社13家；新增"三品一标"（无公害农产品、

绿色食品、有机农产品、农产品地理标志）认证9个；10家企业纳入泉州市级以上农产品质量安全可追溯体系试点建设单位。与中央电视总台联合主办林下经济（棘胸蛙）产业发展论坛；"茶油奶奶"有机山茶油在中国国际农产品交易会上获得金奖，被评为福建百佳旅游美食伴手礼，入选金砖国家领导人厦门会晤国宴用油。全县农村经济总收入达174.78亿元，农民人均纯收入达14538元。

第二节　交通、电力先行

一、要致富，先修路

德化地处戴云山区，峰峦叠嶂，沟壑纵横，交通条件十分落后，"看似在眼前，走来大半天"，这句民谣就是德化历来交通条件的真实写照。

民国时期以前，德化县只有一条驿道和乡村小道与外界相通，没有公路运输，乡村之间的来往靠步行，群众生产生活所需用品、物资均依靠肩挑背负。民国十三年（1924年），开通城关至三班公路，长12公里，县内开始有少数富人用车辆运输。民国二十八年（1939年），为阻止日寇入侵，全县已建成的5条公路、总长112.3公里，全部奉命毁坏，桥梁拆除，机动车运输停止。1949年解放时，德化没有一条完好的公路，广大民众依旧靠肩挑背负、双脚走路出行。

1951年10月，德化至泉州公路修复通车。1953年，德化至永安路段开通。1959年，德化县委、县政府成立公路修建指挥部，县长任指挥，公路建设进入新阶段。至1975年，初步建成一批低等级的县、乡公路。

20世纪80年代，随着经济的逐渐好转，"要致富，先修路"成为当时全社会的共识，交通设施建设成为德化县委、县政府的重要议事日程，采取国家投资、公办民助、民办公助等措施兴建乡村公路。全县先后开通连接乡村、连接东西两个片区的环县公路网，新建和改建与尤溪、大田、永春、仙游等邻县连接线，总投资550多万元。同时，新建和改造了一批乡村公路。1989年，全县公路通车总里程达1050公里，拥有汽车771辆，其他机动车辆1786辆，货运量52万吨、周转量5597万吨公里，客运量350万人次、周转量10170.9万人次。

盘山公路（航拍）

1992年，德化县按照福建省委、省政府的部署，实施福建"先行工程"，投资3379万元，改造原省道305线德化县城关至英山路段7.82公里，改造提级乡镇公路，铺设沥青路面340公里；投资2.074亿元，开通192个建制村公路，实现村村通公路目标。全县公路通车总里程达1582公里。

2000年，投资1.4亿元，改造提级省道206线县城关到上涌路段34.8公里。

2004年，德化县实施"年万里农村路网工程"。县委、县政府成立领导小组，按硬化率96%的目标向各乡镇下达责任书，凡按规定时间通水泥路面公路的建制村，省、市、县每公里分别补助10万元、6万元、5万元。同时，发动社会贤达捐款，群众集资，广筹资金，解决资金短缺问题。在建设过程中，规范工程建设管理，

启动专门监督和群众监督相结合机制，确保工程质量。至2005年，全县硬化公路348.9公里，通建制村公路硬化率达99.5%，总投资1.046亿元。2007年底，全县公路通车里程2471.3公里，每平方公里110.7公里，形成以县城为中心、以乡镇为基点、联结周边县市区、直通省城福州的交通公路网络。

2005年，开工建设泉三高速公路德化连接线，2009年3月正式通车，全长12.9公里，采用双向四车道高速公路标准，设计时速80公里/时。德化开始向高速公路时代迈进。

2014年12月，开工建设厦沙高速公路德化段，全长73.694公里，设计时速80公里，总投资48.3亿元，设德化、九仙山、上涌3个收费站和1个服务区，2017年12月正式运营。德化县正式融入国家高速公路网，交通更顺畅、便捷。

2017年3月，开工建设兴泉铁路，全长495.867公里，设计时速160公里，总投资255.73亿元，建设工期4.5年。在德化县境内经过春美、美湖、盖德、龙浔4个乡镇，长28.5公里，投资28.3亿元。德化老区与全国各地的联系更快、更方便。

二、率先建成农村电气化县

（一）初级电气化建设

德化县山脉绵延，雨量充沛，多年平均降雨量1845毫米。河流溪涧纵横，分属闽江水系和晋江水系。全县流域面积50平方公里以上的河流13条，最大的河流浐溪和涌溪环绕于戴云山麓南北两侧，向东汇合进入闽江上游的大樟溪。全县水力资源理论蕴藏量近50万千瓦，其中可开发31.2万千瓦。

1956年，德化县开始在三班、城关建设小水力发电站，每座电站装机容量16千瓦。至1959年，全县建成小水电站6座，总装机容量176千瓦。

20世纪70年代，县在浔中石山建成第一座千瓦以上水电站——

初溪水电站，总装机1600千瓦。至1979年，全县建成小水电站达228座，总装机容量1.26万千瓦。初步解决城关和乡镇所在地等生活用电问题。

1983年12月，德化县被列入全国100个农村初级电气化试点县。县委、县政府贯彻"以电养电"政策，坚持多渠道、多层次广泛集资办电。至1988年，全县电气化投资达2877万元，其中省、市、县联合开发的龙门滩引水工程德化投资940万元，县、乡、村、户自筹836万元，国家补助或周转金285万元，银行贷款816万元；新建、扩建一批小水电站，兴建调节水库。其中建成小水电站108座139台，装机1.8708万千瓦，年发电量7549千瓦时，比1982年增长160.6%。其间，建成德化县城关变电站，全县水电站逐步联入县电网。

1987年3月，德化县电网联入省电网。截至1989年5月底，联网电站58座83台，装机1.7141万千瓦，占总装机91.6%。全县拥有高低压线路2524.8公里，其中35千伏线路113.8公里，10千伏线路1003公里，低压线路1408公里；35千伏变电站9座11台，容量2.66万千伏安；10千伏配电变压器322台，容量4.4万千伏安，综合网损率11.89%。随着电网建设的迅速发展，县电网供电面也不断扩大，由1982年10个乡（镇）增至18个乡（镇），由46个村（居委会）增至194个村（居委会），使100%的乡（镇）、99.5%的村，用上质量可靠的电，县电网用户由1982年31.4%增至96.3%。

1988年，全县供电保证率达

德化老区电网线路

98.1%。1989年5月底，全县18个乡（镇）195个村（居委会）已全部用上电。全县5.84万户，已用上电的有5.71万户，占总户数的97.7%，电能质量保证，用电领域扩大。县办工业用电量3931万千瓦时；农业用电量186万千瓦时；文教卫生用电量1633万千瓦时；生活用电量1033万千瓦时，户均176.6千瓦时。总用电量6783万千瓦时，人均260.5千瓦时。

1989年，德化建成第一座上万千瓦级水电站——龙门滩一级水电站，装机容量1.8万千瓦。至年底，全县经淘汰落后小型水电站，改造扩容一批水电站后，有水电站95座，装机121台，总容量3.57万千瓦，年发电量7634.65万千瓦时。同年，经福建省政府委托省水电厅等有关部门，在德化召开德化县农村电气化试点初级阶段验收会议，一致通过《德化县农村电气化初级阶段验收会议纪要》，并报送省政府转报水利部批准。1990年9月20日，水利部正式发文批准德化县为初级农村电气化县，并发给初级农村电气化县铜牌和证书，标志德化县已实现初级电气化县目标。

（二）水电农村电气化建设

20世纪90年代，德化县委、县政府立足资源优势，依靠科技进步，深化水利水电投资体制改革，按照"谁投资，谁所有；谁建设，谁使用；谁受益，谁管理"的原则，采取多元化筹资方式，继续淘汰部分装机容量小、产能低、效益差的小水电站，采用先进的机械和技术，改造升级部分有扩容潜力的水电站，培育水电重点产业，形成水电产业集群。

2000年，德化县按照水利部和省水利厅的统一部署，以《中国水电农村电气化2001—2015年发展纲要》《水电农村电气化标准》和德化县"十五"期间经济社会发展要求，以及电力负荷增长预测等为依据，组织编写了《德化县水电农村电气化规划报告》及《实施方案》等，并逐级上报至水利部审批。同时，德化县成立水电农村电气化领导小组，组织创建中国水电农村电气化县。

2001年11月，德化县被国务院列为"十五"期间全国400个水电农村电气化建设县之一。县委、县政府按照上级要求，在电源建设、电网建设、农网改造、电力体制改革、行业管理、发展电力负荷等方面，全方位地推进水电农村电气化县的创建工作。2002年，德化县组织编制《德化县"十五"期间及2010年小水电代燃料生态工程规划》等并上报。同时，组织大量人力、物力、财力重点开发涌溪流域水力资源，及时总结和推广开发水力资源的成功经验，在全县形成了开发水力资源、发展电力产业的共识。以电气化建设和农网改造项目为重点，一方面向上争取资金支持；另一方面出台一系列集资办电优惠措施，调动群众办电的积极性，广泛筹集社会闲散资金参股建设农村小水电，使民间资本成为水电建设的主要资金来源之一。2002年3月，德化县被中国农村发展研究中心授予"中国小水电之乡"称号。

2004年，德化县共投资4.6亿元，完成水电农村电气化建设，比计划提前近2年在全省率先通过达标验收，水电农村电气化和农村水电现代化走在全国前列。其间，还投资788万元用于农网改造，实现城乡同网同价。根据全县经济发展状况，按照适度超前的原则，合理安排小水电建设进程，促进全县小水电建设的有序进行。巩固以电代柴烧制陶瓷成果，加快窑炉技术改造，推广以电代柴烧制陶瓷，促进陶瓷业的发展，保护生态环境。

德化县通过前两轮的农村电气化建设，有力地推动了经济发展和社会进步，总结出一套林、电、瓷三者良性循环发展的典型经验。全县工业用电3.26亿千瓦时，城区空气质量达到国家一类标准。采用当代最新自动化技术，率先在全省农村水电站中实现"无人值班、少人值守"的计算机远程监控，实现管理系统信息化。电网调度自动化系统，实现对全县电网进行监控，即实现遥测、遥信、遥控和遥调"四遥"功能。实行以电养电及集资办电政策。坚持"谁出资、谁受益"的原则，鼓励民间资本投向水电开发建设；水电设计单位对水利工程规划、勘测、设计及施工提供优惠服务，县级水电行政

主管部门对水电工程实行规范管理，严格基建程序，实行业主负责制、招标投标制、工程监理制、股本金制度和合同管理制，确保每项工程的顺利实施。

至2005年，全县建成具有完全年调节性能、装机容量分别为4万千瓦、1.2万千瓦、2.2万千瓦和2.5万千瓦的涌溪三级、东固、涌溪四级和涌口水电站；采用最新自动化技术进行规划设计和设备选型，实现了对3个梯级水电站的远距离全方位监控。2001年后，全县共建成农村小水电56处，新增装机9.539万千瓦，比2000年增长63%。2004年，德化县工农业总产值65.46亿元，工业产值55.31亿元，占84.49%。其中陶瓷工业产值35.15亿元，占工业产值的63.55%；烧瓷用电1.05亿千瓦时，代柴量6.36万吨，代煤量3.21万吨，保护自然生态面积25.7万亩，保护天然林面积8.1万亩，减少水土流失面积4.7万亩，减少二氧化碳排放量1.12万公斤。

2006年，全县电力装机达24.2万千瓦，其中水电21.8万千瓦，热电2.4万千瓦，小水电装机容量位居全国各县、市（区）前列。全县水电站全部入网，建成城关、西郊、赤水、李田4座110千伏变电站，7座35千伏变电站为骨干的电网，通过10千伏线路辐射到全县各乡镇、村，同时以一回110千伏线路联入国家电网。全县用电面不断扩大，用电指标大幅度增长。全县年总用电量4.32亿千瓦时，人均年用电量1489千瓦时，比基准年增长136%；其中生活总用电量5670万千瓦时，户均年生活用电量605千瓦时，比基准年增长26%。全县通电户率达100%；供电可靠率、保证率均达96%以上，电网各项指标均达到或超过部颁水电农村电气化标准。

2007年，德化县有中型水库4座、小（一）型水库14座、小（二）型水库43座，总库容2.41亿立方米，为发展水电业奠定了丰富的能源基础。全县已建成水电站169座，总装机容量27.21万千瓦，年发电量9.37亿千瓦时；配套建成35千伏变电站8座、110千伏变电站6座；35千伏输电线路17条、110千伏输电线路5条，形成省、县、农村三级线路联网，实现乡村全覆盖。水电成为德化县的主要能源，

为德化老区经济社会事业的发展起着"先行"的作用。

第三节 国企改革，民营崛起

一、国有企业改革

中共十一届三中全会后，德化县委、县政府贯彻执行关于经济体制改革的方针、政策，制定一系列具体改革措施，从实际出发，因厂制宜，对全县国营和集体企业进行改革。1984年，大力推行各种形式的承包制，建立健全企业内部经济责任制。乡镇、街道办的瓷厂，率先实行承包或租赁经济责任制；国营企业则实行承包制，尔后又出现股份制、中外合资、外商独资、组建集团公司等多种形式的企业经营体制。

1988年1月，县委、县政府及其相关部门在德化瓷厂等14个国有企业实行工资总额同经济效益挂钩办法，对尚未实行工资总额同经济效益挂钩办法的企业，从当年开始，一律实行工资总额包干办法，从此拉开了德化国有企业承包责任制，改善企业经营机制的序幕。德化第二瓷厂在全县率先推行承包管理责任制，德化瓷厂、第三瓷厂、酒厂、铁厂、煤矿、印刷厂、燃料公司、水泥厂、电力公司、纸箱厂、农械厂、食品厂分别与主管部门签订企业承包合同书。承包方式为"上缴利润基数包干、超盈分成、超亏自补"，承包期3年。3月，县政府规定，从1987年企业留利中提取5%作为承包经营者的奖励基金，由县经济委员会负责集中使用。全县已承包的国有商业企业，建立经理（厂长）业务活动基金，按销售总额分两档比例计算提取，即销售总额在500万元以下（含500万元）的部分按3%，超过500万元以上的部分按10%分季预提，年终结算。6月1日，县

政府制定《关于完善企业承包经营责任制奖惩办法的暂行规定》。7月起，实行承包经营责任制、技术开发任务重的国有工业企业，从销售收入中提取不超过1%的技术开发费，专项用于研究和开发新产品、新技术。10月，外贸企业财务体制下放，与县财政脱钩。财务实行"上交利润包干，超收全留，一定二年"，年上缴利润基数为11.05万元留归单位，利润按公司发展基金占50%、福利基金占20%、奖励基金占25%、经理基金占5%分配。

1990年8月，县政府制定《关于做好全民所有制企业第二轮承包工作若干问题的意见》，推行和完善以厂长负责制为中心的承包经营责任制。全县22家国有企业实行工资总额同经济效益挂钩，其余未挂钩的企业一律实行工资总额包干，企业管理由生产管理型向经济管理型转轨。

1991年5月，全县国有工业企业签订第二轮承包合同责任书。1992年，落实国务院《全民所有制工业企业转换经营机制条例》。县水泥厂、纸箱厂、机械厂、印刷厂、铁厂、酒厂、煤矿、碳化硅厂、德化瓷厂高档瓷分厂等实行乡镇企业管理办法，即实行"自主经营、自主用工、自主分配、自主使用留利、自主聘用管理人员"，即除指令性计划外，企业可根据市场要求，自行安排生产经营计划等，德化瓷厂、第二瓷厂、县电力公司、林化厂、铁合金厂等企业参照乡镇企业管理办法。是年工业总产值首次突破亿元达1.36亿元，占全县工业总产值36.15%。

1993年，德化铁厂、碳化硅厂作为股份制试点，进行股份制改革。1994年，取消承包制，实行厂长（经理）考核奖惩责任制。第二瓷厂实行"国有民营"经营机制，总厂实行"统一决策、协调控制、分级管理"，分厂实行"独立核算、自主经营，自负盈亏、包干上缴"机制。全县国有企业24家，从业人员5738人，工业总产值2.3亿元，利税总额0.39亿元。取消企业税利承包办法和税前利润还贷规定，执行统一所得税制，实行规范的税后利润分配办法。财政部门与经委制定国有企业厂长、经理经营目标考评办法，以调

动企业厂长、经理积极性。推进粮食企业改革，帮助扭亏增盈，粮食企业连续十年无政策性亏损挂账，国有企业产权登记年检65家，登记资产总额7516万元；资本金6618万元；对6家企业用国有资产进行抵押、转让进行评估，资产值从评估前的57万元增至评估后的324万元，增值率570%。

1995年，随着社会主义市场经济体制的发展，德化县的国有企业也和其他地方的国有企业一样面临发展的困境。面对困难与瓶颈，德化县委、县政府积极迎难而上，在县内国有企业全面开展清产核资工作，为资产重组、深化改革做准备。1996年，德化县贯彻中央关于国有企业改革基本方针，实施《福建省人民政府关于进一步放开搞活国有小型企业若干意见的通知》，按照"因厂制宜、一厂一策、循序渐进、注重实效、整体推进"总体思路，分别采取嫁接外资、抵押租赁、拍卖转让、依法破产、股份合作等形式进行改制。县造纸厂、冶炼公司、酒厂、选矿厂、美阳灰石矿等采用抵押租赁、承包经营的形式改制，德化瓷厂、第三瓷厂采用嫁接外资的形式改制，县彩印包装厂、印刷厂、胶合板厂、第二瓷厂"高白度成套瓷生产线"、碳化硅厂、机械厂等采取产权转让、拍卖的形式改制，林化厂采用股份合作制形式改制，龙城陶瓷有限公司实行依法破产。

1998年，在国有企业改制取得重大突破的基础上，继续采取拍卖、转让、租赁、股份合作制等形式完成燃料公司、县机械厂等18家国企改制工作。全县累计完成改制49家，其中工业企业19家，商业企业6家，粮食企业12家，农业及其他企业12家，完成改制任务94.2%。同时，做好改制企业的帮扶工作。组织实施再就业工程，妥善处理改制企业的各种遗留问题，推进改制后的企业尽快进入生产经营轨道，扩大规模，提高效率。年底，全县国有改制企业生产总值2.81亿元，比增20.76%；实现税利0.41亿元，比增23.51%。

1999年，县委、县政府继续采取抵押租赁、拍卖转让、股份合作等形式，对外贸公司、城镇房地产开发公司、中福公司等企业

实行改制，对改制后的县铁合金厂进一步完善现代企业管理制度。全面完成52家国有企业改制任务，国有工业产值0.92亿元，固定资产总额2.67亿元，是年全县国有企业改制面达100%。在国企改制基本完成后，德化县委、县政府采取"扶上马，送一程"措施，加强对企业的管理和服务。县委、县政府制定13条优惠政策，从资金、人才等方面给予扶持。县领导每人挂钩扶持1～3家改制企业，在全省率先成立中小企业贷款担保基金，为改制企业优先提供贷款担保。

2000年，全县国有企业须安置职工4883人，共安置4780人，占须安置职工总数97.89%，为德化瓷厂、第二瓷厂、第三瓷厂、矿产公司、煤矿等国有企业处理债务，采用捆绑打包、回购债务的办法，处理企业所欠的银行债权，即以1275.30万元的价格，将原企业拖欠银行款数额10991.68万元的债务回收购买，解决企业长期拖欠的银行债务，使国有企业甩掉债务包袱，轻装上阵，继续发展。

2000年后，经产权制度改革后，国有企业逐年减少。2000年1月，德化县百货公司（含华友公司）、县五交化公司、县饮服公司、县糖业烟酒公司、县食品公司、县陶瓷公司、县燃料公司、县医药公司等8家国有企业委托国有资产投资经营公司经营管理。8月，县国有资产投资经营公司参股组建福建省德化鑫阳矿业有限公司，出资300万元，拥有鑫阳矿业有限公司10%的股份。

2005年，全县国有企业4家，均为规模以上企业，工业总产值1.60亿元，占全县工业总产值2.4%，拥有固定资产1.49亿元，利税总额1.01亿元，创利0.71亿元。国有控股企业8家，工业总产值约4.74亿元。

2007年，全县国有工业企业3家，总产值1.32亿元，占全县工业总产值1.34%，拥有固定资产1.73亿元，利税总额0.78亿元，创利0.53亿元；国有控股工业企业10家，总产值约11.1亿元。

2010年后，德化县委、县政府在继续做好国有企业改革的基础上，把工作重点放在用科学发展观理念推进企业制度创新、产业

升级、结构调整和强化管理上来，推进发展方式的根本转变，确保国有资产保值增值。

改革开放以前，国家对国有企业实行计划统一下达，资金统贷统还，物资统一调配，产品统收统销，就业统包统揽，盈亏都由国家负责，国有企业没有经营自主权，生产积极性和生产力的发挥都受到影响。改革开放后，德化县对大多数国有企业进行了公司制改革，实行厂长负责制、岗位生产责任制和其他配套改革，调动干部、职工生产积极性，提高生产效率。随着改革的深入，国有经济布局和结构调整力度加大，企业改制和产权转让逐步规范，国有资本有序退出加快，国有企业管理体制和经营机制发生深刻变化，改革给德化县的国有企业发展带来了翻天覆地的变化。

二、民营陶瓷企业崛起

20世纪80年代，国家实行经济体制改革，允许开办多层次、多种形式的工业企业。德化县委、县政府对乡镇企业采取"积极扶持、合理规划、正确引导、加强管理"16字发展方针，允许企业经济体制、经营形式多样化，形成国营、集体、合资、私营企业共同发展的格局。

1983年，在国有瓷厂还是德化经济支柱的时候，德

佳美集团公司总部

化首家群众集资开办的陶瓷厂——蕴玉瓷厂诞生；1986年，首家私营陶瓷研究所——莹玉陶瓷研究所成立。政府不仅允许其存在，更组织各乡镇到这两家企业参观学习，有意识地引导陶瓷企业向股份

制、私营等多元化发展。

1988年6月，国务院颁布《私营企业暂行条例》，确认私营企业的合法地位。德化县委、县政府抓住机遇，不断加大对私营企业的扶持力度，推进以陶瓷为主的私营经济步入有序发展的快车道。德化陶瓷生产历来以"民窑"为主，以创作民间传统工艺瓷雕著称。德化秉承"民窑"之风，确立"不论体制求发展"的思路，实行国有、集体、股份合作、个体、外资"五个轮子"一起转，形成了以民营为主力、多种所有制成分共同发展的经济体制。民营经济成了德化最活跃、最重要的一支力量。德化陶瓷产业也是中国陶瓷行业中最早实现民营化的一个地区产业。

1990年，德化开始大胆鼓励群众办厂，发动千家万户兴办股份合作企业。先后创办了浔中陶瓷工业小区等多个陶瓷工业区，统一征地，并给足优惠政策，使群众办厂积极性空前高涨。

1993年，德化出台《关于促进乡镇企业发展的若干措施》，首次提出要从审批、税收、资金、企业用地、企业发展自主权、企业科技进步、人才引进和主管部门建设等九个方面，对乡镇企业进行全面扶持；同年，全县开展"乡镇企业年"，要求为乡镇企业发展全线开绿灯，行业重点放在陶瓷、资源开发、农林牧果加工、第三产业等四个方面。

1994年，德化县政府出台《促进乡镇企业、个体、私营经济发展的十条措施》，推动了乡镇企业的迅速发展。同时，大力鼓励发展民营陶瓷科技实业以促进陶瓷业的技术进步，开发新产品，不断开拓国内外市场。年底，全县以陶瓷为主的民营工业企业720家，从业人员14263人，实现产值2.51亿元，上缴国家税金0.25亿元。

1996年，德化县出台《关于组织实施"扶壮工程"的若干规定》，开始将扶持重点放在大企业上，为民营企业提供了诸多的优惠政策，并引导民营企业在发展过程中注重内涵，走规模化、科技化、品牌化、外向化的结构效益型发展路子。1997年，全县私营企业发展到893家，占全县工业户数58.4%，从业人员21171人，总产

值5.36亿元。

1998年，德化开始实施国企改革。在国企改制中实施了一系列扶持、鼓励政策，极大地激发了群众的积极性，为民营经济创造了非常有利的发展条件。同时，政府不断完善软硬环境，实行项目审批"零环节"，激励民间资本投资兴业。一大批工人和技术人员由此踏上了创业之路，成为民营企业的当家人。从这一年开始，以个体户和私营经济为主体的德化民营经济迅猛成长，全县民营企业达1600多家，产值占全县工业产值的85%以上。

1999年，德化重新制定了《德化县关于加快企业发展的若干规定》，在企业用地、资金支持、税收优惠、规费减免、电价优惠、优化企业环境等诸多方面，都做出了详细规定。同年出台了《德化县扶持十五家陶瓷明星企业发展的若干规定》。

2000年12月，县科学技术局与财政局联合成立"德化县中小企业技术创新发展资金管理中心"，制定《德化县中小企业技术创新发展暂行规定》。当体制机制理顺时，民营经济的创造力与竞争优势必然不可抑制地迸发开来。2001年，德化民营经济单位从4541户增加到了5363户，增长了18.10%，从业人员从27176人增加到了85344人，增长了2.14倍，平均年增长25.71%，而国有、集体企业同期的从业人员数却分别减少了3324人和9625人；民营经济单位的总注册资本由3.02亿元增加到了11.65亿元，增长了2.86倍，年均增长率达31.01%。民营经济对全县工业产值的贡献从1984年的34.0%，猛增至2001年的75.3%；民营经济单位完成的

顺美集团有限公司

社会消费品零售额由10473万元增加到49944万元，增长了3.77倍，年均增长率达36.68%，比全县平均增长速度快20.33个百分点，对全县社会消费品零售总额的贡献率由17.44% 提高到39.02%。2001年，德化县民营纳税大户纳税额已占到全县工商总税收的43.73%。2007年，全县规模以上民营工业企业130家，占全县规模以上企业总数的65.66%，工业总产值38.40亿元，占全县工业总产值的47.18%。

2012年，当一批龙头企业在竞争中脱颖而出时，政府又引导企业强强联合，走集团化之路。鼓励企业联手组建集团，扩大规模，密集经营。为推动企业在新的时期升级转型，再次实现飞跃，德化出台《关于推进民营企业"二次创业"的实施意见》，提出28项扶持政策，推动企业在更高起点上"二次创业"。在关注大型企业的同时，德化还将目光投向小微企业，出台《进一步推动落实中小微企业扶持政策专项行动工作方案》，加强惠企政策的落实，促进中小微企业稳健经营、增强盈利能力和发展后劲。

2013年，县委、县政府实施产业转型升级工程，推动民营企业继续"二次创业"增质增效，稳住经济大盘。全年召开18场现场办公会和5场企业家座谈会，面对面解决企业生产中遇到的困难和问题；落实中央和省、市党委、政府稳增长各项政策，兑现结构性减税5980万元、土地房产税"即征即减"7000万元，减免行政性收费1663万元，提供企业贷款40.53亿元；继续鼓励企业"退城进园"、集群发展；对接技术、产学研项目，新建高新技术企业、国家知识产权优势企业和创新型企业等，实现工业增加值70.5亿元、建筑业增加值22.3亿元、第三产业增加值51.8亿元。

2015年，泉州市政府专门出台《关于促进德化县陶瓷行业健康发展六条措施》，德化县委、县政府制定重点产业转型升级路线图，配套出台智能制造、现代服务业、"互联网+"行动、提升品牌、发展高技术陶瓷、扶持企业出口等一揽子措施，累计兑现涉企资金1.66亿元，争取上级补助资金11.66亿元。全面实施"三证合一、

一照一码"登记，新增市场主体3991个，新办工业企业870家，列入省龙头企业13家，新增规模以上企业14家、亿元企业5家。新增海峡股权交易中心挂牌企业6家，总数达24家；新增国家知识产权优势企业1家、高新技术企业3家等。全县工业总产值253.36亿元，其中规模以上工业产值217.04亿元，全县工业纳税5.95亿元，其中陶瓷纳税3.64亿元，民营陶瓷企业发挥了主力军的作用。

实践经验证明，民营经济是活力经济和富民经济。民营经济在德化具有深厚的土壤。改革开放40年来，德化县的民营经济实现了从无到有、从弱到强的快速发展，数以千计的民营企业活跃在德化的城乡，成为德化经济发展的主力军，为国家、为社会、为百姓做出了巨大的贡献。

三、矿业在改革中发展

德化县地域广阔，蕴藏着丰富的矿产资源，主要有高岭土、铁矿、黄金、石灰石等35个矿种，蕴藏量大、品位高，极具开采价值，历来是德化老区资源优势之一。

20世纪80年代，德化县委、县政府吸取1958年"大炼钢铁"的教训，走科学有序、可持续发展的路子，开发矿产资源，推进矿产业逐步成为德化经济的支柱产业之一。

1986年，福建省阳山铁矿成立，由省、市、县按5∶1∶4的比例合股经营，设计建设新矿区，引进全套采矿设备，安装精选矿粉生产线，被列为福建省三明钢铁公司采矿基地。精选的矿粉除供应三明外，还销往上海、武汉等钢铁厂，年产量5.6万吨。

1988年，德化县贯彻执行《中华人民共和国矿产资源法》，成立德化县矿产资源管理办公室，在美湖、浔中、盖德、三班、桂阳等乡镇设置矿产管理站，实行"生产统一计划，销售统一安排"的经营方法，年产值5590万元，占全县工业总产值的41.46%。

20世纪90年代，德化县委、县政府坚持"在保护中开发，在开发中保护，合理规划，规范管理，有效利用"的原则，整顿矿山

开采秩序，停止民间非法开采。同时，对阳山铁矿进行扩建和技术改造，原矿年处理能力提高至50万吨，铁精矿年产量达25万吨。其间，在葛坑乡水门和邱村、桂阳乡洪田村、水口镇淳湖村、杨梅安村等先后发现黄金矿产资源。县委、县政府一方面采取措施，制止乱采滥挖现象，一方面经福建省冶金工业厅批准，成立德化县矿产工业总公司，与省冶金矿产公司联合，在葛坑乡建立"福建省双旗山金矿"选矿厂，1996年日处理矿石100吨，年产成品金184.69公斤（5910两）；1997年，成立葛坑黄金冶炼有限公司，全县金矿统一开采，统一冶炼；2001年，全县开采生产黄金总量894公斤。

2001年后，德化县委、县政府按照"能快则快，把地下资源优势转化为地上经济优势"的发展思路，培育扶持矿业龙头企业，走规范化管理、集约化经营、规模化发展的路子，不断加快矿产资源开发步伐，在福建省阳山铁矿、双旗山金矿基础上，先后创办鑫阳矿业、阳春矿业、恒久矿业等龙头企业，带动全县矿业发展。"十五"期间，全县矿业总产值达54.5亿元，成为仅次于陶瓷的德化第二支柱产业。

2007年，德化县已开发利用的矿产资源除了铁矿和黄金矿之外，还有瓷土矿、铅锌、煤、石灰石、石英石、叶蜡石、硅石、紫砂石、饰面石材、地下热水、矿泉水等，有采矿加工生产企业62家，从业人员1万多人，矿业总产值15亿元。

2010年后，受矿产品市场和矿山地质等因素影响，同时，为了保护生态环境，严格控制开采范围，德化县矿业逐渐进入稳中有所回落态势。2011年，全县原矿产量108.8万吨，生产铁精粉55.37万吨，生产成品金571公斤。

2016年，全县矿山企业牢固树立安全生产"红线"意识，强化落实安全生产责任制；严格按照绿色矿山建设发展规划和水土保持方案，做好矿山生态环境恢复治理和保护工作；加强矿产源头管理，严控开采成本，增收节支，确保企业保产增值。2018年，全县矿山企业开采量279.14万吨，生产精矿40.43万吨，利润税收总额

4617万元。

第四节 实施"大城关"发展战略

一、"大城关"战略构想

1992年7月29日，在中共德化县委七届六次全体会议上，县委书记郑来兴在报告中阐述了进一步解放思想，实事求是，抓住有利时机，加快改革开放步伐，强化城关建设，更快更好地发展德化经济，提前实现翻番、奔小康等问题，经认真讨论，通过《中共德化县委关于更快更好地发展德化经济，提前翻番奔小康若干问题的决议》（以下简称《决议》）。《决议》提出"强化城关、发展集镇、推进东西、共奔小康"的发展策略。"强化城关"，就是在总结执行县城总体规划经验的基础上，按2000年城关人口发展到8万～10万的小城市目标，着重解决几个问题，其中之一是正确认识"强化城关"的目的意义，走"'小县大城关'，相对集中在县城创办乡镇企业、建设工业园区，充分发挥县城政治、经济、文化、人才、信息等各种优势，增强辐射能力，带动全县经济"的发展之路。中共德化县委第一次以《决议》的形式，提出建设经济社会"小

20 世纪 80 年代初岳尾街外貌

县大城关"的发展模式与策略。

同年10月13日，县委书记郑来兴、县政府代理县长吴汉民联合在《福建日报》上发表《瓷都德化的目标——一流瓷城》的文章，全面阐述强化城关建设，建成一流瓷城的目标、任务和措施，以"小县大城关"建设带动全县经济发展。同年11月，新华社《决策信息》第42期刊发县委书记郑来兴《把德化建成全国重点陶瓷产业一流瓷城》的文章，详细阐述"小县大城关"发展的做法和思路。同年11月8日，县委书记郑来兴在《泉州晚报》上发表《强化城关发展集镇推进东西共奔小康》的文章，提出"强化城关发展集镇，推进东西，共奔小康"的发展策略、目标和措施。同年12月，县委书记吴汉民、县政府代理县长林宝浙联合著文《坚持"小县大城关"发展之路，把德化建成全国重点陶瓷产区一流瓷城》，提出加快开发"五个工业小区"，创建"十个一流"的要求。确定"八五"期间城区人口

20 世纪 80 年代初县城区一角

发展到7万～8万人，2000年拥有全县1/3人口，城区范围近期扩展到7平方公里，远期发展至10平方公里。

1993年12月18日，县第八次党代会把"继续坚持'强化城关，发展集镇，推进东西，共奔小康'的基本策略，不断深化'小县大城关'发展之路"，列入五年改革发展的主要目标，大城关发展战略进入实施阶段。

1994年8月6日，县委八届二次会议通过《关于增创新优势、更上一层楼，全面超额完成今年各项工作任务的决议》，在全县范

围内开展思想大讨论，把"继续建设大城关、发展大集镇"列入大讨论内容之一。通过大讨论，进一步解放思想，统一认识，振奋精神，带领全县广大干部群众走以瓷为主、以城带乡的"大城关"发展之路。

1998年11月，县第九次党代会把"加快'一流瓷城'建设，增强大城关的辐射功能"列入战略目标，要把县城建设成为经济繁荣、设施配套、服务完善、环境优美、交通便捷的一流瓷城。

2000年，县委《关于制定德化县国民经济和社会发展第十个

2005 年凤池街区

五年计划的建议》，提出"以'建设一流瓷城'为目标，以撑大经济总量、建设大城关为重点，实施'调整结构、城镇化和科教兴县'三大战略"，把"大城关发展战略"提升为德化经济社会发展的主要战略。

2003年11月，县第十次党代会提出"城镇规模不断扩大，功能不断完善，档次不断提高""全面建设小康社会，构建现代化瓷都"等五年发展目标。

2006年，县第十一次党代会提出全面落实科学发展观，实施

"十一五"规划，按照"一二三四五"发展思路，推进改革开放，建设经济发达、生活富裕、环境良好、社会和谐的现代化绿色瓷都。

二、规划、建设

（一）编制建设规划

1985年6月，县政府组织编制《德化县城总体规划》，县建设委员会委托福建省城乡规划设计研究院编制《德化县城总体规划》，城市性质定位为"瓷城，德化县政治、经济、文化中心"。规划期限至2000年，城市人口规模2.5万人。城区范围东至德化酒厂和宝美后欧口，南至丁墘村塔尖山南侧、霞田格及丁溪村军仔山麓，西经世科村大樟树环大龙山而上至漏风格，北至黄龙山东麓和王厝山。规划区总面积2.72平方公里。

1992年7月，中共德化县委七届六次全体会议提出"小县大城关"发展策略，要求调整县城总体规划，扩大城区范围。同年10月，县政府委托福建省城乡规划设计研究院第一次修编调整《德化县城总体规划》，把城市性质定为"外向型瓷城，德化县政治、经济、文化中心"，规划期限至2010年，城市人口规模10万人。城区范围东至隆泰六车、后所，南至车碓岭穿德阳公路经丁墘村至小溪，西至西环路，北从世科经漏风格、新寨、诗敦至王厝山。城市布局分为三圈：第一圈为城市核心区，即浔北路、浔南路，集中行政管理、商贸、邮电、金融、文化娱乐等功能区；第二圈为城市中心区，范围东到东环城路，西至德化瓷厂西侧，南到龙湖桥、大洋民营科技园区，北至水漳公路，大部分为城市居民生活区；第三圈为城市发展区，外围至外环路，包括东面隆泰、六车、后所，南面丁墘至小溪，西面蒲坂，北面诗敦。规划区总面积25平方公里。

2000年6月，县委、县政府决定对《德化县城总体规划》进行第二次修编，由县建设局委托泉州市城市规划设计研究院修编《德化县城市总体规划》，城市性质定为"著名瓷都、生态旅游城市"，

规划期限至2020年，城市人口规模17万人。规划区范围将邻近城关的三班、盖德、龙门滩等3个镇列为卫星镇，其镇区及靠近城关的区域列入县城规划区。中心城区范围东到隆泰凤洋村，西至土坂村、小溪，南至南外环路，北至唐寨山、陶瓷学院、内诗敦。中心城区用地布局与功能分区分为"一个中心、三个片区、四个组团"，即一个政治、文化、商贸中心，城北、城南、城东3个片区，4个组团为城西生活组团、城北工业组团、城南工业组团、城东生活组团。居住用地分别位于各个组团，工业用地逐渐向3个卫星镇扩展。规划区总面积100平方公里。

2006年5月，县委、县政府决定再次修编县城总体规划，由县

建设新城区

规划建设局委托福建省城乡规划设计研究院第三次修编《德化县城总体规划》，城市性质定位为"中国瓷都、生态旅游宜居城市"，规划期限至2020年，城市人口规模25万人。规划区范围覆盖6个乡镇、10个社区、28个建制村，城镇化水平67%。县城空间结构规划布局为"一城八片"："一城"即中心城区，由老城区、城北、城南、城西、城东等5个组团组成，形成"一心四组团"布局结构；范围东至凤洋村，西至鹏祥开发区，南至凤翥山，北至双绉山。"八片"，即盖德、三班、朱紫—蕉溪、高阳—紫云、龙翰、英山、大坂、奎斗8个远景发展片区。规划区总面积140平方公里。

（二）县城区改造建设

后唐长兴四年（933年），德化建县，县治所在龙浔山西南、浐溪之北。经唐、宋、元、明、清至中华人民共和国成立前，县城区面积不足1平方公里。

中华人民共和国成立后，德化县城富东街和西门街交接地段称凤池街，兴南街阔埕延至陈统军庙，先后扩建德新街、兴南街。1984年，县城区面积1.45平方公里。

20世纪80年代初，德化县城凤池街沿街新建、重建县政府及其机关办公楼，建筑总面积20多万平方米。1986年，在程田寺洋建东大街。1988年，开发建设东大路小区和东环工业区，建成浔东南路、凤林路、程洋街、东环路。

1992年，县政府决定县城凤池街西门片区进行第一期旧街改造、建设，拆迁旧房面积3400平方米，新建房屋3幢、44套，用地面积8400平方米，建筑总面积6400平方米，营业用房1200平方米，其他用房800平方米，总投资560万元。至1992年，开发建设湖前小区，建成湖前路、龙湖路、湖中路、湖心路。

城关一角

1997年，县政府决定改造县城富东街及苏坂里小区，建设浔北东路，共拆迁旧房面积4.32万平方米，新建框架结构高档商住楼21幢，建筑总面积14万平方米，其中，套房373套、10.19万平方米，营业用房1.92万平方米，其他用房1.89万平方米；总投资1.1亿元。街道铺设混凝土路面、部分高级沥青路面，两侧各3米人行道铺设石板材及瓷砖，并进行绿化美化，浐溪沿岸构筑护栏，修通人行道，铺设石板材，人行道旁种植绿树、花草，整洁、美丽。1998年，县城建设南门至小溪段瓷都大道，以及南环路、隆中路、城后路、鹏都路等。

2000年，县政府对县城西门至世科大樟树地段，原德化第一瓷厂旧宿舍区进行改造，拆除旧房1.2万平方米，新建住房3.35万平方米。同年，改造宝美旧区、开发诗敦小区，建成宝美街、诗敦路。

2001年，县政府鼓励个人建房、买房，采取单位干部职工集资建房、个人申请自建住房、合作建房，以及企业建房、成片房地产开发建设商品房等各种形式一起上的办法，加快住房建设步伐，先后在苏坂里、富东街、东大路、福兴路、龙东小区建成凤凰山庄、城后花苑、景苑花园、百德畔山、阳光山庄、阳光星城、三峡移民区、涌口移民区等住宅小区。住宅区配置有幼儿园、托儿所、停车场、公厕、垃圾中转站、邮箱、IC电话亭等公用设施，物业管理逐步规范，形成文明安全住宅小区。道路、给排水、电力、通信、消防、环卫和绿化设施比较完善，停车场、环境卫生和安全保卫都有专人管理，逐步形成城镇居民住房安全、舒适，环境绿化、美化的生活格局。

2003年，县政府开始改造许厝、世科、城东、东埔口旧区，建成鹏中路、世科路、城北中路，以及苏坂里至东头道路、东埔口至诗敦道路。

2005年，县委、县政府采取"退城进园"措施，县城三环路以内中心城区不建设新的工业厂房，原有厂房只拆不建，逐步外迁，

引导企业入住工业园区，建设标准化厂房；另建居民新区，改变工业厂房与民宅混杂状况，改善城区环境。

2006年，县政府决定对县城凤池街的西门片区龙津桥至县政府门口进行重新改造建设，拆迁旧房53幢，建筑面积5.9万平方米，拆迁户128户，旧房占地面积2.82万平方米；新建房屋面积10.94万平方米，其中住房面积9.44万平方米、商业用房1.50万平方米、其他用房1.11万平方米，总投资2亿元。

德化县委、县政府在实施"小县大城关"发展战略过程中，加强物质文明和精神文明建设，突出瓷都特色，提高文明水平。2006年11月，被中共福建省委、福建省人民政府授予"省级文明县城"称号；2011年12月，被中央精神文明建设指导委员会授予"全国文明县城"称号；2020年11月，被中央文明委授予"全国文明城市"称号。

2007年，德化县城区面积9.3平方公里，常住人口17.77万人，集中了全县69.2%的劳动力、67%的经济总量、67.6%的税收收入和72.8%的中小学生数，城镇化水平达55.7%，形成"大城关"基本框架。

三、辐射、带动

"大城关"发展战略，是中共德化县委、县政府带领德化人民在社会主义建设过程中探索、创新的重要成果。它率先撬开城镇化大门，让人流、物流、资金流向优越地区、优势产业汇聚，充分发挥辐射、带动作用，拉动全社会各项事业向前发展。

2008年，德化县政府修编《德化县城市总体规划（2008—2020)》，加快旧城区改造和新城区建设，其中瓷都大道两侧旧区改造投资6783万元，完成年度计划3500万元；隆中路至创意集团路段完成投资3705万元，西门至陶瓷学院片区完成投资3000万元，丁墘村龙湖环岛至霞溪路段完成投资3078万元，同时加强道路、供水和排水等设施建设，城区面积扩大至10平方公里。乡镇和村建设

同步进行，龙浔镇完成高阳村规划设计方案，铺设丁墘至大坂村水泥路，建成英山村饮水工程和垃圾转运站；浔中镇加快石鼓中心村建设，三班镇建设蔡

2000 年后居民住宅区

径（洞上）幸福家园，上涌镇建设福利中心，杨梅乡新建村民住宅，龙门滩、南埕、水口、美湖、国宝等乡镇都加快新农村建设。

2010年，德化县以"建设中国瓷都·生态旅游宜居城市"为目标，加快城区环境、配套设施建设。其中龙浔山公园、凤池公园、龙湖公园建成开放；建成城区夜景工程40处、新增绿地15.5公顷、新铺沥青混凝土路面6.2公里，城区亮化率、绿地率、道路硬化率分别达97%、32.3%、95.4%；建成污水处理厂和污水管网，城区污水处理率和垃圾无害化处理率分别达90%、97%。在城区建设的带动下，4个乡镇、40个村组织开展"家园清洁行动"，建成"全国生态乡镇"1个、"省级生态乡镇"2个、"省级生态村"2个，省、市级种植珍贵树示范村分别2个、3个。

2011年，德化县城区面积扩大到11.8平方公里。其中路尾巷至隆中路的南后街片区改造，完成私人房屋征收拆除、混凝土路面铺设等，投资1.08亿元；省道203线德化环城路东段完成安置房建设方案设计、隧道设计施工等，投资0.64亿元；西门至陶瓷学院片区，完成安置房施工图设计并动工建设、土地挂牌出让、施工招标等，投资0.9亿元；瓷都大道大洋段改造工程完成房屋征迁、龙湖公园设计并动工建设等，投资0.155亿元。同时，乡村建设也全面铺开，

其中上涌镇修编镇区建设规划，涉及6个村6平方公里；赤水镇建设福利中心和赤水湿地公园；春美乡改造政府驻地街道外墙立面，编制古春、梁春、双翰等3个村建设规划；盖德、雷峰、龙门滩、三班、龙浔等乡镇也投入大量资金，进行道路硬化、环境卫生整治、园林绿化等公共设施建设，改善乡村环境。

2012年，县城区面积扩大至12.6平方公里，其中商品房开发建设完成投资5.36亿元，同比增长10.28%。三班、水口、上涌、葛坑等镇完成总体建设规划方案，国宝、佛岭、刘坑、祖厝、石山、龙翰、大坂、磻坑、内洋、村兜、朱地、大溪、吉岭、王春、彭坑、上徐、金黄、琼山、双翰、古春、梁春等21个村完成村庄规划。

2014年，全县房地产业完成投资23.52亿元，同比增长15.43%；建筑业产值13.23亿元，比增24.58%。城区建设进展加快，其中南后街（路尾巷至隆中路）片区改造完成投资3.2亿元，省道203线德化环城路东段完成投资0.78亿元，瓷都大道大洋段完成投资1.03亿元，国际陶瓷艺术城和迎宾馆项目完成投资0.93亿元，城区其他项目建设完成投资2.53亿元。乡（镇）村组织实施"千村整治、百村示范"工程，三班、水口镇为市级试点小城镇，完成投资6.6亿元；刘坑、半岭、盖德、湖坂、雷峰、蔡径、猛虎、葛坑、春美、英山等10个村宜居环境项目建设，完成投资0.5327亿元。

2016年，德化城区面积达27.5平方公里，比旧城区扩大20倍；常住人口28.70万人，占全县总人口34.13万的70.6%，城镇化率达74.1%，集中全县2/3的劳动力、经济总量、税收和95%的中小学生，开创了以"大产业、大城关、大生态"为主要特色的"大城关"发展模式。被中央党校作为典型案例编入课题丛书，被列为福建省首个统筹城乡发展试点县、新型城镇化试点县，国家智慧城市试点县。

第五节　走可持续发展之路

一、解决林瓷矛盾

德化县陶瓷历来采用传统的龙窑烧制方法，对木柴特别是松木的消耗量大。据有关部门统计，1955—1976年，德化全县瓷厂用柴量高达222万立方米；1981年，仅浔中乡（即后来的浔中镇）的陶瓷生产企业就耗费木材19678立方米。1982年，德化有陶瓷厂100多家，年产值不过数千万元，年消耗木材多达10万立方米。

在陶瓷产业不甚发达的初期，拥有片片青山、作为林业大县的德化尚可承受。当民窑大盛之后，大大小小的工厂和手工作坊，均毫无节制地伐木取材，本已遭受破坏的森林再也经不起这种几乎是毁灭性的滥砍滥伐，陷入危机。林木蓄积量不断减少，甚至出现了不少秃头山。大量伐木烧柴还带来其他后遗症，大气污染日益严

林海苍茫

重，同时，由于山林蓄水能力严重退化，很多河流水量大幅度减少，农田水利灌溉受到极大影响，威胁到农业生产和人民生活的基本安全。

1982年11月4日，中共中央总书记胡耀邦在中央办公厅第一副主任杨德中、水利电力部副部长李鹏、福建省委第一书记项南、福州军区政委傅奎清等陪同下到德化视察。在视察过程中，胡耀邦针对林业与陶瓷发展之间的矛盾，做出"要贷款建水电，用电代柴烧瓷，保护好森林，尽快改变面貌"的重要指示，李鹏、项南等领导就如何贯彻总书记的指示精神提出了具体要求："德化的工作要抓森林，工业要抓瓷器，这样搞就富了……"德化县委、县政府召开专门会议，研究贯彻执行总书记的重要指示精神，制定以电代柴烧瓷，解决困扰德化经济社会发展的"林瓷矛盾"的计划和措施。

1983年，德化县委、县政府成立"德化县电气化办公室"，作为指导全县以柴代电烧瓷的专门机构，同时组织人员先后建成罩式电窑、成功研制节能蒸笼窑（炉），解决大型瓷雕用电烧成的技术难题。德化第五瓷厂主动请缨，请求承担电热隧道窑研发任务。1985年夏天，一条长35米的电热隧道窑，经过调试、点火，成功投入生产。电热隧道窑不仅结束了用柴烧瓷的历史，同时还使陶瓷烧成时间由原来的2～3天，缩短为十几个小时，效率提高4～5倍，成品率也明显提高，还可循环利用。

1986年，德化县大多数瓷厂改用电烧瓷，并逐步把小截面改为大截面。20世纪90年代，全县又推广用煤、油和液化气烧瓷。后来，随着陶瓷科研的深入和陶瓷业的发展，窑炉一方面继续革新，一方面先后引进自动化隧道窑、辊道窑等新式窑炉，使用天然气烧瓷。同时，全县实行封山育林，组织林地流转，推进林业规模化经营，大力发展生态经济，使德化农业区和林区土地得到休养生息，森林覆盖率上升，生态资源不断优化。至1987年，全县形成"以林养水，以水养电，以电促瓷，一瓷带多业"良性循环的发展格局，德化老区人民进行的一场陶瓷烧成工艺伟大革新取得历史性胜利。

2001年，全县1100多家陶瓷厂全面告别用柴烧瓷。2003年，全县烧瓷用电9600万千瓦时，代柴量5.82万吨、代煤量2.94万吨，保护天然林面积5.4万亩，减少水土流失面积4.65万亩，减少二氧化碳排放量1028吨。德化青山返绿，细水长流，迎来工厂无烟、生产发展，生态优、环境美的时代。

二、推进污染治理

20世纪80年代，在陶瓷产业的发展过程中，大量伐木烧柴带来了严重的环境问题，大气污染日益严重，污染治理成为考验德化县委和政府的一道难题。面对难题，德化县委和政府做出"以电代柴，发展瓷业"的决策，分批对城区工业锅炉、窑炉进行技术改造，逐步淘汰烧柴龙窑和燃煤倒焰窑。以电、冷煤气、油、液化气等燃料代柴烧瓷获得成功，所有陶瓷企业均使用电能、液化气和油为能源进行生产，建立起全国第一个无黑烟陶瓷工业产区，县城建成烟尘控制区覆盖率始终保持100%，是陶瓷产区中少有的空气质量能够达到或者优于国家二级标准的地区。为避免陶瓷彩绘工艺严重的三苯污染，还全面推广使用无苯天那水。

矿产开采和冶炼是德化仅次于陶瓷的又一优势产业。德化在大力发展矿产业的同时，实施"绿色矿山"战略，坚持"开发与保护并重""谁污染、谁治理""谁治理、谁受益"等原则和措施，不断强化矿山环境整治，推动矿山土地复垦、生态环境治理工作，取得显著成效。绿色矿山战略，使矿业采选和冶炼这一典型重污染行业，真正实现矿产资源开发利用与生态建设、环境保护协调发展。

20世纪90年代，德化县委、县政府贯彻执行国家、省、市党委、政府关于加强环境保护的方针、政策，落实政府环保目标责任制，严把项目准入关，严格执行环境影响评价和环保"三同时"制度，禁止引进审批重污染型项目，进一步从源头上减少污染。同时，根据全县经济发展情况，不断加大环境保护的资金投入，建设通过城区的浐溪堤岸，修建防水道、铺设污水管道、建设除尘净化空气设

施等，改善生态环境。

德化是泉州、福州的重要水源地，1988年便以自来水厂取水点为中心，设定了一级水源保护区。2001年，德化建设了城市污水处理厂，日处理污水1.3万吨，处理净化城关地区排放的工业和居民生活废水，总投资10.13亿元；建设了无害化垃圾填埋场，同时不断完善污水配套管网和垃圾收集点，提高污水、垃圾收集处理率。全县"一控双达标"工作全面完成，55家重点工业污染源实现达标排放，投巨资开展晋江流域水环境综合治理。全县饮用水源水质达标率达97.7%，地面水水质达标率达97.2%。德化每年为闽江、晋江流域提供的优质淡水资源，从21亿立方米增加到25亿立方米。

2007年，城关两镇社区的污水通过管道进入污水处理厂处理净化；陶瓷企业等工业废水通过处理重复使用，减污增效。对重工业污染源实施在线监测，其中对7家重工业污染源进行重点监测，在企业安装流量计，每半个月巡查1次。全年共削减化学需氧量1187吨；削减二氧化硫433吨，垃圾无害化处理率达97%。同时，县环境保护部门还督促水泥生产企业改善燃料结构，淘汰落后生产能力，确保水泥粉尘和烟尘稳定达标排放；督促选矿业、石膏加工业加大粉尘治理力度，投资60多万元，年削减粉尘1423吨。通过环境保护和治理，德化的空气和水质优良，城区环境空气质量接近国家一级标准，地表水水质达到相应功能区标准，饮用水源水质达标率96%以上，德化环境污染治理取得显著成效。

2010年后，德化县委、县政府及其环境保护部门，不断完善服务功能，为企业提供快捷、优质服务。组织开展"环保进社区、联企业"等活动，不断加强政企沟通与联系，及时掌握企业生产和污染防治情况，为企业提供信息、技术指导，帮助企业解决污染治理遇到的问题。帮助企业建立环境行为公开制度，推行清洁生产审计，促进企业节约能源，减少污染，提高效益；鼓励企业使用电能、天然气等清洁能源，在有条件的企业推行 ISO14000环境管理体系认证，提高企业生产管理水平，促进企业提高产品"绿色"含量，

使企业获得走向国际市场的"绿色通行证"，实现经济效益和环境效益双赢。

三、发展循环经济

长期以来，陶瓷废弃物一直是困扰德化陶瓷产业的又一大难题。随着陶瓷生产规模的扩大，包括生产过程中产生的残次品和生活中舍弃的残旧陶瓷等的废旧陶瓷与日俱增，对德化的环境保护提出了新的挑战。

20世纪90年代末，德化县委、县政府以"林、瓷、电、矿"等重点产业为经济发展的"主动脉"，围绕"动脉"产业，发展废物再生利用循环利用的"静脉"产业。通过有关部门的专家一方面指导企业通过技术革新，改造窑炉烧制技术，提高成品率，减少陶瓷废弃物；一方面指导陶瓷企业探索废旧陶瓷再利用问题，创造了回收废旧陶瓷再进行加工利用的新工艺和新模式，即企业将回收的废弃陶瓷研成粉末，并通过特殊工艺进行提炼，去除其中所含杂质后，以此为原料生产出新的陶瓷产品，新产品依然具有很高纯度。德化宁昌陶瓷公司是一家废陶瓷加工生产先进企业，其研发成功并大批量生产废瓷回收再生陶瓷，年增值1000多万元、出口200多万美元，该项目被福建省政府及其科技部门列入"重大科技项目"。此后，德化陶瓷企业90%以上的废旧陶瓷得到回收利用，大量减少陶瓷废弃物排放，每年可节省原料7000多吨。

2000年后，德化继续实施可持续发展战略，以争创国家循环经济先进县为抓手，制定《德化县推进县域循环经济发展规划》，加强循环经济关键节点技术攻关，着力发展低碳经济，万元工业产值能耗由2003年的2.58吨标准煤下降到2009年的1.26吨标准煤，形成了独具德化特色的"1+3+1"循环经济发展模式（前1指经济社会生态循环，3指产业间、产业内、企业内部循环，后1指社会废旧资源处置再生利用和绿色消费），实现了经济、社会、生态"三赢"发展。全县呈现出"可持续发展能力不断增强，生态环境不断改善，

资源利用率明显提高，人与自然和谐相处"的良好局面。

2003年，福建省万旗科技陶瓷有限公司成功研制利用黄金尾矿生产陶瓷色釉，年可利用黄金尾矿10万吨，节约管理资金25万元，增收450万元。该工艺技术为国内首创，获福建省、泉州市科技进步三等奖。同年，德化还在各种尾矿再生利用技术上取得突破，福建省阳山铁矿与博诚矿业有限公司合作，利用铁尾矿废渣提取铅锌精粉；双旗非金属材料有限公司、万旗科技陶瓷有限公司综合利用黄金尾矿和低品位石灰石资源，生产出微纳米钙无机粉体材料及加气混凝土砌块、色釉陶瓷、微晶玻璃等。

2006年，德化县继续引导企业走循环经济发展之路，加强技术创新，提高废瓷土、废石膏、废瓷器等"三废"的回收利用率，进一步减少能源二次污染，实现节能、降耗、增效。冠福现代家用有限公司次产品回收，年节约资金300万元；必德陶瓷有限公司年回收废瓷600吨、废石膏600吨，增加利润50万元。

2010年后，德化老区人还将变废为宝的目光投向更多领域。2012年，德化佳美集团公司研发的"中温窑变釉陶瓷研发及产业化"项目，获得2012年国家重大科技成果转化项目补助资金。该项目采用一般被陶瓷生产企业视为劣质材料、不用于陶瓷生产的低档瓷土和次生黏土作为主要原材料，继承和发扬了濒临失传的中国古代制瓷的古彩技术和窑变技术，烧制成中温窑变釉陶瓷器。与传统的窑变釉陶瓷器相比较，中温窑变釉陶瓷在陶瓷的原料选择上，充分利用铁钛氧化物的着色原理，将材料劣势转化为材料优势，以价格低廉的低档原材料生产高档次、高价位的高级工艺美术陶瓷和高级日用工艺美术陶瓷。

其间，德化陶瓷企业在节水方面也获得显著成效。通过循环利用，每年企业数百万吨用水量中，80%以上都可得到回收利用。以龙头企业冠福公司为例，该公司在生产中将废水通过收集池搅拌后抽到沉淀池，把制坯过程中的废水直接作为注浆用水，彩绘废水则通过沉淀池，实现彩绘色料与水分离，然后把废水用来浇煤渣，

色料又被重新加工成彩绘颜料，如此每天可节约用水70%。

2012年，德化陶瓷产业园区被国家发改委确定为福建省唯一的国家循环化改造示范试点园区。园区通过实施循环化改造，使企业节能、节水、清洁生产、资源综合利用、环境保护等主要指标明显改善，资源利用率大幅度提高，再生资源回收利用体系得到完善，园区综合竞争能力明显提升，进一步完善循环经济产业链，形成资源循环利用的产业链和企业共生发展的产业群。

第六节 绿水青山常在

一、水土流失治理与生态修复

历史上，德化县革命老区山地面积广阔，植被丰茂。长期以来，因自然灾害和人为因素的影响，生态环境遭到一定程度的破

生机盎然

坏。据有关资料记载，20世纪50年代初，全县水土流失面积11万亩，占土地总面积的3.3%。20世纪70年代，水土流失加剧，1979年土壤侵蚀模数每平方公里282吨。1985年，据县水土保持部门调查分析，全县水土流失面积24.37万亩，占全县土地总面积的7.3%。在旱地流失中，坡耕地18500亩、有林地4051亩、疏林地4623亩、荒山79198亩、经济林14100亩。1996年，经定量遥感调查，全县水土流失面积近227.05平方公里，占土地总面积的10.25%。全县年土壤流失总量126.16万吨，区域土壤侵蚀模数每平方公里达569.33吨。

20世纪90年代，德化县委、县政府贯彻执行国家加强水土流失治理、保护生态环境的方针政策，县水土保持委员会制订《德化县（1998—2030年）水土保持生态环境建设规划》。全县坚持以植物措施为主，配套相应的农业耕作措施，实行粮、林、果、牧立体开发布局，即分期分批对小流域进行集中、连片综合治理，做到治理一片、成功一片、巩固一片、发展一片；采取生态治理与发展流域经济的开发性治理相结合，建设生态与经济相互协调的林业和生态农业，有效治理水土流失，改善了流失区的生态环境和生产生活条件。

至2005年，全县累计投资3486万元，综合治理水土流失面积54.11万亩，其中封山育林35.34万亩、坡改梯4.74万亩、造水土保持林11.42万亩、发展经济林2.15万亩、种草780亩，同时还兴建防洪沟、固岸护坡、蓄水池、交通道路等，建立示范点20个，大部分示范点达到郁闭绿化，植被覆盖率85%以上。其间，龙门滩水库重要水源地水土保持工程被省水土保持部门列为全省8个水库库区重要水源地水土保持生态建设试点工程之一。根据省下达的水土保持工程建设任务组织实施，累计完成水土保持生态工程7890亩，其中封禁治理6495亩、坡改梯及套种生物埂1170亩；修建防洪沟1.4公里，蓄水池10口，拦河坝1座，引水管4.7公里，机耕路4.7公里，田间主干路3.8公里，田间作业路2.3公里，总投资141.38万元，其

中省专项资金投资36万元，地方财政和部门配套资金30万元，群众自筹54万元。

2007年，德化县被列为全国水土保持生态修复试点县，按照精品示范、样板带动的原则，继续实施龙门滩重要水源地水土保持工程建设，抓好雷峰镇朱紫小流域、浔中镇凤洋小流域和涌溪水库等重点水土保持工程建设。全县完成水土流失综合治理面积48万亩，其中封禁荒山育林41.1万亩，营造水源涵养林1.27万亩，人工补植1.65万亩，坡改梯0.11万亩，退耕还林0.186万亩等。至年底，全县荒山造林61.27万亩，迹地更新造林19.98万亩，低产林改造3.27万亩，封山育林83.45万亩，零星植树691万株，抚育幼林118.54万亩，种植水土涵养林3.76万亩。全县有林地面积达271.54万亩，占土地总面积的81.1%，森林覆盖率比1987年提高了18.51个百分点，达77.3%；林木蓄积量1038.19万立方米，占泉州市资源总量的52%，被确定为福建省重点林业县。

2008年，实施水土保持生态工程12.09万亩，其中治理水土流失项目4.76万亩，总投资1363.79万元。通过项目建设，水土流失治理程度达81%，土壤侵蚀模数控制在200吨／公里^2·年以内，林草覆盖率88%以上，国家地表水环境质量标准Ⅱ类水质全年达标率90%以上。在治理区域内，水土流失得到控制，生态系统结构趋于完善，功能稳定，防御自然灾害能力增强。

二、建设生态保护工程

1984年，德化县开始建设生物多样性保护工程，组织生物多样性调查，编制《德化县生物多样性保护工程规划》以及中近期目标。

1998年，德化县加强生态保护，制定《德化县严格控制采伐天然林资源工作方案》，把浐溪、涌溪、大张溪、小尤溪等溪流两侧一重山，龙门滩水库、涌溪水库、东固水库等大中型水库周围一重山，各乡镇所在地周围、省道203线与206线、城关到各乡镇公

路及水桂线公路两侧一重山，戴云山、石牛山、九仙山等地段的森林、林木和林地规划为生态公益林，总面积97.7万亩，严禁采伐天然阔叶林。

2000年，启动天然林、江河流域生态保护工程，采取人工促进措施，增加植被种类。在第21个植树节，围绕"保护绿色，关注森林"主题，开展"生态建设年"活动。

2001年，根据《福建省生态公益林规划纲要》要求，全县区划界定了以戴云山、石牛山、九仙山为中心，以浐溪、涌溪、大张溪、小尤溪及103、105国防公路为重点，把沿路、沿溪两侧一重山和城镇水库周围一重山的森林、林地规划为生态公益林。全县规划生态公益林面积98.8万亩，其中国家级生态公益林61.24万亩，占全县生态公益林面积的61.9%，列入国家森林生态效益补助资金试点面积39.99万亩。

2002年，实施《德化县森林生态效益补助资金实施工作方案》，全县完成97.7万亩生态公益林的公示和保护片区的核定；采用竞争上岗、择优录用的方式选聘国家级和省级生态公益林护林员391名，年底增至431人，实行专业专职护林。建立重点防护林和特种用途林资源分户登记卡，即把2001年区划界定列入国家和省重点防护林、特用林的面积、权属、事权、地类、林种、树种等以乡、村或林场为单位向社会公布，并划分管护责任片区。县林业局与村委会、村委会与护林员或承包者签订管护合同。每年底，县组织检查，确保落实管理保护各项措施。同时，将有关数据输入计算机，建立森林资源监测管理信息系统。

2004年7月，根据《国家林业局 财政部关于印发〈国家林业局 财政部重点生态公益林区划界定办法〉的通知》（林策发〔2004〕94号）和《福建省林业厅 福建省财政厅关于印发福建省国家重点生态公益林区划界定工作实施方案的通知》（闽〔2004〕115号）有关规定，在原区划界定的基础上，根据国家公益林的区位标准，进行调整，使公益林的布局更科学、合理。经调整后，全

县生态公益林面积107万亩，其中符合国家公益林区位的面积57.5万亩，占生态公益林面积的53.7%。

2005年，根据泉州市人民政府办公室关于加强全市大中型水库一重山生态公益林保护的通知等文件精神，德化县的东固水库、涌溪水库、龙门滩水库设计蓄水线以上至第一重山脊以下范围内尚未列入省重点以上生态公益林的林地，全部区划界定为县级生态公益林。全县生态公益林面积达106.06万亩，占全县林业用地面积的39%。同年，德化县被列入福建省沿海生态公益林体系建设工程规划。德化县以改善生态环境、促进地方经济为目标，开展生态公益林宜林荒山人工造林、补植和封山育林，以及配套建设生物防火林带，建立森林综合防御体系，提升生态公益林区林分质量和森林覆盖率。

2007年，根据省林业厅规定的标准和范围进行调整，全县生态公益林面积104.05万亩。

石牛山度假区远眺

国家级生态公益林区位 尤溪街面水库周围2公里以内从林缘起，向外延伸至第一重山脊的林地，区位面积3.5万亩。2016年，在德化境内区划界定生态公益林面积2.32万亩；戴云山自然保护

区原来界定的生态公益林面积19.45万亩。全县国家级生态公益林30.12万亩。

省级生态公益林的区位　德化县根据地貌、气候、植被、地理位置等条件，生态环境脆弱程度以及对自然环境所造成的危害情况，生态环境建设的主要需求与不同地区的经济特征，实施分区治理，将全县生态公益林区划为"三区"，即水源涵养林保护区、生物多样性保护区和水土保持林保护区。全县省级生态公益林面积72.93万亩。

县级生态公益林区位　东固水库、涌溪水库、龙门滩水库设计蓄水线以上至第一重山脊以下范围内的林地，全部区划界定为生态公益林，除了省重点以上生态公益林外，县级生态公益林面积为2.2681万亩。

2008年，德化县开始实行生态公益林管理责任书和管护合同签订工作。合同内容包括护林员队伍选聘与管理、管护责任、检查监督、管理片区区划、合同期满管护情况交接等。同年，中央预算内拨出专项资金，省、市、县各级政府也相应投入配套资金，支持沿海、长江沿岸等地区建设生态防护林。德化县被列入支持建设地区之一，每年从中央和省、市政府争取支持资金，县财政也投入相应资金，以人工造林和封山育林为主，进行生态防护林工程建设。至2014年，全县完成人工造林27.1万亩、封山育林20.66万亩，总投资5869万元，其中中央预算内投资2917万元，省、市、县等政府配套投资分别为801.2万元、770.7万元、1380万元。

2009年6月，德化县采用"五种模式"，实行"一户一卡"，建立生态公益林管护新机制，被省林业厅领导称为"德化模式"，即"统一管理、专职管护、补偿和收益均到户""分户管护、补偿到户""承包管护、各级补偿、受益按比例分配""专业管护、分级补偿""分片管理、按片均分补偿"。德化县生态公益林管护机制改革通过省林业厅核查验收。

2010年，县林业局根据《国家级公益林区划界定办法》，按"调

高、调优、调好"的原则，组织调整生态公益林。调整后，符合区划界定国家级生态公益林的区位有戴云山国家级自然保护区、街面水库周围一重山林地。

2011年，根据《福建省生态公益林管理办法》及其他有关文件的规定，德化县开始对以针叶林为优势树种的生态公益林进行更新采伐、补植乡土优良阔叶树种，以改变生态公益林的树种结构，提升生态公益林的防护功能和森林景观的观赏性。

2012年2月20日，县人民政府以生态县建设为中心，以"四绿"工程为重点，以创建"森林城市"为载体，开展全民参与绿化公益行动，加快造林绿化步伐，扩大森林种植面积，让森林入城、上路、进村，建设青山绿水、碧海蓝天的美好家园。全县造林任务6.88万亩，即山上造林5.9万亩，其中人工造林更新1.7万亩、环城（镇）周边、交通主干线两侧一重山林分补植修复提升4.2万亩；非规划林地造林0.98万亩，其中绿色城市3500亩、绿色村镇5800亩、绿色通道500亩。

2013年12月，县林业局根据《福建省生态公益林管理办法》有关规定，组织开展2013年度生态公益林管护成效检查验收。检查各管护片区是否有发生森林火灾、森林病虫害、乱征占林地、乱砍滥伐、乱采挖植物、非法捕猎野生动物、非法采脂等情况。发现上述问题应详细调查，查明问题发生的时间、地点、损失程度和处置情况等。

2015年，县林业局实施林地落界和森林资源数据融合后，调出了"插花"在县界外的生态公益林，从县界内的商品林中补充区划界定相应面积的生态公益林，保持生态公益林面积稳定。据统计，调整后全县生态公益林面积稳定在105.43万亩，其中，国家级生态公益林30.19万亩，省级72.93万亩（葛坑国有林场除外），县级2.31万亩。同年，德化县对生态公益林护林员管护机制进行改革，按照"镇（乡镇政府）聘、站（林业站）管、村（村委会）监督"的办法，坚持精干、高效、专职的原则，采取竞争上岗、择优录取的方式选

聘护林员，重新划分管护片区，完善各项规章制度，提高护林员待遇，实行专业化管护、网络化管理，全面落实管护责任，实行森林资源管护全覆盖。同时，在永续利用的前提下，林业产业不片面追求和直接利用林木产品，全面利用森林所具有的服务价值，对森林进行深度利用和系统开发，发展森林旅游业、森林地产业、森林水业、生物技术产业等非林非木产业及生态品牌产业等，生态环境进一步优化。

三、创建全国绿化模范县

德化县地带性植被属亚热带常绿阔叶植被区，境内植被繁茂，大部分为原生性植被，其中有中国东南沿海山地最南端、面积最大的原生性黄山松林；东南坡以南亚热带季风常绿阔叶林为主，西北坡以常绿阔叶林为主，且垂直分布明显。植物资源丰富，种类繁多，据林业部门调查，德化县境内有管维束植物820种，其中蕨类植物52种、裸子植物13种、被子植物720种；野生药用植物600多种。有陆生脊椎动物390种，其中两栖类20种、鸟类78种、兽类30种。有原始森林多处，保存着许多罕见、稀有、濒危或特有的珍贵植物。此外，还有大型真菌38科136种，土壤主要微生物10目18科35属56种，是国家、省许多植物模式标本产地之一，是天然活性产物的重要资源库。

历史上，德化先民就有植树造林的传统，培育了一片片森林，不仅面积广阔，而且种类繁多，为后代人留下了难以计数的宝贵财富。新中国成立后，党和政府开始倡导民众植树造林，因受自然条件和体制机制的影响，发展缓慢，效率低下。1952—1957年，全县造林12.7万亩，年均造林2.1万亩，存活率仅50%左右。

20世纪60—70年代，各公社、生产大队每年也组织社员植树造林，因受"浮夸风"等因素的影响，不仅质量低，数量上也造假。1965年，全县上报造林面积15197亩，后来普查实际测量面积

10385亩，准确率77%；保存面积9812亩，占上报面积64.6%；成活率最高为64.5%，最低仅20%。

中共十一届三中全会以后，国家实施改革开放政策，德化县植树造林、育林护林，发展林业产业进入一个新的历史阶段。

20世纪80年代，德化县完成确定山权和林权、划定自留山、建立林业生产责任制的"三定"任务，林业生产由过去的保国营、扶集体、限制个人的政策转变为国家、集体、个人一起办林业的新局面，迈出林权制度改革的第一步。1984年，德化县委、县政府贯彻执行国家《森林法》，一方面组织群众植树造林，一方面加强依法封山育林工作，至1987年，全县造林54.8万亩，年均造林3.42万亩；参加义务植树造林2.6万人次，植树212.06万株；封山育林面积112.37万亩。

1988年，德化县实行"三为主"营林方针，即"因地制宜，以封山育林为主；适地适树，以马尾松为主；以全面加强垦复，抚育更新为主"。采取造林与木材采伐、销售等经济效益挂钩等措施，推进全县造林。

乡村绿化

1989年，组织实施福建省委、省政府"三五七"造林绿化工程，即根据各个县（市、区）不同的实际情况，要求分别"用三、五、七年时间，实现宜林荒山绿化"。德化县根据绿化任务重、荒山分散、偏远，营林资金短缺等实际情况，推行以股份制合作为经营主体造林，有县、乡（镇）、村合股、村集体与村民个体合股、村民联户集资联办等多种形式的股份合作经营主体造林，以及个体私人造林等，发挥各方面有利因素，调动各方面造林积极性，并以造林专业工程队承包营造工程林为主要形式，既提高造林质量，又加快造林进度。1992年，德化县经福建省委、省政府及其有关部门检查验收，提前两年完成"三五七"宜林荒山造林任务。

1995—1998年，引进世界银行"森林资源发展和保护项目"贷款造林，营造了一批高质量短周期的工业原料林和速生丰产用材林基地，面积1.67万公顷。根据互惠互利的原则，在平等、自愿和协商一致的基础上，县、乡镇、村三级开展林业经营合作，相继创办了12个股份制林场，经营面积5067公顷。通过一系列林业重点工程项目建设，培养出一批懂技术、善于经营的林业专业队伍，林业生产经营管理水平明显提升。同时，根据林区各个时期的实际情况，林业局与森林公安等部门紧密配合，组织开展法制宣传教育活动，不断增强广大群众的法制意识，提高守法、用法思想素质和水平；联合组织以打击盗砍滥伐林木、非法运输和加工等违法犯罪行为为重点的"严打"等专项行动，整治林区治安生产秩序，维护林区安全，保护森林资源和林农利益。

2000年后，德化县根据长期以来森林植被生态功能脆弱，山地开发不够合理，经营管理不够完善的情况，大力宣传国家有关法律法规，不断修复生态功能脆弱环境。根据国家和省、市政府的要求，以戴云山为中心、以沿路沿溪两侧和城镇水库周围一重山的森林、林地为重点，区划界定为生态公益林，并建立自然保护小区；同时，先后建成并拥有"戴云山国家级自然保护区""岱仙湖国家级水利风景区""石牛山国家森林公园、国家地质公园""石牛山岱

仙瀑布国家ＡＡＡＡ级旅游风景区""唐寨山省级森林公园""葛坑省级森林公园"等5块国家级、2块省级生态品牌。城区环境空气质量接近国家一级标准，生态环境质量位居全国第29位、福建省第一位，是福建最佳人居地。良好的生态环境促进了森林生态旅游业发展，林业逐渐由产量经济向服务经济转变，森林人家、乡村农家乐、生态休闲旅游等吸引了大量游客。2007年12月2日，全国绿化委员会授予德化县革命老区"全国绿化模范县"荣誉称号。

城区绿化

四、打造森林业态"升级版"

2008年，按照德化县委、县政府的部署，全县林业以建立完备的生态体系、发达的产业体系和繁荣的文化体系为目标，以深化改革为动力，抓好营林促绿化，依据法律管资源，依靠科技促发展，教育队伍增素质，推进林业全面、快速、健康发展，建设生态强县，打造革命老区林业"升级版"。

2010年，德化县继续坚持把造林绿化作为全年工作的中心，突出重点，整体推进：编制《德化县城乡绿化一体化"四绿"工程

实施方案（2010—2012年)》，组织开展以"绿色城市、绿色村镇、绿色通道、绿色屏障"为重点的城乡一体化建设；按照"山上抓提升，山下抓延伸"的工作思路，把森林经营列为营林工作重点，建立油茶良种繁育基地50亩，培育油茶扦插容器苗100亩，引进油茶闽优43、48、50，龙眼茶、长林茶系列、芩溪软枝茶等优良品种，建立各类油茶林示范基地2800亩，建设国家油茶林示范基地10000亩；实施毛竹林深翻、施肥、喷灌等抚育措施，建设丰产毛竹林培育示范片3500亩；完成重点生态公益林幼林抚育7100亩，低产林分改造示范片540亩；培育金线莲800万株、草珊瑚45亩等，发展林下经济。全县完成更新造林3.269万亩，义务植树65万株，种植香樟、南方红豆杉、桂花、罗汉松等名贵树木30万株，创建省级种植珍贵树示范村2个、市级种植珍贵树示范村3个。德化县被国家林业有关部门评为"中国油茶之乡""中国竹子之乡"。

2011年，县委、县政府召开全县造林绿化工作现场会，组织开展千人大造林、全民义务植树活动。以打造"森林德化"为目标，组织各乡镇种植珍贵树70万株，形成"村村有景观""镇镇有公园"。坚持"一手抓资源培育增长，一手抓资源保护利用"，转变林业发展方式，推动森林资源开发利用产业化。全县造林更新5.32万亩，其中规划林地造林4.08万亩，非规划林地造林1.24万亩。

2012年，德化县被国家农业、林业部门确定为"首批创建全国农民林业专业合作社示范县"，成立德化县林权服务中心，建立林权交易服务体系和网络，出台林权流转扶持措施，从采伐指标、资金、项目、科技、用地、信贷等方面，鼓励扶持森林资源向林场、公司、经营大户和经营能手流转，完成森林及林地资源流转3.42万亩，培育森林资源流转县级示范基地9处，其中德化县塔峰林业农民专业合作社被列入福建省农民林业专业合作社规范化建设项目，德化县祥源大果油茶合作社被评为福建省农民专业合作社示范社。

2014年，以"全县动员、全民参与、保护浐溪、绿满德化、香遍瓷都"公益行动为载体，推进造林绿化。全县造林绿化面积2.25

万亩，占省、市下达年度任务的126.2%，其中"四绿"工程造林1.2万亩。同时，组织实施县级林业精品工程项目81个、乡镇级精品工程项目71个，内容包括建立速生丰产林和毛竹林示范基地、培育丰产油茶林、发展林下经济、创建森林人家等，总投资4700万元；围绕林业优势资源和产业链空白，组织发展特色项目，包括建立棘胸蛙驯养繁殖基地2处、林下蜜蜂放养6000箱、竹林配方施肥1.65万亩、油茶优良品种推广1500亩、花卉种苗基地1325亩等，总投资4930万元。当年，"十八学士"茶花获评第五届中国福建花王评选及花卉精品展。

2015年，德化革命老区组织实施林业精品工程，建设林下经济、花卉苗木、花化彩化、林业专业合作社等项目，陆续投入资金4700万元。当年，建立县级林业精品工程项目49个、乡镇级项目99个，投入资金700多万元，建立乡镇干部具体负责、林业部门技术人员负责检查指导责任制；建立铁皮石斛、金线莲、黄花远志、竹荪珍稀中药材基地5000多亩。培育一批林业龙头企业，竹木加工等企业取得新进展，其中被评为省级龙头企业6家、市级15家，竹木茶盘加工等产值达2亿元。全县完成绿化造林1.98万亩，完成"四绿"工程建设0.87万亩。从湖南、云南、重庆及福建厦门、建宁等地引进红皮梨、樱桃、锦绣黄桃、百香果、刺葡萄、桑葚等十几个果树新品种试种，面积300多亩；德化县鲜丰果场选送的血橙，获"2015年度福建省甜橙果实鉴评"综合类金奖；浔中镇凤洋村"竹柏王"被评为第三批福建树王之一。

2016年，全县绿化造林1.17万亩，完成省、市下达任务数的103.5%。同时，在城镇政府所在地一重山景观提升造林520亩，重点生态林区林分修复2.1万亩，在浐溪流域两侧一重山实施封山育林3.85万亩；完成城镇一重山森林景观提升工程520亩，建成乡村景观林90亩，种植樱花6亩、珍贵树种0.6万株。"十八学士"茶花通过国家地理标志保护产品认证，德化县祥山大果油茶有限公司取得QS生产许可证、ISO14001认证，"祥山大果茶油"获第十四届

中国国际农产品交易会金奖、第三届中国林业产业创新奖；优仙发专业合作社种植的铁皮石斛、恋南山专业合作社种植的黄花远志获第十二届海峡两岸林业博览会金奖；绿源花卉苗木场培育的山茶花，鹏发中草药培植农民专业合作社提炼的山苍子精油、香茅草精油获第十八届海峡两岸花博会银奖。

2017年，德化县投入资金7100万元，建设林业精品工程92个。全年完成造林绿化1.62万亩，其中营造乡村生态景观林、一重山森林生态景观提升、重点生态区位林分修复等6795亩，打造特色花卉景观村8个，种植绿化大苗树12万株，实施封山育林6.45万亩，森林抚育5万亩，生产销售木材1076立方米，林业总产值1.63亿元。全面义务植树65万株。同时，根据福建省林业厅的要求，调整生态公益林布局，提升改造唐寨山省级森林公园等。12月，春美乡古春村椤木石楠被福建省林业厅组织的专家评为第五批福建省树王"椤木石楠王"。至此，全省共评出树王18株，德化县有美湖镇小湖村的"樟树王"、浔中镇凤洋村的"竹柏王"等3株。德化县经林业部门调查、确认并挂牌保护的名木古树1385株，生长旺盛，成为生态环境良好的重要标志。

第五章

和谐发展·增进民生福祉

花繁叶茂，车水马龙，不仅彰显一个时代的和谐与繁荣，同时也是民生福祉的见证。

花繁叶茂的瓷都大道

（郑步云 摄）

戴云山脉横亘福建省中部，主峰海拔1856米，与周围7座1600米以上的山峰（远望仅见五峰）抱团组成一朵巨大的莲花，成为历代堪舆家梦寐以求的宝地。它位于德化县境内，连同其延伸的山峰，占全县土地总面积的39.3%。1985年，建立福建省自然保护区；2002年升格为国家级自然保护区，是国内单位面积生物多样性最高的保护区之一。

戴云山东部的石牛山，海拔1781.6米，以其丰茂的生态和独特的地貌，先后建成国家级森林公园和地质公园，以"古""奇""幽""秀"等特色吸引众多游客；石牛山北麓的岱仙瀑布，有"华东第一瀑"之称。戴云山西面的九仙山，是福建闽南著名的佛教圣地，每年常出现的"佛光""雾凇""云海"等自然景观，以及庙宇、石刻等文物古迹，让历代文人墨客流连忘返。当代人工创建的岱仙湖国家级水利风景区等，让参观游览者惊叹人类创造力的伟大与魅力。

戴云山是一座美丽的山，也是一座英雄的山。在硝烟弥漫、星火燎原的岁月里，这里的山山水水留下了中国共产党人走过的足迹，留下了许多革命战士的身影。戴云山上的松树，之所以傲然挺立，不怕风霜雨雪，是因为它们身上流淌着英雄战士的热血和汗水。中共福建省委机关旧址的毛竹挺拔苍翠，是德化老区人民心中一座永恒的丰碑；戴云山战斗的硝烟没有消散，已成为老区人民心中永恒的记忆；树立在革命老区的一座座纪念碑，像一颗颗璀璨的明珠，永远闪烁着耀眼的光芒。宣传老区，建设老区，不仅成为老一辈老区人的神圣使命，也成为老区后来人的历史担当。

戴云山是金山银山。在漫长的历史年代里，它并没有被太多的人认识。在共产党领导的时代里，才逐渐掀开它神秘的面纱，催人醒悟，被人民所用，在经济和社会各项事业和谐发展中发挥作用。20世纪90年代，德化县委、县政府先后开始推出多项优惠措施，招商引资，加强道路、度假山庄等旅游设施建设，引导、培育德化旅游业从无到有，逐渐形成陶瓷文化旅游、山水生态旅游两大主题，

融入红色旅游，游客人数和旅游收入逐年攀升，成为德化经济社会发展的新重要产业之一。同时投入大量资金，实施乡村振兴战略，统筹城乡发展，实行精准扶贫和"造福工程"，整治村容村貌，建设小康乡镇和文明村，不断推进经济社会事业和谐发展，改善老区人民生产生活条件，增进老区人民福祉。

第一节　擦亮金山银山

一、建立国家级自然保护区

1985 年 5 月 16 日，福建省人民政府下发文件，"同意建立戴云山自然保护区"。8月，成立戴云山自然保护区管理处。1988 年，福建省政府确定戴云山自然保护区为省级自然保护区；2005 年 7 月，升格为国家级自然保护区。保护区总面积 20.21 万亩，其中核心区 8.27 万亩，缓冲区5.27万亩，实验区6.66万亩，森林覆盖率93.4%，是福建省最早建立的自然保护区之一。其主要保护对象是东南沿海典型的山地森林生态系统，重点保护中国大陆东南沿海分布最南端、面积最大、保存最完好的黄山松林；是国家重要的昆虫和植物模式标本产地，有兰科植物资源和濒危动植物物种，以及丰富的生物多样性。

戴云山自然保护区，有常绿阔叶林、落叶阔叶林、针阔叶混交林、竹林、温性针叶林、暖性针叶林、山地灌丛、沼泽、水生植被等 9 个植被类型 51 个群系 92 个群丛。据调查，有高等植物 284 科 928 属 2066 种，其中珍稀濒危或特有植物物种达 115 种，国家一级保护植物有水松、南方红豆杉、银杏 3 种，国家二级保护植物有福建柏、半枫荷、闽楠等 17 种，兰科植物 62 种，大型真菌 38

戴云山远眺

科 136 种；陆生脊椎动物 34 目 99 科420 种，其中国家一级保护动物有云豹、黄腹角雉、蟒蛇、豹、金斑喙凤蝶等 5 种，二级保护有穿山甲、白鹇、大灵猫、黑熊、金猫、苏门羚等 36 种，昆虫 30目 260 科 1645种，是重要的模式标本产地之一；保护区内新发现52 个昆虫新种、2 个蛙类新种和 12个植物新种，是我国单位面积生物多样性程度较高的保护区之一。戴云山区内水系发达，溪流众多，水资源丰富，每年可供 26 亿立方米淡水，是福建省生物多样性基因库、水源涵养区、生态安全屏障和珍稀野生动植物的安全岛屿，是福建省中部生物多样性保护、生态安全保障、水源涵养、调节气候、净化空气、科研教学实习等方面的重要基地。

此外，还有雪景、雾凇等气象景观，奇山、奇石、奇洞、湿地、瀑布、碧潭等山水景观。

二、建立国家森林公园、地质公园

石牛山公园景观呈多样性和区域性，有天象、地文、水文、生物、人文等景观，范围广，数量多，观赏性强，具有

石牛山主峰

"古""奇""幽""秀"特色。2003 年，石牛山公园被国家林业局授予国家级森林公园称号；2005 年，被国土资源部授予国家级地质公园称号。公园包括主峰、岱仙、石龙溪、桃仙溪、木瓜溪等 5 个景观区，共有 325 个景点，其中天象景观 1 个、地文景观165 个、水文景观 66 个、生物景观70个、人文景观23个。

主峰景观　石牛山是一座典型的火山塌陷盆地，主峰凸起，彰显石牛神威；有飞凤、天鹅回眸、神龟探路、青蛙望月等数百处奇石，有龙泉洞府、石壶洞、仙人洞、九十九洞等奇洞，有鸳鸯池、龙泉、滴水崖、白水漈瀑布等景观。面积 3425.02 公顷，包括石牛山主峰、蜂仔山、铁砧石山、会仙台山等，有景点 124 处，其中天象类1 处、地文类 72 处、水文类 3 处、生物类 8 处、人文类 4 处，建有度假山庄、石壶祖殿等旅游设施。

岱仙景观　位于石牛山公园北部，面积 701.3公顷，以水文景观为特色，辅以原始森林、溪谷奇石等，共有各类景点（景物）37 处，其中地文类 8 处、水文类 8 处、生物类 16 处、人文类 1 处等，建有休息亭、餐饮点及停车场等设施。2003 年，被评为"泉州十八景"之一。

石龙溪景观 位于石牛山公园西南部，面积 7224 公顷，以水文景观、自然生态景观为主，共有景点 146 处，其中地文类 53 处、水文类 36 处、生物类 30 处、人文类 1 处。

桃仙溪景观 位于石牛山公园西北部，溪流全长 20 多公里，面积 1646 公顷。景区内有各类景点 61 处，其中地文类 11 处、水文类 23 处、生物类 18 处、人文类 9 处。

木瓜溪景观 位于石牛山公园腹地，面积 2919 公顷，百峰奇崛，山雄景秀。景区内共有各类景点（景物）31 处，其中地文类 8 处、水文类 11 处、生物类 12 处。

岱仙瀑布

三、九仙山风光

气象景观 九仙山主峰"尺五天""只有天"是观日出的好地点。因气象变化，天空呈不同颜色，常出现"海市蜃楼"一样的景观；在九仙山上，观测者可以看到云雾上显现"宝光环"，最外层是红光圈，依次是橙、黄、绿、青、蓝、紫，光环中有"佛"，被人们称为"佛光"；九仙山属云雾多发区，层积云常凝结在海拔 800～1200 米之间，面积大，随风飘移，云中景物若隐若现，形成一幅奇特的云海大观；每年冬天或初春，九仙山上的水雾冻结附着在草木上，形成漫山遍野一片白茫茫的雾凇，琼树银花，洁秀雅致，一派北国风光。

山水景观 九仙山主峰有尺五天、只有天、兔子望月、摩云洞、

九仙山主峰

齐云洞、风动石、慈航、神龟驮经书、百兽归山、净山空门、小石天等景点；在灵鹫岩景点有云梯、魁星洞、云关洞、说法台、回照池、经幢塔、大小险、触机崖、狮子山、护界将军石等；在弥勒洞景点有明镜、哮天犬、大千世界、飞升台、九十九跳、天然室石洞、弥勒洞、和尚洞、圣门、天鼓、天狗、金猴望月等景点；在广钦寺景点有莲花池、狮子峰、仙人指路、擎天一柱、母出海、九仙龙池等景点；在九十九洞景点有九十九洞、南天门、观音洞、玄武洞、聆琴洞、洞外洞、鹰嘴水帘、蛟龙窜翠、龟蛟相会、青龙腾壁、石鼎、石笋、望仙门、仙井、石象、玉洞通幽、石鲤鱼等景点；在永安岩景点有蛇岳洞、永安翠竹、永安岩等。在神龟漈景点有神龟漈、灵龟、青蛙赴宴、马寮瀑布、桂格飞瀑、鬼坑峡谷等景点。

亭、阁 明万历二十八年（1600 年）始建；1992 年重建，位于九仙山西北侧，石混结构，亭顶呈六角，重檐歇山式；圆通阁原为一个山洞，洞前有一尊元代石雕观音佛像。还有 2002 年建的卿怡亭、识云亭，2003 年建的钩云亭等。

石刻、石雕、石碑 九仙山有摩崖石刻 50 多处，是德化县境

内摩崖石刻最多的地方。时间最早为宋代，当代有复旦大学副校长蔡尚思题"九仙山"等；石雕有唐代石雕弥勒佛坐像、释迦殿石墙壁、石筑虎橱、石雕佛头像、石雕观音像等。石碑有十八都至十三都界碑——高镇巡检司石碑。

四、唐寨山省级森林公园

唐寨山公园一角

唐寨山位于德化县城西北部。2002 年 8 月，经福建省林业厅批准，为省级城郊型森林公园，总面积 1475.8 公顷。

唐寨园林　位于德化县城北侧，与城区相连，面积 2.1 公顷，包括唐寨牌门、唐湖泛月、佳美亭、百竹园、纳闲亭、松风亭、凝碧亭、涌泉亭、鑫鑫亭、溢香果园、古樟映塔、驷高石塔等景物、景点。

浐溪湖光　以浐溪为中心，以两岸杉木、马尾松、毛竹等人工林为依托，构成山水相依、山青水碧的自然景观，其中有名驹饮泉、神龟盗笋、石笋问天、宏远亭、乌石鼓等景物。

彩溪流韵　位于森林公园北侧，最北端为通天烛山，有因溪中有一块七彩石得名的彩溪。森林丰茂，原始气息浓郁，有七彩石、仙境瀑布、忘忧谷、绿野仙踪等景物。

西天仙境　西天山地处森林公园西北部，海拔 1165.2 米，西天山云雾或轻拢漫涌，或骤然消散，瞬息万变，有迷雾仙都之称。

景区内有丹炉凝烟、青烟瀑布、蟠桃清影、三级石、柴梳寨、仙人掌、慈心石、鸳鸯池、净瓶倒影、吟梅、荣光塔、净身亭、山门、林木标本园、玉泉三曲、出水莲花等十六景；有北宋年间始建的西天寺、圆通宝殿、放生池，以及引进放养的猴子和天然动物等。

龙浔公园 位于县城区的驾云亭山。有东岳庙、醒龙楼、早春亭、真武楼、先农坛庙等多处遗址。1981 年，德化县政府重建龙浔公园，重建驾云亭、龙浔书院、文昌阁、休闲走廊等。

五、创建水利风景区

（一）岱仙湖国家级水利风景区

位于水口和南埕两镇，包括岱仙湖、岱仙瀑布、石龙溪漂流和塔兜温泉四个区域，形成"一水带四区"的景观组合。"一水"以贯穿水口镇和南埕镇的溪流为主线，将岱仙湖休闲区、岱仙瀑布观光区、漂流探险区和温泉度假区"四区"相连接，集湖静、瀑绝、溪险、泉奇等特色于一体。2008 年 9 月，被批准为国家水利风景区。

岱仙湖休闲区 为景区水资源景观中心依托点，拥有 1433 平方公里流域面积，植被覆盖率 80% 以上，湖面宽广，面积 2.4 平方公里，水质清澈，湖岸林木葱郁，山青水碧环境优美。景区由环湖船岛山、下狮山、背腰里内湖、大云山内湖、葫芦坑内湖、虎尾山田园等景点连成一体，绮丽多姿，令人目不暇接。

岱仙瀑布观光区 岩层断裂发育，落差大，形态奇异，是景区内一道靓丽的风景线。溪水流经山势雄伟的飞仙山峰，分成两股飞泻直下。东为岱仙瀑布，高 184.053 米，宽约 30 米，飞流犹如从天而降，气势磅礴，雾气弥漫，置游人如仙境之中。西为油漏漈瀑布，高约 110 米，宽 80 米，水顺弧形峭壁缓缓流下，宛如千万串珍珠织成的银毯。枯水期时，山泉叠成一条宽 1～3 米的流瀑缓缓而下，从远处看，像一缕油水在光滑的悬崖上流淌，颇具情趣。

漂流探险区 分为石龙溪橡皮艇冲浪和桃仙溪竹筏漂流两个

河段。石龙溪橡皮艇冲浪，全程 4 公里，落差 36 米，有 69 个弯，88 个急流点，历时近 5 个小时，沿途水流湍急，溪水清澈，森林茂密，野生动物众多。两人一组，挥桨击水，沿溪而下，浪花飞溅，有惊无险，尽情潇洒；桃仙溪竹筏漂流，全程 6 公里，历时 1 个多小时。沿溪两岸古木参天，翠竹婆娑，群峰竞秀，有"小武夷"之誉。沿途有天然小岛、千年石寨和天平城遗址、五仙听雷、石狮潭、桃花岛、湖内宫、仙人古渡、石柱撑天、苏潭映月等名胜古迹和秀美风光。

温泉度假区　位于南埕镇塔兜村，有大小温泉眼 10 多个，水温高达 92℃，日出水量约 50 吨，可速分散二氧化硅含量较高，属偏硅酸温泉水质，有助于提高人体皮肤弹性，促进儿童骨骼发育，防止老年人骨质疏松，具有保健、美容、护肤、疗养的功效。

（二）龙门湖国家级水利风景区

位于龙门滩镇，由龙门滩水库——人工湖和龙门峡谷组成，人工湖为景区主体。湖西北隅，山丘低平，白波翠巘，云雾霭霭，如龟游春色；东北角，有一山如鳄，长丈余，泳于水中。南岸峰峦，或如虎回头，或如龙盘踞。北岸东端，山形似狮，镇锁龙门。人工湖因苏格岭和宫岭两山阻隔，分为内湖和外湖。内湖为西北部，形如朝日；外湖为东南部，形似月牙。湖面南北两岸突起七座小山，蜿蜒伸入湖中，形成七个小岛和半岛，宛如七颗绿色明星散落点缀湖面，构成"日月双悬，七星垂拱"意象。湖中有湖心岛，南岸有双乳峰多处景点。2016 年，建成福建省水利风景区；2019 年 1 月，经水利部审批，为第十八批国家水利风景区。

（三）其他水利风景区

涌溪水库风景区　位于桂阳乡涌溪村，库区面积 2.4 平方公里，是德化库容最大的人工湖。四周山峰俊秀，植被丰茂。其中南面的银瓶岐山，状似一个高大的酒瓶，山上有银矿，故称银瓶岐。

高 1170 米，山顶中心建有仙妈亭，供奉马氏三妹，人称银瓶仙子。山顶有温泉，有望仙台、仙子梳妆镜等奇石，主峰西侧有状似银瓶把手的巨石，高约 30 米，还有状似瓶嘴的小山墩。银瓶岐西侧约800 米处为仙公山，山上有亭，供奉五谷仙，当地流传着仙公与仙妈在人间时的情缘故事。涌溪库区水面广阔，湖上建有玻璃索道廊桥；河道蜿蜒曲折，原始林木葱郁，可驾舟游览，情趣怡然，让人流连忘返。

东固水库风景区　位于水口镇久住村，库区水面面积 1.8 平方公里。四周奇峰高耸，西北面为俊秀的银瓶岐，南面可望见土云岐、雪尾尖等高大山峰。山上杉木、松树、毛竹和杂木林连绵不断，千年古树、名木众多，森林覆盖率 80% 以上。梓溪发源于戴云山主峰东北坡，水流大部分从树林中穿过，水质清澈，没污染，是德化水质最清洁的水库之一。库区水面大部分处于山谷之间，蜿蜒曲折，多河汊水巷，人游其间，沐浴着清爽的山风，聆听婉转、悦耳的蝉鸣和鸟叫声，观赏成群结队、穿梭来往的鱼虾等，妙趣横生，情趣盎然，仿佛置身于远离尘嚣的桃园。

此外，还有双溪水库、洪崎坂水库、红洋水库等，均可开发为水利旅游景区。

六、其他名胜古迹

东南片区名胜　浔中、三班两镇交界处的观音岐，海拔 738 米，面积 7 平方公里，是德化县优质瓷土、釉石等主要原料基地。明万历年间，乐陶、泗滨、瑶台等地村民建碧象岩，是德化陶瓷旅游景点之一。龙浔镇的凤翥山，海拔 792 米，顶坪方圆面积 25 平方米。据传，每任德化知县必躬自登山，在此筑石墙一环，填土一层，寄意笔翰如峰，人才辈出。龙门滩镇东部的七台山，海拔 1094 米，传说是南宋将领苏十万抗元据点之一；七台山的水府，面积 670 多公顷，有植物 130 科、330 属、640 多种，其中"刺桫椤"被称为第四纪冰川时代的"活化石"；有苏王寨、苏王洞、水

府庙等遗址，2005年，当地村民重建水府庙。三班镇的天马山，海拔1079米，双峰高耸，状如马，故名天马山，有虎豹关、天马岩等景点。

东北片区名胜　水口镇的太华山，海拔1102.4米，顶峰南侧有一个小洼地，当地人称"莲花池"。主峰西侧有一条小石巷，宽0.70米、长12.5米、高约20米。穿过小石巷，有一个大石洞，洞内建宫亭，名"慈云亭"，建筑面积27平方米，供奉观音菩萨佛像。水口镇的飞凤山，海拔1122.6米。从凤坪村看，山峰像一只天外飞来的凤凰，故称飞凤山。山上有凤冠石、百米悬崖、长50米的石洞等景点；山顶有石筑的小宫宇，当地人称飞凤亭。雷峰镇的土云岐，海拔1587米，其山梁像一只俯踞的雄狮，当地人称"狮峰脊"，其后面有一个山洞，可容百人。主峰除了东侧有一条狭窄的小路外，其余均是陡峭的山坡，易守难攻，曾为屯兵之地，有兵家激战遗址；此外，还有东武寨、猛虎下洋、瀑布、水潭等景点。雷峰镇的虎贲山，海拔1088米，因山似老虎凌空、气势雄伟，故名。山上有虎贲岩，为德化县著名古刹；有石书房（又称清心洞）、风穴、闭关石洞、狮吼、丹桂、石刻等景点。南埕镇的龙船寨山，海拔987米。山上有香林院古寺、开山寺塔，山脚有东风水库，可供钓鱼、泛舟观赏香林院等。

西南片区名胜　美湖镇的太湖山，海拔1350米。南宋嘉泰二年（1202年），僧自超坐化成佛，后人建龙湖寺塑像供奉，为德化县四大名寺之一。山上有碧水池、青草湖、坐化台等景点。赤水镇的云顶山，海拔1356米，孤峰独耸，山体尖直，又名大尖山。北宋熙宁四年（1071年），僧崔法兴于山顶坐化成佛，当地人建龙峰岩塑像供奉。山腰处有七星坠地、半月沉江、仙人对弈、石门、和尚塔、古矿洞遗址等景点。美湖镇的大白岩山，海拔1349米。南宋嘉定年间（1208—1224年），建白岩寺，供奉僧人黄圆通、徐征圣、郑顿悟等佛像。山上有双鲤朝天、天池、石佛室等景点。春美乡的狮子山，海拔1176米，因山形像狮子，故名。南宋宝祐年间

（1253—1258 年），当地人于山腰处建"狮子岩"，供奉黄公祖师、陈公祖师佛像；还有东狮霸公宫、仙脚印、山羊洞、白马兜等景点。盖德镇的五华山，海拔 1196 米。山中有始建于唐僖宗年间（873—888 年）的五华寺，为德化县年代最早的古寺之一。有五华山主峰、鸡髻歧山、卓笔山峰、羽化石、端午泉井、佛石案、石药槽、药臼、华仙亭等景物、景点。2007 年后，新建大雄宝殿、天王殿、祖师殿、观音殿，以及人工湖等。盖德镇雪山，海拔 1366 米。唐光启年间（885—888 年），始建雪山岩；20 世纪 50 年代，其址易为中国人民解放军雷达部队驻地；1988年，雪山南侧山腰新建雪山岩。盖德镇的金钟山，海拔 1184 米。元至正二十六年（1366年），建金液洞府，供奉徐友山、吴济川二道人塑像，是德化县道教发祥地之一。山上有虎厨格、仙水槽、龙池、法台等景点。

西北片区名胜 桂阳乡的钟山，其山形如覆钟，故名。北宋元祐五年（1090 年），于山东麓石洞中建寺庙，名蔡岩，供奉名僧郑道徽塑像。山中有瀑布、鬼子洞、聚美宫，以及名木古树银杏、长苞铁杉等。葛坑镇的十八灶山，海拔 1181 米，山东麓有岱山岩，供奉黄公祖师佛像；有长苞铁杉等名木古树。杨梅乡的青云山，海拔 1171.6 米。山南侧有"天花寨"，西侧有"紫竹寺"，还有石眠床、古水井等古迹。葛坑镇的双旗山，海拔 500 米，富藏金矿，1995年开采，建有金矿开发企业。

第二节　牢记初心使命

一、省委旧址重放光辉

中共福建省委坂里旧址位于德化县水口镇昆坂村坂里自然村。

坂里地处德化县与仙游、永泰三县交界处，山高林密，是一个比较偏僻的自然村落。1944 年 3 月，为了突破国民党顽固派的军事围攻，开创抗日反顽斗争新局面，中共福建省委机关和闽中特委、省委游击纵队陆续转移到德化坂里牛寮沟。在坂里期间，省委机关开展整风学习运动，召开"红五月"总结会议，发出《关于整顿学风的决定》等。在牛寮沟搭盖起 18 座竹棚，开设 2 个练兵场，配有无线电设施等，开展一系列革命宣传教育活动，坂里成为当时省委领导福建省人民抗日反顽的指挥中心。当地百姓主动为省委机关人员传递情报，运送粮食和生活物资。

1945 年 11 月间，国民党保安团 3 个分队驻扎在坂里进行"剿共"，坂里村民被盘查审问，甚至拷打，没有一个透露出省委机关驻扎过坂里的情况。

坂里村今还留存有原省委机关和武装部队使用过的 3 座民房：一座是省委机关进入坂里第一个晚上的留宿处，一座是省委机关与坂里村民歃血结盟处，一座是省委机关在坂里设立的交通站。

2002 年，泉州市和德化县人民政府先后拨款和筹集资金，在坂里建立中共福建省委旧址陈列馆，占地面积 7000 多平方米，建筑面积 500 平方米，为框架钢筋水泥回廊式建筑。陈列馆展示德化民主革命时期党的历史和德化经济社会发展取得的成就。陈列馆右边空地上矗立着一块由福建省委原书记项南题词"中共福建省委旧址"纪念碑。在坂里牛寮沟原省委旧址，仿照当时省委机关建起竹棚和稻草房，供游客参观、学习。

2003 年 6 月，中共福建省委坂里旧址被中共福建省委、省人民政府公布为福建省爱国主义教育基地；2007 年 11 月，被省政府命名为福建省国防教育基地；2010 年 9 月，被中共福建省委党史研究室公布为福建省党史教育基地。

二、再现德化党史第一页

1926年秋，中共党员唐生夫妇，受中共厦门总干事会指派到

德化开展革命工作。1927年1月，中共闽南部（特）委派庄醒民到德化开展工作，与唐生等在城关建立德化第一个党组织——中共德化支部，负责人庄醒民，有党员7名。中共德化支部的建立，翻开德化中共党史第一页。

不忘初心，牢记使命（徐艺星 摄）

中共德化支部成立旧址豹尾堂，位于德化县龙浔镇丁墘村豹尾洋，建于明成化二十三年（1487年），四点金起，木结构，十一架，高5.4米，25间（外护10间），历经多次重修。2004年7月，龙浔镇党委利用原丁墘小学一座二层土木结构的旧校舍，建成中共德化支部陈列室。为前来参观学习的人们再次展现中国共产党的光辉历史。

2019年，县委、县政府在中共德化支部旧址建成"忆初心"党员教育基地，由"党建小公园""党支部旧址豹尾堂"、体验馆和活动室组成，总面积500多平方米，投资100多万元。其中体验馆和活动室为二层楼房，建筑面积280平方米，通过文字、图片、实物等展示建立中共德化支部及其领导德化人民进行革命斗争的历史。

中共德化支部旧址，已被确定为福建省党史教育基地、泉州市党史教育基地、德化县廉政教育基地，德化县爱国主义教育基地。

三、修复革命遗址，铭记英烈精神

（一）德化县革命烈士陵园

1984年12月建成，位于德化县城南塔尖山顶，包括烈士墓和革命历史纪念馆两大部分，占地面积约30亩。烈士墓里安放着20多位为德化革命事业和建设事业而牺牲的烈士遗骨。该墓坐东朝西，皆用花岗岩砌叠，由基座、墓室两部分组成。基座呈长方形，长12米，宽11米，高1米，墓前及左右砌造石阶，四周有石栏杆围护。基座上砌长5.5米、宽5.48米、高2.39米的墓室，中间长方形的石碑上横书"革命烈士之墓"6个大字，落款为德化县人民政府，烈士墓左侧竖立

德化县塔尖山革命纪念馆

着一块刻有碑文的汉白玉石碑。

1988年7月，在塔尖山建成革命历史纪念馆，二层楼房，建筑面积252平方米。展馆分两部分，第一部分展示德化党组织在民主革命时期的主要活动情况；第二部分展示德化革命烈士及其事迹。

1985年9月，革命烈士陵园被德化县人民政府公布为县第三批文物保护单位；1997年6月，被泉州市委、市政府公布为市第二批爱国主义教育基地；2012年11月，被中共福建省委党史研究

室公布为福建省党史教育基地。

（二）戴云山战斗遗址

1. 戴云纵队宴林口战斗遗址

位于德化县盖德镇林地村的宴林口（别称暗林口）。1947 年春，遵照闽浙赣边区党委的指示，为了开辟新的革命根据地，戴云纵队（亦称闽中游击纵队）从莆田出发向戴云山脉挺进，途中受到国民党军队围追堵截。7 月 14 日下午，纵队由永春县呈祥乡进入德化县盖德乡三福保，黄昏时到达上林保宴林口，被国民党德化县自卫队包围，戴云纵队全力反击。敌人火力猛烈，溪上小桥被封锁，纵队分成三路突围，一路由黄国璋、林汝楠等纵队机关领导和毛票带领的第三中队，从上林店仔处向上林水尾转移；一路由高祖武、许集美带领第一、二中队，往宫后山头边迎击敌人边转移；一路由林云祥、毛材等人

宴林口战斗遗址

组成，朝另一方向转移，甩开敌人的围堵。

宴林口桥又称上林桥，俗称暗林口桥，始建于清乾隆四十七年（1782年）。桥为石墩廊屋式木质结构，长 27.3 米，宽 3.4 米，通道2.15 米，高 3.95 米，通道两侧有长板座椅，全桥由 44 支木柱分成四列撑架，桥外有两层重叠的雨披，桥的北侧有迎仙宫。1959年再次修建。1988 年 5 月，被德化县人民政府公布为德化县文物保护单位；2003 年 12 月，县人民政府树碑纪念。2014 年，因福建省重点工程彭坑水库建设需要，宴林口桥及迎仙宫迁于原址上方

按原貌重建。

2.戴云纵队冷水坑战斗遗址

位于德化县国宝乡格头村，方圆约 1 平方公里。1947 年 7 月 14 日，戴云纵队经过宴林口战斗后，分三路转移。戴云纵队司令兼政治委员黄国璋、副政委林汝楠等机关领导和毛票带领的第三中队转移到冷水坑山头上连尚琯厝内（今属德化县国宝乡格头村）时，遭国民党反动乡警、县自卫队、科荣和格头等多股地方自卫队包围，游击队奋起还击，至黄昏才突出包围，血沃青山。2012 年 1 月树碑纪念。

3.戴云纵队南斗战斗遗址

位于德化县国宝乡南斗村东山、祥云村乌岐山、雷峰镇李溪村梅坂虎贲山一带，方圆约 3 平方公里。南斗战斗是戴云纵队挺进戴云山最为惨烈、损失最大的一次战斗。1947 年 7 月，戴云纵队经过宴林口战斗后，由纵队支队长高祖武、政工组负责人许集美带领的游击队员，由于人地生疏，又无向导，找不到出路，决定继续朝戴云山方向挺进，寻找司令部。17 日凌晨，遭数倍于我的省保安队、县自卫队和南斗保、李溪保等地方自卫队武装，前堵后追，两面夹攻。游击队在南斗东山、祥云乌岐山、梅坂虎贲山一带迂回作战近

戴云之战革命历史陈列馆

三天。最后，因粮尽弹缺，在冲出敌人包围圈的战斗中，队伍被打散，支队长高祖武等 10 多人壮烈牺牲。2012 年 1 月，德化县人民政府在南斗建立戴云之战革命历史陈列馆和戴云之战纪念碑。

（三）红二支队活动据点八斗厝旧址

位于德化县盖德镇下寮村，为一层二进土木结构房屋，占地面积约 1000 平方米。1933 年，安南永德苏区迅猛发展，为开辟德化新区，中共安溪中心县委和红二支队派员到盖德开展革命活动，以这里一些村落为据点，化装成种田、割芒草的农民或卖米的小贩，在周边或城关附近活动。1934 年为配合中央苏区第五次反"围剿"斗争，红二支队根据中央的指示，主动出击，多次到德化开展革命斗争。4 月，政委李剑光率红二支队在丁墘村镇压国民党德化县党部执委。5 月初，又在盖德剿灭到处敲诈勒索、民愤极大的土匪连长和国民党暗探。5 月下旬，红二支队在下寮大弯打垮国民党德化县保安队。其间，盖德下寮村八斗厝是红二支队主要据点。

（四）中共德化县工委活动据点

位于三班镇泗滨村。1932 年，根据中共福建省委、福建省苏维埃政府和厦门中心市委的指示，为开展苏区边境工作，把闽西苏区和闽南苏区连成一片，安溪县委组织开辟德化新区工作。1932 年秋，安南永游击区逐步发展到德化三班一带。共产党员颜湖成功策动陈国辉军阀的颜泗德、颜礼纳等 10 多人回德化三班参加革命活动。10 月，在安溪县委委员杨七的领导下，建立中共德化工委，颜湖任书记。永茂堂成为中共德化工委活动的主要据点。德化工委成立后，德化城关附近的三班、丁墘等村许多农民和瓷业工人秘密参加农会和赤卫队组织。三班泗滨村大部分农户参加了革命斗争。

永茂堂系三班颜氏宗祠，始建于唐元和十年（815 年），占地面积 661 平方米，保护面积 3140 平方米。1988 年 5 月，被德化县人民政府公布为文物保护单位；2015 年，树碑纪念。

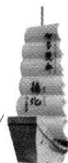

（五）中共德化区委活动据点旧址

位于德化县三班镇泗滨村昭阳宫，占地面积约 140 平方米。1933 年春，中共安溪中心县委根据斗争发展的需要，决定把德化工委改为区委。1933 年 2 月，区委书记颜湖等人在泗滨村的昭阳宫召开会议，研究制订抗租抗税、开展游击活动等方案。之后，德化区委又多次在此召开秘密会议，领导瓷工开展抗缴窑税、烟税斗争，组织群众举行武装骚扰敌人等活动。

（六）大兴岭革命烈士墓

位于三班镇三班村大兴岭格。革命烈士墓里长眠着颜湖、颜泗德、颜礼纳 3 位烈士英魂。颜湖，德化工委书记，1933 年 4 月，颜湖等前往安溪参加红二支队成立一周年纪念大会，途经永春达埔岭头亭时不幸被捕，虽遭严刑拷打，始终严守党的秘密，于 5 月 12 日在永春西校场英勇就义。颜泗德，红二支队第四大队长，1935 年 2 月在攻打永春小岵民团的战斗中英勇牺牲。颜礼纳，红二支队第三大队教练，同月在安溪参加攻打国民党民团战斗中牺牲。1957 年，三班人民建造烈士墓纪念。

（七）中共闽南特委德永特派员活动旧址

位于南埕镇枣坑村。1941 年，泉州中心县委书记许运伙根据闽南特委建立隐蔽的戴云山区抗日游击根据地的决定，指派林金榜到戴云山区寻找隐蔽工作立足点。同年 7 月，林士带（化名黄炳凡）为德化、永春党的特派员，带领林金榜、杨致平到离德化县城较远，与仙游、永泰相邻的南埕镇枣坑村开展革命活动。其间，林金榜接替郑靖以私塾教师身份办民校，进行革命宣传活动。林士带与水口毛厝村农民毛修接触，并结拜为兄弟，为后来党在毛厝开展革命活动、建立党组织和联络据点打下基础。2010 年 3 月，树碑纪念。

（八）中共德永特支长基村活动据点旧址

位于雷峰镇长基村。1941 年 7 月，中共泉州中心县委委员林士带任中共德永特派员，带领林金榜、杨致平到德化活动。1941 年 11 月，林士带与林金榜、杨致平、郑靖在长基村成立中共德永特别支部，林金榜任书记，杨致平、郑靖为委员，负责开展德化、永春边区抗日救亡工作。中共德永特支成立后，以郑靖故居、蕊榜堂、基成堂为据点开展活动，培养发展党员，开辟下涌、山茶通西南乡、水口的交通站，以及赤水乡至西南乡转水口的秘密交通站，为省委机关南迁德化坂里创造了有利条件。2015 年，树碑纪念。

（九）永德仙人民游击队总指挥部旧址

位于水口镇毛厝村。1943 年，永德大特派员吴天亮到毛厝村秘密开展革命活动，发展毛票等一批中共党员，毛票家岐山堂成为闽中党组织和游击队的一个主要活动据点。9 月，毛票与黄宸禹（福建省委委员）、吴天亮等建立岐山堂地下交通站。1945 年 6 月，省委游击支队到毛厝一带隐蔽，岐山堂成为游击队活动的主要据点，曾在此召开庆祝中国共产党成立 24 周年、庆祝抗日战争胜利大会。1947 年 7 月，戴云山战斗失利后，毛票率部分突围的游击队员转移到毛厝村隐蔽。1949 年 4 月，在岐山堂组建永德仙人民游击队总指挥部，在仙游、永泰、德化一带开展武装斗争。

岐山堂始建于明嘉靖四十年（1561 年），1997 年政府拨款重修，占地面积 754 平方米，保护面积 2000 平方米。1985 年 9 月，被德化县人民政府公布为德化县文物保护单位，并树碑纪念。

（十）闽中党组织南斗交通联络站旧址

位于德化县国宝乡南斗村，为土木结构楼房，占地面积 352 平方米。1943 年 11 月，陈利曾加入中国共产党，任闽中党组织地下交通员，其故居成为地下党交通站。1947年 3 月，闽中党组织

派毛票、刘国梁到南斗，在陈利曾家成立中共德化区工委，陈利曾任书记。6 月下旬，由于叛徒出卖，南斗交通站暴露，陈利曾被赤水警察所抓捕，经营救于 12 月获释，后又与组织接上关系。1949 年 5 月，任永德仙游击队第一中队指导员。

（十一）中共十字格支部与省委游击支队隐蔽旧址

1943 年 11 月，中共福建省委闽中特委派吴天亮、毛票、林大森到德化县葛坑十字格自然村开展革命活动，建立地下交通站，成为闽中通往闽西北革命根据地地下交通线的重要据点。1944 年 6 月，成立中共十字格支部。1946 年 1 月，中共福建省委游击支队面对敌人重兵"清剿"的情况，为保存有生力量，在十字格隐蔽，与敌人周旋。十字格党支部组织当地群众，一方面为游击支队送情报、送粮食，一方面与敌人斗争，遭受酷刑摧残，付出财产甚至生命等代价，为革命事业做出重要贡献。2012 年，树碑纪念。

（十二）中共福建省委和闽中工委交通站旧址

位于春美乡尤床半山自然村苏初鲁故居，木瓦结构，占地面积约 150 平方米。1943 年 11 月，中共福建省委派中共永德大特派员吴天亮和地下党员毛票、林大森等在半山苏初鲁家建立地下交通站。中共闽江特委代书记黄宸禹、中共闽中工委书记林大蕃和毛票等多次在这里开展革命活动，苏初鲁全家及村民提供支持和保护。同年 11 月中旬，黄宸禹、林大蕃和刘捷生带领挺进队到苏初鲁家休整。1945 年 5 月，为掩护隐蔽于自家的林大蕃母亲及其妻女，苏初鲁和儿媳不幸被国民党政府军警逮捕，受严刑拷打，他们坚贞不屈，没有透露出半点消息，使林大蕃母亲及其妻女安全转移。苏初鲁因受刑过重，不幸牺牲。1983 年，苏初鲁家被县政府列为革命遗址保护；2012 年，树碑纪念。

（十三）中共福建省委闽中工委活动据点旧址

位于德化县春美乡新阁村狮子岩寺。1943 年前后，中共闽中工委书记林大蕃在狮子岩、阁台、尤床一带开展革命活动。同年 10 月间，福建省委派吴天亮、毛票等在春美乡尤床村半山建立地下交通站，负责闽中特委与闽西北地下党的联系。狮子岩寺成为林大蕃等开展革命斗争的一个主要活动据点和居住地。

狮子岩于南宋理宗宝祐年间（1253—1258 年）建，占地面积 500 平方米，保护面积 4000 平方米，历代均有修葺，保存完好。1983 年 4 月，被德化县人民政府公布为县文物保护单位；2012 年，树碑纪念。

（十四）中共福建省委闽中特委下涌、山茶交通站旧址

旧址位于德化县上涌镇下涌村。1943 年秋，中共福建省委派黄宸禹等开辟从仙游经德化到大田武陵垵，再由大田经德化、永泰的地下交通线。10 月间，永德大特派员吴天亮带领毛票、林大森等在下涌村郭茂聘家、曾坂山茶村分别建立地下交通站。1943 年 11 月，黄宸禹、林大蕃、刘捷生带领挺进队 20 多人分两批分别在下涌、山茶交通站进行为期 10 多天的休整。省委机关南迁坂里期间，下涌、山茶交通站为中共地下党主要联络点之一。2012 年，树碑纪念。

（十五）蕉溪游击中队牛车荇战斗遗址

位于雷峰镇蕉溪村。1949 年 6 月，永（泰）德（化）仙（游）西南游击中队（又称蕉溪游击中队）在蕉溪成立后，带领人民群众抗"三征"，配合西南乡人民政府开展减租减息斗争。9 月 25 日，林青龙、陈伟彬股匪联合进犯蕉溪，蕉溪游击中队一面组织反击，一面派员向永德仙指挥部及闽西南游击队求援。驻防在大头岭、陈厝山头的游击队战士与敌人激烈战斗，因敌众我寡，退守牛车荇阵

地，与敌人激战三天。在永德仙游击队和闽西南游击队支援下，击败林、陈股匪。游击队分队长蔡德玉牺牲，队员多人受伤，群众财物遭受损失。2012年，树碑纪念。

四、宣传老区，服务老区

（一）组建老区建设促进会

1995年7月5日，中共德化县委下发文件，组建德化县老区建设促进会，与德化县新四军研究会实行一套班子两块牌子合署办公。二十多年来，历任老促会会长带领理事会成员，发扬革命优良传统，与时俱进，深入老区乡村调查研究，了解老区群众的困难和合理要求，并及时向党和政府有关部门反映，多渠道争取资金，帮助老区群众解决生产生活和子女就学等遇到的困难，加快经济发展步伐，培养老区建设人才，改变贫困落后面貌，与全国人民共同致富奔小康。

（二）宣传老区

二十多年来，县老促会创会领导、老同志分别受聘于中小学校外辅导员，经常深入校园，向师生宣讲革命斗争史和先烈英勇斗争的故事。每年清明节以及其他重要节假日，会长叶尚谋等老同志应机关、学校等单位邀请做专题宣讲上百次，接受教育数十万人。有时还深入革命老区基点村、革命遗址等义务宣传发生在当地的革命故事，让前往参观的客人和广大群众深受教育。

二十多年来，县老促会、县新四军研究会、县党史和地方志研究室

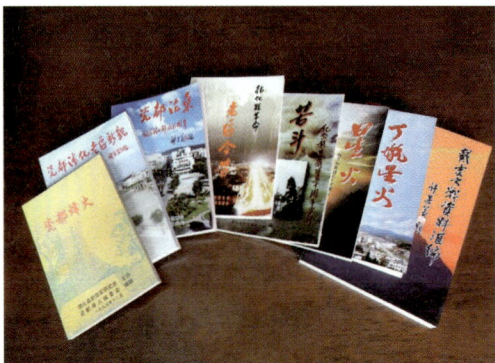

德化县老促会编辑出版的书刊

等部门联合，组织史学工作者等人员广泛收集资料，编辑出版了《瓷都烽火》《苦斗》《德化革命老区今昔》《星火》《丁墘星火》《瓷都沧桑》《戴云之战资料汇编》《瓷都德化老区新貌》等多本书籍、资料上百万字，在《红土地》等老区专门刊物发表文章数十篇，宣传德化老区的革命精神和建设成就。

（三）服务老区

中华人民共和国成立后，各级党委和人民政府把解决老区群众的困难列入社会扶持、补助的重点项目之一，即根据国家和地方经济发展以及当地人民生产、生活的实际情况，及时拨出专款、发放物资或减免税费等给予解决困难。据不完全统计，20世纪50—70年代，德化县专门为老区群众减免公粮4.88万公斤，补助粮食0.5万公斤、棉布2097市尺、布票5万市尺，发放生活补助款13.55万元，支持兴建交通、水利设施等资金21.79万元。优先拨出专款，在毛厝、昆坂等边远老区基点村建校舍、创办中小学校，开办夜校和扫盲班，发展老区文化教育事业。

黄花分外香

1982—1987年，为扶持老区人民摆脱贫困，党和政府拨出扶持资金40多万元，帮助老区3523户20325名困难群众发展种植业、养殖业和农产品加工业。其中在省定老区基点村昆坂村创办竹木加工厂，加工生产板材、包装箱、家具、竹筷、竹地板材料等，招收当地360多名劳动力就业。1986年，加工厂内人均年收入1500多元，

全村年人均纯收入 230 元，比 1985年的155元增加48.4%。其间，晋江地区教育局专门下发招生指标，向德化老区招收南安师范预备班19名，一年后经考试成绩合格转入泉州、南安师范就学，为老区乡村培育师资力量。1984年，昆坂村适龄儿童入学率、小学毕业率均达 100%，毛厝、梨坑村"两率"也达 95%，被省教育厅评为先进单位。

1990年5月，福建省老区办公室下发《关于确定老革命根据地的通知》，确定德化县老区乡5个，即浔中乡、水口乡、龙浔镇、雷峰乡、南埕乡；确定省老区基点村3个，即毛厝村、昆坂村、梨坑村；县定基点村 21个、一般村（包括游击区）35个；老区总人口 18303 户 90010 人，健在"五老"人员 634 人。

2003 年 10 月，福建省老区办印发《福建省老区乡村名册》，德化县列入名册的老区乡（镇）13 个，即龙浔、浔中、三班、盖德、龙门滩、雷峰、南埕、水口、葛坑、国宝、上涌、桂阳、春美，建制村（社区）145 个（见附录），老区人口数 21.24 万人，为福建省 25 个一类老区县之一。

1998 年，泉州市老区建设促进会到水口镇毛厝老区村召开扶贫现场会，落实扶持资金 30.2 万元。同时，德化县下达扶持项目资金 19.5 万元，帮扶毛厝、昆坂、梨坑、葛坑乡十字格等老区村新建校舍 3 座，修建公路 19 公里，架设输电线路 5 公里。

至 1999 年，省、市、县和乡镇党委、政府，针对大多数老区地处较边远、自然条件较差等情况，投入大量资金，加快交通、电力、通信等基础设施建设，扶持老区群众加快发展经济，脱贫致富奔小康。省、市、县共投入资金 580 多万元，支持德化老区修建公路 160 多公里，建设水力发电站、架设输电线路等。

2003 年 4 月，福建省老促会、泉州市委等领导到春美乡老区村尤床村召开现场办公会，落实扶持资金 500 万元，为老区铺设水泥路面 15 公里，并扶持村民发展黄花菜、德化梨和毛竹林等特色产业，扶持原省委游击队隐蔽地——尤床半山自然村整体搬迁，改

善生产生活条件。同时，省专门下拨资金 73 万元，扶持福阳、连山 2 个老区村；泉州市下拨资金 370 万元，扶持毛厝等 3 个老区村；德化县落实扶持资金 157 万元，扶持15 个老区村。

2006 年，南埕连山、盖德福阳 2 个老区村继续列入省级重点扶持村，水口毛厝、龙门滩村兜、南埕梓垵 3 个村列入市级重点扶持村，葛坑水门、雷峰格后、三班桥内、春美新阁 4 个村列入县四套班子领导挂钩扶持村。省、市、县共筹集资金 1318.2 万元，帮助老区贫困村解决基础设施建设、发展经济中的困难。其中毛厝村新建拦水坝 1 座、饮水渠道 3 公里，灌溉耕地 150 亩；扶持其他村垦复毛竹林 1500 亩、建设速生丰产林400 多亩、改造低产芙蓉李果园 300 亩，种植板栗 200 亩、银杏 200 亩、杜仲 100 亩，推广芙蓉李嫁接黑李 300 亩；筹集资金 20 万元，支持梅岭溪一级水力发电站技术改造，提高经济效益。

至 2007 年，德化县委、县政府共拨出老区发展资金 1418.8 万元，扶持老区群众发展种植业、养殖业、食用菌等项目，增加收入摆脱贫困。同时，县老促会、老区办等单位多渠道筹集资金，支持经济比较困难的老区乡村建学校、发展教育事业；通过省老区教育阳光工程、黄仲咸助学基金会等，选送资助老区贫困生上大中专院校就学深造 1500人次，资助金额 67.5 万元。

2010 年后，德化县委、县政府学习贯彻习近平"对于革命老区的发展，各级党委政府一定要一如既往地关心和支持"等指示精神，要求县老促会等部门按照县委、县政府的部署，组织开展老区现状调研，及时向德化县委、县政府以及省、市老促会反映老区经济社会事业发展过程遇到的困难和问题，提出解决的办法和建议。同时，通过多种渠道，继续帮助老区困难群众筹集资金，解决生产生活和子女就学等困难问题。

2013 年，德化县组织实施"老区村跨越发展"工程，下拨资金 88 万元，帮助枣坑村修复"中共闽南特委德永特派员"活动旧址，支持南埕高漈村修建公路，扶持凤山村建立佛手瓜种植基地等。

2016 年，市、县老促会与南埕镇枣坑村、上涌镇桂格村建立挂钩联系制度，连续 3年，给每村提供扶持资金 30 万元，帮助老区村发展经济，支持老区人民同全国人民一起脱贫致富奔小康。

第三节　留住乡愁

一、提升陶瓷文化底蕴

德化是中国陶瓷文化发祥地和三大古瓷都之一。唐朝，开始有陶瓷出口；宋元时代，德化瓷已成为海上丝绸之路的主要输出商品；明代"象牙白"瓷雕、清代青花瓷，在国际上享有很高声誉。全县有古窑址 238 处，分布于 18 个乡镇、68 个村庄。1988年 1 月，屈斗宫古窑址，包括浔中、龙浔、盖德、三班等乡镇宋至明代的一些古窑址，被列为全国重点文物保护单位。

屈斗宫古窑址　位于德化城关，属宋元时代古瓷窑址。窑址东西长 300 米，南北宽 150 米，窑基长（坡长）57.1 米，宽 1.4～2.95 米，共有 17 间窑室，出土 6790多件完、残瓷器标本和 800 多件生产工具。1988 年 1 月 13 日，被列为全国重点文物保护单位。1996 年 5 月，修建仿古式保护棚和围墙。2001 年，重修屈斗

屈斗宫古窑址

宫古窑址窑棚。2005 年，被国家列入"十一五"期间 100 处重点大遗址保护专项，建设屈斗宫古窑址公园，平均每年接待国内外游客 3000 多人次。

陶瓷博物馆 1993 年 10 月，位于宝美街的德化陶瓷博物馆正式开馆，馆内收藏有新石器时代至当代藏品 5809 件，总价值215452 元。藏品中有历经千年的古代陶瓷，也有获奖的当代精品，其中有明代何朝宗的文昌帝君塑像。2003 年 9 月，在凤凰山重建德化陶瓷博物馆，框架结构，两层仿古式建筑，建筑面积5700 平方米；博物馆前有陶瓷广场，总用地面积达 3.3 万平方米，投资 2500万元，2006 年

陶瓷展示厅

10 月 1 日竣工并对外开放。

陶瓷街 位于龙浔镇龙鹏社区。2002 年 2 月 1 日，县政府成立陶瓷街建设领导小组，投入 70 万元，修建陶瓷街迎宾门；投入59.5 万元，完成陶瓷街人行道改造和管网建设。陶瓷街有专门经营陶瓷商品的店铺 33 间，产品涉及日用陶瓷、传统雕塑工艺瓷、西洋工艺瓷、红壤陶瓷等四大类近万个品种，为展示德化陶瓷风采的陶瓷商品专营街，每年均吸引数万名游客到此参观购物。

翰林陶瓷城 位于浔中镇凤池街。2011 年开工建设，2014 年1 月竣工，由一至三层连成一体，四层以上 4 座相对独立的高楼组成。楼高 30～32 层、约 100 米，用地面积 15623 平方米，建筑面积124645 平方米，总投资 3.6 亿元。地面第一层、第二层为陶瓷城，设上下两条室内"陶瓷街"、118 间店铺、总面积 9650 平方米，投

资0.4亿元。2014年9月28日，陶瓷城举行开业典礼。2015年6月底，进驻陶瓷行业单位、厂家90户，其中有德化陶瓷行业协会翰林陶瓷城分会、泉州工艺美术学院大学生创业中心陶瓷体验馆、陶瓷科研所和陶瓷企业设置的产品展销厅、文化传媒单位和游客服务中心服务窗口等。陶瓷城集中展示了瓷都德化陶瓷精品，杯、盘、碗、煲，质量上乘，品类齐全；可以观赏著名"德化窑"的模型和窑具，了解陶瓷烧成的过程；有端庄慈祥的观音菩萨、憨厚可爱的弥勒佛等陶瓷工艺美术大师的艺术作品，有喜乐无常、滑稽可笑的西洋工艺瓷，琳琅满目，美不胜收。每天来自五湖四海的客人，走进翰林陶瓷城，像走进一座千姿百态、色彩缤纷的花园，走进一条高雅、神秘的艺术长廊。走在陶瓷城，许多人想着背篓里鼓鼓囊囊的器物、看着手上一件件如脂似玉的珍品，感受到"中国白""德化名瓷，瓷国明珠"带给的收获和温馨。

中国茶具城　位于具有陶瓷茶具产业优势的三班镇。2015年9月动工建设，投资7.8亿元，建成专业市场及配套设施35万平方米。由专业市场、会议中心、博物馆、电子商务、会展中心、总部大楼、酒店、文化广场等功能区组成，吸引来自上海、广州、西安、郑州、景德镇、淄博、宜兴、台湾、厦门、潮州、武夷山等全国各地200多家企业和商家入驻，形成集茶具批发、展示、零售、电商、物流、科研、培训、创作与产业链融合等于一体的国际化专业茶具市场，是全国最大的茶具产业集散地与陶瓷文化、文创产品的特色窗口。

二、传承民族文化

据德化县宗教管理部门调查统计，全县有规模大小不一、古香古色的寺庙615座，历史悠久的有"三洞四寺"，即石壶洞、金液洞、紫云洞，戴云寺、香林寺、龙湖寺、程田寺；香火旺盛、影响广泛的有灵鹫岩、五华寺、永安岩、西天寺等十几座；还有独具特色的狮峰岩、碧象岩、大卿宫、祖龙宫等。1988年以来，有21座宫宇被县政府列为文物保护单位。

灵鹫岩 位于九仙山风景区，唐开元四年（716 年）唐僧人邹无比与其徒僧普惠建。"文革"时被毁，1988 年重建。有大雄宝殿、祖师殿、钟鼓楼、山门等。内山门为唐朝时建的石雕遗物，大雄宝殿供奉 3 尊缅甸玉佛，周围有唐石雕弥勒佛、释迦牟尼、邹公祖师等石雕像。

戴云寺 位于戴云山主峰南麓。唐大中年间（847—859 年），唐僧人慈感和释智亮居戴云山讲经说法，后圆寂。五代后梁开平二年（908 年），当地民众建寺塑像奉祀。1997 年，台湾释传斌、郑点金等捐资 300 多万元重建。德化县和有关镇政府投入 200 多万元，修复戴云寺周围生态环境、改善交通条件，使戴云寺成为吸引台湾同胞和海外友人的文明窗口之一。

香林寺 位于葛坑镇湖头村。寺院依山而建，砖木结构，有大雄宝殿、观音阁、状元府等建筑物，总面积 9132 平方米。1935 年春夏之间，中共闽赣省委书记钟循仁、省苏维埃主席杨道明率闽赣红军 300 余人，从永安、大田进入德化，途经九仙山等，住宿香林寺。在香林寺休整期间，向群众宣传共产党的主

香林寺

张，不拿群众一针一线，被誉为仁义之师，并留下一副对联："金刚手握月斧威灵赫赫杀尽天下军阀土匪；菩萨胜似活佛慈心荡荡普救世界贫民赤工。"

狮峰岩 又名狮子岩，因其所在的山峰像一头狮子而得名，位于春美乡新阁村，南宋宝祐年间（1253—1258 年）建，三进木结构，

雕梁画栋；岩后有一石洞，传说洞顶巨石会往外慢慢伸长，岩下有
3 株千年古树罗汉松。1942—1945 年，中共闽北特委书记林大蕃在
狮子岩建立地下交通站，是德（化）大（田）边区委员会与福建省
委机关的联络点。

狮峰岩

石壶祖殿　位于水口镇，宋绍兴十年（1140 年），张、肖、章
三道人在石牛山修炼，后人建、塑三真人像祭祀，为闽中、闽南
道教圣地。中共地下党及其领导的游击队曾在石牛山区开展斗争活
动。

三、文物古迹

古街　赤水镇赤水街，明代建，明隆庆年间（1567—1572 年）
开始集市贸易活动。上涌镇杏仁街，明清时代建，刘坑村设虎跳市，
共 20 间店面，民国初在匪患中被毁；民国十一年（1922 年）建杏
仁街。春美乡十八格古街，清雍正十三年（1735 年）建，为德化
西部商贸市场。葛坑镇葛坑古街，清代建，时称葛坑市，为德化西
北部商贸市场。

　　古桥　据《德化县志》记载，全县比较著名的古桥有 24 座（条），大部分为宋、元、明、清时代建的廊桥，俗称桥亭。桥与亭榭连成一体，有楹联、书法、绘画，有神龛、供奉观音菩萨圣像等，是历史上文人学士留下丹青墨宝、能工巧匠展示技艺的重要载体，是后人欣赏、研究地方历史与传统文化的文物古迹之一。有文字记载，德化县古桥最早年代为唐僖宗年间（874—888 年）建的"暗桥"，位于上涌镇西溪村，最长为浔中镇蒲坂村的登龙桥。登龙桥位于浔中镇蒲坂村，南宋年间建，为廊屋盖梁式木质结构，长 50.4 米、宽 3.85 米，两个石墩，桥外置两层重叠的雨披，斗拱和屋梁刻有精细的花卉图案。桥北端建登龙亭，供奉观音菩萨像。春美乡的广济桥，明嘉靖元年（1522 年）建。桥长 24 米、内宽 5.5 米，廊屋式、木质结构，屋脊设置由 160 块木块叠成的斗状方形藻井，称"福海藻井"。藻井下端四边各镌刻一条飞龙，工艺精细，形象似圆天，寓神仙赐福、圆满之意，是桥梁建筑中罕见的建筑工艺。上涌镇山茶的长寿桥，清乾隆十二年（1747 年）建，廊屋式木质结构，桥墩为条石干砌；民国三十七年（1948 年）下涌郭振华募捐重建，没有横梁，用原木横拱建成，桥长 20.4 米，内宽

长寿桥

4 米、高 16 米，戴云地下交通线经过此处。盖德镇宴林口桥林地，清乾隆四十七年（1782 年）建。石墩、廊屋式、木质结构，桥外有重叠式雨披，桥长 27.3 米、宽 3.4 米、高 3.95 米，为革命遗址。2018 年建设彭村水库时拆除，易地重建，遗址被水淹入湖底。

古寨堡　据《德化县志》记载，全县比较著名、保存比较完好的古寨、古堡有 28 座，大部分为元、明、清时代建造，主要是当地民众为防御外来匪寇侵扰，集众人之力建造的，即选择地势比较高的山墩，用石块砌筑成墙，高数十米，厚 2 米以上。有的类似古城墙，一般为方形，内建房屋，供入寨避难的人居住，有的成为当地豪强的军事设施。其中著名的有：霸王寨，位于桂阳乡陈溪村黄村里水尾与梓溪村交界的一座山顶上。元至正十三年（1353 年）建，孤峰独耸，地势陡峭，四周有石墙，长 800 多米，宽 1 米左右，高约 6 米，内有郑宽永称王抗元大本营遗址。天平城，位于南埕镇南埕村西南角、浐溪南岸，宋末元初，抗元将领苏十万建。清初，林忠在此屯兵抗清。顶峰筑有 3 寨，今尚存寨城、营房遗址，总长约 1200 米、宽 90 米，寨墙外周围有跑马路。大兴堡，俗称"大兴土楼"，位于三班镇三班村，闽南工农游击队第二支队活动旧址之一，清康熙六十年（1721 年）建。该堡土木石结构，平面呈长方形，城墙东西长 64.5 米、南北宽 56.96 米、高10.2 米，占地面积 3648平方米，总建筑面积 4036平方米。东西各置拱门 1 座，东门为正门。东北西南隅各建角楼 1 座。堡内有天井、面积 206 平方米。天井两侧建庑殿顶式阁楼，两厢格式大致对称。东、西建两列倚楼，长 58.75 米；南、北两侧倚楼，长 51.1 米。全堡共有房间 240 间。厚德堡，位于水口镇祥光村，清道光十七年（1837 年）建。依山斜坡建筑，长方形平面，宽 40 米、进深 43 米，建筑面积 3000 多平方米。门楣上有"厚德"二字，两字之间刻道教"八卦双鱼图"；门楣上有一幅长 10 米、宽 0.5 米的彩色壁画，内容有《三国演义》中"三顾茅庐""草船借箭"等。堡外为石墙，周长 160 多米、高 5 米，墙4个交接处建角楼，设有枪眼。堡内有房间 360 间，颇具

清代建筑风格。

大兴堡

第四节　旅游业方兴未艾

一、旅游资源保护利用

（一）自然资源保护利用

1. 保护对象

旅游资源　有观赏和美学价值的奇石异洞、名木古树、河流瀑布等自然景观；各级文物保护单位，有文化和科学价值的寺庙、古民居、桥梁、摩崖石刻等遗址、遗物。

生态环境　风景名胜区的气候、地质、地形、地貌、水系，以及动植物、生态群落构成的自然环境和生态系统。

空间环境 供游人进行观光、游览、活动的景区、景点的自然或人工空间环境。

2. 保护原则

先保护、后开发原则 在开发活动之前，必须评估其对保护对象可能造成的各种影响和破坏，及其应采取的保护措施，在暂时未找到有效的保护措施时，暂缓开发。

分级分区保护原则 依据保护对象的价值进行评估定级，并划定适当范围进行分区保护，既突出重点，又兼顾一般。

尊重自然、尊重历史原则 风景区原有的文化古迹、遗址和自然风貌，不得任意改变或破坏，减少人工雕琢痕迹，保持原汁原味。

3. 保护措施

在保护利用自然资源过程中，不发展任何与旅游无关，尤其是会造成大气和水污染的工业企业，保持风景名胜区山清水秀、空气新鲜的生态环境；限制农业工程等开发，实施封山育林，退耕还林，禁止滥砍滥伐，防止一切有可能对生态环境造成较大威胁和破坏的活动；加强对风景旅游环境综合整治，禁止乱丢垃圾、乱刻画等不文明行为，完善配套设施，加强景区防火、防洪和防治病虫害等措施，确保景区和游人安全。

（二）革命旧址保护利用

德化是革命老区县、原中央苏区县，有光荣的革命传统和辉煌的斗争历史。从1927年1月德化第一个党组织——中共德化支部成立，直至1949年11月德化解放，德化人民在党的领导下，进行了长期艰苦卓绝的革命斗争，用生命和鲜血铸就可歌可泣的历史丰碑，留下一处处蕴涵着伟大革命精神、可供后人瞻仰学习的遗址遗迹。全县已发现留存的红色革命遗址遗迹50多处，其中中共福建省委坂里旧址、中共德化支部旧址、德化革命烈士陵园3处是省级党史教育基地，省委坂里旧址同时是福建省爱国主义教育基地、福建省国防教育基地。

近几年来，在县委、县政府领导下，各乡镇党委、政府及其相关部门共同努力，全县革命旧址保护利用取得明显成效，大部分革命旧址成为进行革命传统教育、党史教育、爱国主义教育和社会主义核心价值体系教育的最好教材和场所。中共福建省委坂里旧址陈列室、中共德化支部旧址陈列室经过改造提升，成为"不忘初心牢记使命"主题活动教育点和"忆初心"党员教育基地。

德化县革命旧址保护利用工作，着重在"三个结合"上下功夫：一是将红色革命旧址保护利用与绿色生态旅游相结合。加强红色革命旧址纪念馆、陈列室建设，推进红色旅游与生态旅游、文化旅游、乡村旅游有机融合，推出研学旅行项目和精品旅游线路，打造红色旅游品牌，全县已形成1个"重点红色旅游景区"、8个"红色旅游点"的红色旅游发展大格局。同时，对国家AAAA级景区石牛山国家地质公园的红色旅游景点中共福建省委坂里旧址等进行改造提升，全面提升红色旅游景点景区的建设管理水平和综合效益，使更多的景点景区进入国家红色旅游经典景区行列，让游客在接受红色教育的同时，真切感受到革命老区的秀美山川。二是将红色革命旧址保护利用与美丽乡村建设相结合。把革命遗址遗迹保护利用作为实施乡村振兴战略和建设美丽乡村的重要内容，打好苏区品牌，将当地独特的民俗风情和绿水青山转化为经济发展的优势和效益，在水口、南埕等革命老区乡镇开发民宿30多家，建设民宿项目15个，促进经济社会发展和民生福祉改善，让游客在乡村游的过程中，接受红色激情的熏陶，感受德化浓郁的红色文化氛围。三是将红色革命旧址保护利用与瓷都陶瓷艺术相结合。加大革命文物创意产品开发，以具有德化特色的白瓷为材料，开发了开国元帅、国家领导人瓷雕像以及由资深匠人创作的古田会议、红军长征系列绘画题材陶瓷摆件等旅游伴手礼，既有地方特色，又具有教育意义。这些具有红色元素的旅游工艺品，深受广大游客青睐，助推旅游业乃至全县经济的发展。

二、旅游资源开发建设

（一）旅游资源开发

20 世纪 90 年代，德化县委、县政府聘请福建师范大学旅游学院等单位，对全县的旅游资源进行调查、规划，并投入资金进行开发建设，先后建成"二区二园"，成为福建省一个县拥有四块国家级生态品牌的唯一县份。2000 年后，完成城关陶瓷文化旅游路线设计，启动城关陶瓷文化 AAAA 级旅游区评审前期规划工作，对陶瓷文化旅游

九仙山游客

区的资源和分布状况进行整理归类，包括对象确定、工序编排、规模认定等。对德化窑炉的典型代表——龙窑开发利用进行可行性分析，确定和建设陶瓷工业旅游示范点，两家企业进入最后完善阶段，2008 年对外开放。

1.戴云山资源保护开发

1985 年，建立戴云山自然保护区，总面积 13472.7 公顷，森林覆盖率 93.4%，是福建省最早建立的自然保护区之一。2005 年，保护区组织人员编制《福建省戴云山国家级自然保护区总体规划》；2007 年 4 月 7 日，经国家林业局同意批复，正式实施。

2.石牛山景区建设

1998 年底，德化县开始开发石牛山风景名胜区。2001 年，建

成福建省级森林公园；2003 年，升级为国家级森林公园。2005 年，建成省级地质公园；同年，升级为国家级地质公园。其间，经南京大学、福建省林业调查规划院等设计，并开始实施，先后开发石牛山主峰、岱仙瀑布观光、岱仙溪漂流、中共福建省委旧址等旅游项目。

3.九仙山景区建设

1985 年，九仙山列入戴云山自然保护区，修建旅游线路 10 多公里。1999 年 8 月，德化县旅游部门开始对九仙山进行旅游管理。2000 年后，县旅游局、赤水镇、上涌镇政府先后投资修建道路、景点和管理人员用房等设施，不断加大开发力度，提高管理水平。

唐寨山公园门楼

（二）旅游设施建设

1.景区道路

1976 年，建成从雷峰镇长基村石城至双芹村的石双线，长 20余公里；1977 年，建国宝乡佛岭村至赤水镇戴云村国戴线，长 8.3公里；1978 年，建从省道 203 线至九仙山气象站的九仙山线，长11 公里。20 世纪 80 年代，建上涌镇上涌村至后宅村黄树林自然村的上后线，长 13.1 公里；建原省道305 线至仙境，再从仙境到西天寺的西天线，长 5 公里。1994 年，建盖德镇林地村至五华寺的五华线，长 11 公里；1995 年，建美湖乡上漈村至龙湖寺的龙湖

线，长 7.2 公里；1996 年，建水口镇村场村至石牛山石壶祖殿的村场—石牛山线，长 22 公里；1998 年，建赤水镇猛虎格至戴云寺的戴云线，长 15 公里；同年，建国宝乡南斗村溪口至戴云寺的溪戴线，长 8 公里；1999 年，建水口镇湖坂村至石牛山石壶祖殿的湖坂—石牛山线，长 22公里。2001 年，建设通往岱仙瀑布景区专线，长 2 公里；2002 年后，通景区公路均先后拓宽改造，升级为三等级公路，并铺设水泥路，设置安全防护栏、交通标志牌等设施。

2. 其他旅游配套设施

2009 年，投资 2500 万元，建设石牛山地质博物馆、岱仙瀑布游客接待中心和酒店。2010年，投资 100 多万元，在德化县城主要街道、各旅游景区设置旅游交通标志、旅游指南和广告牌等。同时，以县城区道路、庭院、广场、景区公路为重点，实施绿化、亮化、美化工程。制定旅游服务措施，指导组建旅行服务社、建设宾馆和酒店、推出一批名优特产和美食，为旅客提供优质服务。

（1）旅行社

德化县中国旅行社有限公司　2001 年 7 月创办，地址凤池街 28 号，以旅游服务为主体，具有食、宿、行、游服务功能，以"宾客至上、信誉第一"为宗旨，为海外侨胞、港澳同胞游客提供服务。

福建省德化瓷都旅行社　2006 年创办，地址浔中镇凤池街，以"信誉是企业第一生命"为宗旨，承接外地组团到德化旅游，代办旅游相关业务。

泉州康辉旅行社有限公司德化经营部　2007 年设立，地址龙浔镇兴南街，以"消费适中、质量第一"为经营理念，为游客提供餐饮、住宿、导游等服务。

泉州市环宇旅游有限公司德化营业部　2007 年设立，地址龙浔镇龙津路南段 19号，为国内游客提供或安排交通、游览、饮食、购物、娱乐和导游等服务。

（2）酒店、宾馆

瓷都酒店　1957 年建，原为县政府干部招待所。20 世纪 80

年代，新建住宿大楼等，改为德化宾馆。1994年，投资扩建成为集餐馆、住宿、娱乐、商务于一体的三星级酒店。拥有高、中档客房，配有中央空调，有宴会厅、KTV、歌舞厅、桑拿部、美容室、游艺室等服务设施，是接待国内外宾客，承办各种大、中、小型会议、宴会的综合性酒店。

戴云大酒店 四星级酒店，位于德化城关繁华中心区，集餐馆、客房、娱乐、温泉浴、会议、旅游、购物于一体，全方位为海内外宾朋提供各层次消费服务。有观光电梯、总统套房、商务套房、淑女房、标准房，有专业会议厅、多功能厅、精品商场，功能齐备，可承办各种大中型宴会、酒会、展会等。内设豪华宴会厅、贵宾包厢，有名厨烹饪的德化特色菜、粤菜、闽南菜、港式自助早茶，具有接待各种规格的宴会、旅游团队的能力；提供正宗西餐、精美西点、咖啡、冷饮、果茶、商务套餐、送餐、夜宵等服务。有桑拿浴、温泉浴、足浴、KTV、美容美发、棋牌室、休闲厅等康乐设施。

瓷国明珠酒店 位于德化县城浔北路东埔口，四星级酒店，是一家集餐馆、住宿、娱乐、商务于一体德化县规模最大的涉外旅游饭店。拥有总统套房、豪华套房、豪华双人房、普通三人房、豪华单人房、高级单人房、普通双人房，有中西餐厅、KTV、桑拿中心、足浴按摩中心、盐浴中心等健康娱乐设施；有多处会

瓷国明珠酒店

议场所、配套超市、银行、邮电、服饰专卖店等多项服务。

龙腾大酒店 位于德化城关繁华的宝美街，是德化首家经济型商务酒店，内设豪华套房、普通套房、家庭房、豪华标准房、普通

标准房等客房 59 间，并设中餐厅、餐饮会所、商务会所、多功能宴会厅、商务中心、足浴、美容厅、天然温泉等。

石牛山度假村　位于德化水口镇石牛山，是福建省海拔最高的度假村，酒店 2380 平方米，别墅 3070 平方米，有大中型会议厅、宴会厅、咖啡厅、棋牌厅、棋牌室、商务中心、美容等配套设施。可为旅游、度假、商务、会议提供住宿、餐饮等服务。

（3）名优特产

高山云雾茶　2005 年，在全省名优茶鉴评中，铁观音茶样品、佛手样品获福建省"名茶""优质茶"称号。

德化梨　1999 年，在福建省优质早熟梨鉴评中获第一名；2002 年，在全国优质早熟梨鉴评会上又荣获第一名。

山茶油　由野生油茶树成熟的种子压榨提炼而成。全县有油茶林 3 万多亩，年产茶油 350 吨、产值 2800 多万元。

黄花菜　2007 年，德化县有黄花菜 1.2 万多亩，产量 600 多吨，其中春美乡"十八格"黄花最著名，被列为国家保护的地理标志产品。

德化黑鸡　又名"戴云黑鸡"。2004 年，德化黑鸡通过农业部无公害产品、产地认证。2007 年，被列为国家保护的地理标志产品。

福建黑毛兔　德化县为福建黑兔原产地，属小型肉用兔，体重 2 公斤左右，肉嫩味美，常年存栏 20 多万只。

戴云山羊　毛色全黑，是福建省山区优良羊种，肉质鲜美。

此外，德化县还有红菇、香菇、竹笋、松脂、苦菜、蜂蜜等土特产，有金线莲、银线莲、黄花远志、杜仲等名贵药材，有芙蓉李、早熟水蜜桃等水果。

（4）特色美食

茶油坛香羊肉　以羊肉、茶油、陈红酒及其他配料为原料，切块，用钵密封热炆煨3 小时后食用，不油不腻，热补呕寒，温中补胃。

牛奶籽炖黑鸡　以德化黑鸡、牛奶籽等为原料，洗净切块，汇

入钵中炖煮 1.5 小时即可食用，汤纯正，肉嫩清香，可祛湿养血等。

苦菜大肠汤　以干苦菜、猪大肠、猪大骨为主要原料，汇入农家锅罐烹煮 2 小时后即可食用，微苦入甘，地道风味，有清凉降火、消炎解毒的功效。

红菇拌线面　以野生红菇、线面、鸡蛋等为主要原料，用鸡蛋清煮红菇，面线过水煮熟捞出，将其混合热拌均匀即成，营养丰富，有补血功效。

九仙草汤　用生长于九仙山上的牛奶籽、猴柏桔、老鼠拂藤（铁包金）三种野生药材做药引，用猪脚骨提炼的汤为药引汤，再配家禽合炖即成，是一道温中健脾、舒筋活血的山里人私房菜。2003 年，获泉州市风味菜肴称号。

此外，还有久糟菜白鸭汤、大茶油生炖德化黑鸡、老家笋烧肉、水口鲶鱼汤、德化红酒鸡、生苦菜小肠汤、芋头米粉肉、咸粿、赤水煎粿、龙门滩鱼宴等德化特色美食。

三、旅游经济稳步发展

20 世纪 90 年代，德化县委、县政府先后聘请南京大学、福建师范大学等专家、学者修编旅游发展规划，投入数亿元资金，改善交通等基础设施条件，开发旅游资源，推动旅游经济产业发展。2007 年，接待游客 43.8 万人次，旅游收入 1.98 亿元。

2010 年，德化县旅游产业围绕"国际陶瓷艺术城，海西旅游养生村"目标，组织开展"旅游发展年"活动，聘请湖北

云龙谷游客

大学旅游发展研究院院长马勇教授为县政府顾问，重新编修《德化县旅游发展总体规划》，制定《大干 150 天旅游重点项目责任分解表》，有序推进旅游重点项目建设，全县旅游经济稳步发展。

2013 年，全县以打造"中国瓷都·生态旅游宜居城市"为目标，以陶瓷文化和自然生态为依托，进一步解放思想，实施项目带动，完善配套设施，打造特色旅游产品，促进产业融合，提升旅游产业整体水平。按照省级工业旅游示范点标准，创建"宏达瓷说海西""顺美陶瓷文化生活馆""卓越茶具专家"等陶瓷文化主题景点；推动九仙山景区、石牛山国际旅游度假区、中国国际瓷都印象乡村游、鑫泓顺休闲旅游等设施建设，总投资 42.75 亿元。全年接待游客 260.59 万人次，旅游收入 14.33 亿元。

2016 年，戴云山自然保护区获中央补助资金 1558 万元，建设戴云山生态文化教育基地等；九仙山景区投资 3450 万元，完成美食购物街设计方案及评审，推进九仙乐园及度假木屋休闲配套和酒店等项目建设；大龙湖旅游区投资 1600 万元，完成游客服务中心改造、漂流河道整治和民宿装修等项目。至此，全县拥有"五区二园"7 块"国"字号生态品牌、1 个国家二级博物馆，拥有 1 个省级红色旅游景区、3 家省级工业旅游示范点、1 个省级水乡渔村、1 家四星级乡村旅游经营单位等，还有以"三黑、三黄、三红、三白"为主要食材的乡土美食。德化县先后获"中国最佳生态旅游线""福建最佳旅游目的地""福建省最适合人居住地"等荣誉称号。全年共接待境内外游客 347.17 万人次，旅游总收入 19.11 亿元。

2018 年，德化县旅游业以创建国家全域旅游示范区和发展优质旅游为目标，突出陶瓷文化旅游和山水生态游憩两大主题，推动全域旅游健康发展。全年接待游客 488.09 万人次，旅游总收入 45.53 亿元，均增长 23.2%，全县旅游业呈现稳步发展的态势。

第五节　乡村振兴，造福民生

一、农村扶贫治穷

1985 年，据德化县委、县政府对农村贫困情况的调查，全县人均年收入 200 元以下的乡镇有 10 个乡 102 个村，占全县农村总数的 53.7%；贫困户 24907 户，占农村总户数的 48.5%；贫困人数 126612 人，占农业人口总数的 51.31%。

1986 年，德化县委、县政府成立脱贫致富领导小组，下设办公室，作为领导全县扶贫工作专门机构。4 月，县委从县直机关抽调 55 名干部，组成扶贫工作队，进驻贫困乡，协助当地党委、政府抓好扶贫工作。同时建立领导扶贫挂钩责任制，县级领导成员、县直 70 个科级单位都分别建立扶贫挂钩点。各贫困乡、村也相应建立乡村领导包村、包村民小组、包户，党员联系户等各种形式的扶贫责任制。其间，县委、县政府主要领导经常深入贫困乡、村调研和现场办公，面对面听取当地干部群众的意见，及时解决一些困难问题。9 月，经调查、审核，福建省政府认定盖

丰收季节

德、赤水、上涌为省级贫困乡，泉州市政府认定葛坑、雷峰为市级贫困乡，德化县政府认定霞碧、国宝、美湖、大铭、汤头为县级贫困乡，并分别派工作队进驻贫困乡，指导、协助当地党委、政府抓好扶贫致富工作。

其间，福建省为扶持的 3 个贫困乡——上涌、赤水、盖德乡，下发专款专用扶贫贷款指标 30 万元，提供优质化肥 475 吨，批准减免农业税 5 年（每年近 25 万元）和免购国库券，乡办企业减免税收，粮食加价收购等。泉州市委、市政府及其扶贫办公室领导带领部门负责人到扶贫挂钩点现场办公，解决扶持项目的资金和物资，进驻各乡的工作队向市直有关部门争取扶持的资金 460.34 万元，其中贷款 200 万元、贴息 8 万元；物资有平价供应钢材 180 吨、麦皮 294.5 吨、柴油 119.5 吨、水泥 520 吨、化肥 1077.5 吨，农用运输车 2 辆，农耕机 2 台，电视机、录像机配套 4 架，碾米机 10 套，破碎机 1 套，旧电动机 10 台，电视差转台 6 台等。德化县对贫困乡投入资金 15 万元；争取可贷款额度 60 万元，贴息 5 万元；平价供应化肥 271 吨、柴油 421.55 吨、麦皮 54 吨、钢材 8 吨、水泥 35 吨；组织发动县直有关部门为扶持的贫困乡村脱贫解决项目资金 36 万元。农业部门在资金、物资、科技培训、种苗补贴、咨询服务等方面优先支持贫困乡村发展生产；县直企事业单位与贫困乡村横向联合、转让技术，在技术、财力等方面给予支持贫困乡村发展经济。

20 世纪 90 年代，德化县委、县政府五套班子领导挂钩乡镇，县直部门挂钩贫困村，副科级以上干部每人挂钩一个贫困户。挂钩干部经常深入贫困村、贫困户了解情况，帮助制订经济发展计划，协助解决具体问题。其间，县筹集资金 1.63 亿元，铺设水泥路 30 公里、柏油路 290 公里，新建公路 508 公里，通车里程达 1563.1 公里，把全县乡镇公路改造成高级、次高级路面。1997 年 10 月 1 日前，实现"乡乡通柏油路，村村通公路"目标；投资 0.38 亿元，建成光缆线路 558 公里、电缆线路 316 公里，实现村村通电

话；同时，加强电力、有线电视等设施建设，实现村村通电、有线电视等，改善广大村民的生产生活条件。

淮山园区

2000 年后，德化县委、县政府继续坚持重点挂钩帮扶制度，开展"结穷亲"活动，帮扶贫困户找准发展路子，拓宽增收渠道，提高生活水平。其间，省挂钩 2 个村，市挂钩 5 个村，县挂钩 10 个村。省、市、县领导带领挂钩单位负责人到挂钩帮扶村召开现场办公会，帮助村制订发展经济计划，提供扶持资金，落实基础设施建设、农业综合开发和发展社会事业等项目，增加村民收入，改善村民生产生活条件。至年底，累计筹措帮扶资金 2266.6 万元，其中省级扶持资金 79.9 万元、省交通厅补助资金 932 万元，市级资金 853 万元，县级资金 401.7 万元，完成帮扶项目 149 个。

2010 年后，德化县成立以县委书记为组长的精准扶贫工作领导小组，下设办公室，组织全县精准扶贫、精准脱贫各项工作。召开专项扶贫开发工作会议，制定《德化县精准扶贫打赢脱贫攻坚战实施意见》；健全完善扶贫责任机制，县、乡（镇）、村层层签订脱贫攻坚责任状，制定《德化县扶贫开发工作绩效考评办法》；组织扶贫专项督查，落实扶贫各项政策措施。按照"一核查、二入户、三比对、四评议、五清退"的方法精准识别贫困户，逐户逐人重新审核认定，贫困村、贫困户通过"两公示一公告"程序，确保真正贫困的人口、贫困村纳入系统。继续实行科级以上干部结对帮扶贫困户制度，落实省市下派干部及乡镇驻村干部帮扶制度，帮助贫困户理清发展思路，挖掘发展优势，找准发展路子，促进贫困户增收

脱贫；实施"山海协作""民企联村"行动，全县 45 个村 487 户 1422 人接受省、市、县共 45 家企业帮扶等；推行"党支部＋老年 协会＋互助组＋志愿者"模式，全县募集 2500 多万元，设立党员 互助、关爱老年人幸福基金；落实"造福工程"扶贫搬迁任务，年 完成易地扶贫搬迁 300 多户 1300 人；制订《德化县扶贫小额信贷 实施方案》，设立扶贫小额信贷风险担保金 1200 万元；建立"帮 扶就业、技能脱贫、创业带动"三措并举的就业扶贫工作机制，带 动就业创业；开展"雨露计划"培训，举办种植、养殖业农村实用 技术等培训班，帮助贫困户发展种养业实现脱贫。

2016 年，德化县完成脱贫 1020 户 2995 人（其中，国定 274 户 763 人、省定 359 户 1080 人、市定 387 户 1152 人）。扶贫开发 重点村农民可支配收入约 1.2 万元，同比增长 8%。建档立卡的 50 个省定贫困村摘帽 2 个。

2018 年，德化县建档立卡贫困户 1166 户 3263 人，建档立 卡贫困村 50 个。县财政扶贫投入资金 1164 万元，比上年增长 11.6%，高于一般公共预算收入增幅。实施"雨露计划"，补助对 象 60 名，发放补助资金 17.85 万元。累计完成小额贷款 3900 万元， 带动 798 户贫困户发展生产，大部分为革命老区村贫困户，均全部 脱贫"摘帽"。

二、整治村容村貌

1997 年，中共福建省委小康办把村容村貌整治列为农村小康 建设的一项形象工程。德化县委下发《关于村容村貌整治计划的通 知》，安排全县 65 个村的整治计划，要求按照"五通"（通水、通电、 通路、通电话、通广播）、"五改"（改水、改路、改厕、改圈、改 房）、"两化"（绿化、文化）的要求，做到生产生活设施配套，村 容村貌整齐卫生，主要道路铺设水泥、柏油或沙石，排水设施较好、 不积水，牲畜圈养、人畜分居，厕所、垃圾、猪圈布点合理，彻底 解决"脏、乱、差"问题，实现生活环境美化、绿化。当年，全县

装修旧房 350 座、建筑面积 10.5 万平方米，改造或迁移厕所 152 座、猪圈和牛圈 125 个，改造排水沟 50.7 公里，改造饮水水源 73 处，建设自流式自来水设施 32 个。

1999 年，经调查，全县未实现"五通"的村民 3.94 万户 15.39 万人，其中未通电的自然村 7 个、未通路 124 个、未通电话 164 个。按照泉州市委、市政府新村建设、旧村改造的要求，抓"五通"促"五改"，以宝美、浔中、奎斗、朱紫村4个市级新村建设典型村为重点，带动蒲坂、西山、蟠龙、淳湖、上云村，以及赤水街等旧村改造和精品工程建设。

2002 年，德化县以改善农村环境，提高农民生活质量为重点，推进旧村改造和新村建设。全县新建房屋 76 座 2.68 万平方米，道路硬化 35 公里，铺设自来水管道 12 公里，修筑排水沟 21 公里，填埋茅厕 85 座、新建公厕 18 座，绿化环境面积 1.95 万平方米，公共设施建设 18 座 0.58 万平方米，共投入资金 2.49 亿元。

2005 年，德化县重新确定村容村貌整治目标任务，重点解决"脏、乱、差"问题，实现村内主要道路路面硬化，垃圾定点收集处理，生活污水排放顺畅，家禽家畜集中圈养，房前屋后绿化，居家布局科学卫生，公共卫生设施配套齐全等。全县新建住房 330 幢 4.8 万平方米；建制村硬化道路 276.1 公里，30 个村新建供水工程、铺设自来水管道 120 公里，修筑排水沟 24 公里，填埋茅厕 30 座、改厕 306 户、修建公厕 5 座，绿化环境 22 万平方米，总投资 9200 万元。

2006 年，德化县贯彻执行中央 1 号、省委 1 号文件精神，制定《关于扎实推进社会主义新农村建设的初步实施意见》，组织实施"十村示范、百村整治"工程，以乡镇政府所在地、主要公路沿线、主要景区周边及条件较好的中心村为重点，确定 2006 年度新农村建设省级示范村 2 个、省级整治村 12 个，市级典型示范村 2 个、市级重点挂钩帮扶整治村 5 个、市建设局挂钩整治试点村 2 个，县级示范村 12 个、县级重点改造城中村（社区）19个，各乡镇确

定重点整治村2个。至年底，全县新农村建设总投资13675.37万元，新建房屋427座15.06万平方米。省、市、县三级示范村投入资金5617.24万元，占全县总投资的41.1%，启动项目132个，其中生产性项目42个、社会性项目90个。

2007年，泉州市政府为支持不适应村、"老、少、边"经济欠发达村改善生产生活条件，下拨改旧建新补助资金19万元，其中西洋村2万元、三班村5万元、有济村2万元、阳山村2万元、联春村2万元、西墘村2万元、雷峰镇2万元、县新村建设办公室经费2万元。

2008年，继续推进"十村示范、百村整治工程"，南埕、上涌2个村为2008年度省级新农村建设示范村，吾华、佛岭2个村为市级示范村，高阳、龙阙等12个村为县级示范村。通过市、县领导挂钩帮扶、召开现场调研座谈会等方式，协调解决项目、资金等困难问题。

乡村新貌

2009年，在有公路提级改造的沿线安排雷峰村、丘坂村为市级示范村，确定10个县级示范村，协调配合县四套班子领导召开县级示范村建设座谈会12场，筹集16个省、市、县示范村建设资金743万元，启动建设项目150个，其中建设性项目63个，社会性项目87个，推进示范村创建工作。

2013年，按照县委、县政府的部署，县农办牵头组织制订《德

化县建设"美丽乡村"环境卫生考评方案》以及奖励办法，采取巡查、督查办法，促进乡村环境卫生整治工作。至年底，累计巡查170个村，督促整改薄弱环境1500个，全县乡镇、村在泉州市农村环境卫生考评中位居全市前列，获市级奖励资金150万元。

三、农村造福工程

1995年，德化县政府对人均住房不足10平方米的777户贫困户，每户无偿提供水泥2吨，所需木材指标单列批准、不收费用，所在村无偿提供土地，有关部门不收任何费用，党员干部献工出力，解决住房困难问题。

1996年，德化县委、县政府组织实施造福工程，建设贫困户搬迁安居适用安置房。当年底，完成搬迁192户850人。1997年，完成搬迁78户305人。

2000年，德化县对高山、偏僻、远离城镇（高、边、远），生产生活环境恶劣的山村，有计划地实行整体搬迁，为搬迁群众建设幸福家园，为贫困村、贫困户经济发展创造良好条件。幸福家园建设用地由所在乡镇、村提供，县直有关部门出资帮助解决土地"三通一平"；国土资源、规划建设等部门做好规划设计工作，房屋建设图纸设计费减半征收，免征土地出让金、配套费、薪材发展基金、散装水泥专项资金和占道费等；县建筑部门加强质量监督，质量监督费减半征收；金融部门给予建房户低息贷款，为建房户解决资金不足问题。

2002年，县农业部门按照县委、县政府的部署，实施造福工程，搬迁61户220人，投入资金33万元。2003年，搬迁51户180人。

2005年，县农业部门向省、市政府争取造福工程指标750人、资金75万元，其中省30万元、市22.5万元、县配套资金22.5万元，完成搬迁253户907人。同时，对"二女"户实行搬迁补助，搬迁18户72人，每户补助2.5万元。

2006 年，根据高、边、远山区农民的需求，继续实施幸福家园工程，组织造福搬迁，有序向县城关集中，建设浔中王厝山、城后、阳馨新村、城东幸福家园等；争取省、市搬迁指标 1600 人，下拨配套资金 166 万元，其中省40 万元、市 96 万元、县30万元，实际搬迁1852人。

2007 年，省、市、县继续推进造福工程建设，下达专项补助资金 186.8 万元，其中省 76.8 万元、市 110万元。要求将资金落实到村、到户、到人，落实安置地点，严禁挪作他用，有关部门要做好检查督促工作。至年底，完成阳馨小区总体设计方案、施工图纸设计和审查、场地平整和地质钻探、基础工程和主体工程建设等，筹集资金 1948 万元；国宝乡聚兴新村投入资

造福工程群楼

金 150 多万元，完成征地 52.5 亩，并动工建设，其他乡村造福工程按计划有序进行。

2008年，争取省、市造福工程搬迁指标2000人，配套补助资金380.48万元，推进王厝山小区、阳馨新村、聚兴新村等造福工程建设，同时抓好枣兴小区、石鼓、黄井、毛厝、霞碧、霞山等新旧建设点的造福工程建设。

2009年，争取省、市造福工程搬迁指标2010人，配套补助资金441.45万元；落实搬迁指标，建立搬迁对象档案，做好芹菜垅小区、丘埕小区两个新搬迁建设点的规划设计、资金筹措、施工建设等工作。

2010年，省、市下达造福工程搬迁指标1800人、补助资金475.75万元。确定刘坑、霞山、石鼓、丘埕、枣兴、新景、长荣、

阳馨、聚兴等为新村建设点，其中丘埕为省级示范点，枣兴、刘坑为市级示范点。至年底，完成414户1800人搬迁安置任务。2011年，搬迁指标为1658人，补助资金344.5万元，其中省级指标958人，人均配套补助资金2500元；市级指标700人，人均配套补助资金1500元。

2012年，全县造福工程搬迁指标2500人，其中省级指标1500人，上涌镇下涌新村为省级重点扶持建设的集中安置区；项目补助资金720万元；泉州市级指标1000人，安排在阳馨新村、大坂新村、英山新村、村场新村、坂里新村等集中安置区建设。

村级党群服务中心

2013年，完成省级900户、市级800户造福工程危房改造任务；完成省级重点扶持集中安置区大坂新村建设、市级重点扶持集中安置区龙旺小区、坂里新村建设工程等。同时抓好阳馨新村、宝美职工公寓、紫云社区、汤头丘埕小区、涌口新村等配套实施建设。

四、建设小康文明乡（镇）、村

（一）建设小康乡（镇）、村

1992年7月19日，县委召开七届六次全会，通过《关于更快更好地发展德化经济，提前翻番奔小康若干问题的决议》，提出实施"一一三九九"农村小康基础工程，即10万千瓦水电装机容量、1000万袋香菇、300万平方米草菇、90万亩山地综合开发（其中竹20万亩、果20万亩、用材林50万亩）、9亿元乡镇企业总产值。

县农业部门制订了实施办法和方案。

1993 年 12 月，在县第八次党代会上，提出"三年再造一个德化，五年建成一流瓷城，全县人民提前两年进入小康"的目标，把小康工作作为头等重要的硬任务，专题部署，专人负责，抓紧抓实。

醉美山村

1994 年，德化县农业委员会根据福建省农村小康评价方法和 16 项标准，对全县小康工作进行评价，表明 1993 年度德化县农民在解决温饱问题基础上已开始向小康目标迈进。

1995 年，成立"德化县奔小康、建新村"领导小组，下设办公室，挂靠县农业委员会，加强对小康工作的领导。

1996 年 1 月，经县小康办公室组织验收、报经泉州市小康办复查确认，浔中、龙浔二镇基本达到小康水平。12 月，经县小康办检查验收、市复查确认，三班、龙门滩、雷峰、南埕、水口 5 个镇和国宝、美湖、葛坑、汤头、杨梅 5 个乡基本达到温饱型小康水平。1998 年 1 月，经县小康办检查验收，市小康办复查确认，上涌、盖德、大铭、桂阳 4 个乡镇达温饱型小康生活水平。4 月，经泉州市政府组织验收，全县有 16 个乡镇、181 个建制村、60696 户农户基本达到温饱型小康水平，分别占全县乡镇、建制村和农户的

88.9%、91% 和 88.5%。经福建省政府组织复查后，确认德化县已基本实现温饱型小康。

1999 年，县成立宽裕型小康建设工作领导小组，由县党政第一把手任正副组长，下设宽裕型小康建设办公室，挂靠县农业办公室；确定龙浔、浔中、葛坑等 3 个乡镇为宽裕型小康示范乡镇，宝美村等 15 个建制村为宽裕型小康示范村，抓好典型示范建设。全县以"增粮增收保供给，脱贫致富奔小康"为主线，以增加农民收入和保持农村稳定为重点，实施科技兴农战略，增加农业投入，完善农业社会化服务体系，促进农业生产力水平逐步提高。至 2002 年，全县投入资金 2 多亿元，进行以村容村貌整治为重点的旧村改造建设；坚持"两手抓，两手都要硬"，开展群众性精神文明创建活动，农村面貌焕然一新。

2004 年，德化县贯彻落实中央 1 号文件精神，以科学发展观为指导，以宽裕型小康建设为主线，按照泉州市委、市政府《关于开展创建宽裕型文明村活动的决定》的部署和要求，围绕"班子坚强、经济发达、设施齐全、环境优美、风气良好"总体目标，加强农业综合能力建设，大力发展农村经济，持续增加农民收入，推进城乡统筹协调发展，建设宽裕型小康乡镇、小康村。当年，龙浔镇被泉州市委、市政府命名表彰为"宽裕型小康镇"，美湖乡阳山村被命名表彰为泉州市第四批"宽裕型文明村"。

2005 年，按照县委、县政府的部署，抓好精品村和重点村建设。其中，英山精品村拆除旧房 5 幢 0.6 万平方米，新建住宅 30 幢1.96万平方米；新建水渠 2.5 公里、溪堤 40 米、道路 3 公里；改厕 70 户；总投资 1000 多万元。三班重点村征地 85 亩，拆除旧房 5 幢、新建住房 8 幢 2.52 万平方米。同时，指导村制定《文明公约》《村规民约》，村与居住户签订"门前三包"责任状，加强绿化、美化、净化工作。

2007 年，县委、县政府贯彻执行泉州市委、市政府《关于加快推进社会主义新农村建设的实施意见》精神，以及市社会主义新

农村建设总体规划，根据蒲坂、湖坂两个市级新农村建设试点示范村，以及南埕、吾华、铭爱、蕉溪、葛坑等5个市级重点帮扶村建设项目实施进度情况，下达捆绑资金350万元，每个村50万元，建设项目包括农业、林业、水利、交通、村规划与管理、卫生、普通教育、排污等。要求加强对资金使用的监督管理，确保专款专用。建设社会主义新农村，成为德化县委、县政府带领革命老区人民发展的一个新的目标和任务。

（二）创建文明乡（镇）、村

1989 年，县委、县政府在上涌、葛坑、赤水、水口、南埕等乡镇举办精神文明建设和科普知识、扫除封建迷信宣传图片展；同年，在三班、雷峰、水口、盖德、赤水、上涌、葛坑等 7 个乡镇开展精神文明建设友谊竞赛活动；雷峰镇肖坑村获全县首个省级文明单位"1988—1989 年度省级文明单位"荣誉称号。

1990—1992 年，贯彻落实福建省委《关于加强农村精神文明建设的意见》，把"美在瓷城"活动五年规划推向乡镇，在农村组织开展以"五提倡五反对""六提倡六反对"等为主要内容的农村精神文明建设，在乡村成立老年人协会、离退休协会等组织，建立青年之家、妇女之家和党员活动室，使之成为开展精神文明活动的重要场所。

1996—1997 年，贯彻落实中央宣传部、农业部《关于深入开展农村社会主义精神文明建设活动的若干意见》，在全县农村组织开展"十好文明集镇"竞赛活动，各乡镇进行旧街改造、基础设施建设、环境绿化美化等工作，改善农村环境。

1998 年，在农村开展整治镇容村貌、告别陈规陋习等活动，加强以"二拆、五改、三配套"为重点的新村建设，改善农村环境；同时，组织实施"139-18"工程，18 个乡镇各创建一个精神文明建设典型村。

2001—2004 年，以新村建设为重点，结合"六提倡六反对""移

风易俗、告别陈规陋习"等内容，在全县开展文明乡镇竞赛活动，倡导文明健康的生活方式。做好集镇建设和乡镇所在地环境整治、绿化美化工作，确定 1～2 个村作为文明创建典型村，重点抓好龙浔、浔中、盖德、上涌等乡镇，以及全省文明新村——英山村的各项创建工作。

2006 年，编制《德化县创建文明村规划》，开展"文化、科技、卫生"三下乡活动，以及美在农家、十星级农户、敬老模范村等活动，丰富农村精神文化生活。

2007 年，以龙浔、浔中为龙头，以沿省道 203 线、206 线的村镇为重点，以英山、蒲坂等省、市、县新农村建设示范村为典型，全面开展农村精神文明连片创建活动，开展"家园清洁行动""洁我家园、共创文明"主题活动，进一步解决农村"脏、乱、差"问题，促进乡村文明。

2010 年，继续组织开展以"六提倡六反对"为主要内容的移风易俗活动，引导老区广大群众更新思想观念，破除封建迷信陋习，逐步养成良好的行为习惯和生活方式。组织老区群众"三清六改"（清垃圾、清淤泥、清路障，改房、改水、改路、改厨、改厕、改圈），进一步改善生活环境。广泛开展"文明乡镇""文明村""优美村镇""美德在农家""文明家庭"等创建活动，促进乡风、村风文明。按照新农村建设"20 字"方针和"集中财力办大事"的要求，通过签订责任书，落实主体责任；指导 10 个省、市、县三级示范村突出一个主题，落实"六个一"标准，筹集资金 740 万元，启动建设项目 98 个，建成英山、小湖、蒲坂、国宝等一批特色农业村、环境整洁村、工业发展村、生态旅游村等不同类型的典型示范村。

2011 年，按照道路硬化、村庄绿化、路灯亮化、卫生洁化、住宅美化的标准，推进"十村示范，百村整治"工程，确定省道 203 线、206 线沿途乡镇政府所在地，人口较集中的国宝村、上涌村等 10 个村作为省、市、县示范村，筹集帮扶资金 550 万元，完成新村建设规划、安全饮水、道路硬化等 83 个工程项目。同时，

创建 41 个"绿色村庄"示范点，投资 1296.2 万元，植树 67.05 万株，新增绿化面积 308.52 亩。

2013 年，以省道 203 线、206 线沿线村庄和城区、景区、镇区及其周边村落为重点，确定建设英山、石鼓、蔡径、半岭、村场、猛虎、湖岭、小湖、大铭等 9 个美丽示范乡村，东埔、兴南 2 个美丽示范社区。通过立面改造，打造白墙黑瓦的"戴云山筑"整体建筑风貌，推进"雷峰—南埕—水口"和"浔中—国宝—赤水—上涌"示范线建设，逐步形成村点出彩、沿线美丽的乡村格局，投入资金 1000 万元。确定浔中镇石鼓村、上涌镇刘坑村为新一轮市级新农村建设试点示范村，发展项目 13 个，提供扶持资金 248 万元。

2014 年，全县按照高举旗帜、围绕大局、服务人民、改革创新总要求，坚持贴近实际、贴近生活、贴近群众，组织开展以社会公德、职业道德、家庭美德、个人品德为主要内容的"道德讲堂"活动；开展文明礼貌、文明交通、文明餐桌、文明网络"四大文明"行动；开展"美丽乡村""文明村镇""文明家庭"创建活动；开展"家训家风伴我成长"家训家教故事征集、"你的家风家规是什么"征集评选活动，评选出优秀家训 25 条、优秀家教故事 45 篇。做好省级及以上文明单位、文明村镇评选推荐工作，表彰县级各类文明先进单位等。德化县连续三届获"全国文明县城"称号，浔中镇获"全国文明镇"称号；创建了一批省、市、县文明单位、文明乡镇和文明村。

统筹城乡发展，全面脱贫致富，走文明幸福的小康生活道路，是当代老区人民的期盼和愿景。德化县委、县政府不忘初心，牢记使命，以马克思主义、毛泽东思想、邓小平理论、"三个代表"重要思想、科学发展观和习近平新时代中国特色社会主义思想为指导，高瞻远瞩，精准施策，推出改革创新攻坚、产业转型升级、宜居城市提升、美丽德化建设、民生优先改善、生态文明示范、党建科学保障等七大工程，确保全县各项事业持续健康平稳发展，不断增进老区人民福祉。

第六章

新时代·瓷都追梦远航

不忘初心，牢记使命，挂起万里征程的
风帆，朝着中国梦的方向破浪远航！

世界瓷都·追梦远航

（陈能与 摄）

改革开放，使中国经济和社会发展进入一个全新的时代。德化县委、县政府全面贯彻执行国家改革开放政策，坚持"发展才是硬道理"，按照社会主义市场经济体制的要求，推进农业、工业、商贸以及物流、服务业等各行各业不断改革和发展。

20世纪80年代，德化县在不断完善和深化农村改革，解决广大农民温饱问题的基础上，采取嫁接外资、租赁、股份合作、资产重组、拍卖、依法破产等形式进行工业经济体制改革，使国有资产保值增值，促进民营企业迅速崛起，形成国家、集体、个体等多种经济成分并存、多种经营形式共同发展的格局，经济社会出现崭新的局面。

20世纪90年代，德化县贯彻执行《全民所有制工业企业转换经营机制条例》等国家政策，大刀阔斧地推进国有、集体企业进行股份制改革，落实企业自主权，全面完成国有工业和国有商业改制，为企业转换经营机制，走向市场经济创造良好条件。同时组织实施"大城关"发展战略、"科技兴瓷"战略、"扶优扶壮"工程，创建以陶瓷为主的工业园区，促进资源、资金等向城关和优势产业流动，推动民营企业进入快速发展的轨道，逐步形成以城关为中心、以工业为主导的发展格局。其间，建成全国最大的陶瓷和西洋工艺瓷出口生产基地，建成全省最大的铁矿和黄金生产基地。

在新时代，德化县委、县政府继续解放思想，深化改革，精准施策，树立全面协调、可持续科学发展观，统筹城乡发展、统筹经济社会全面发展、统筹人与自然和谐发展。按照"稳中求进，改革创新"总基调，充分发挥投资、消费、出口三大需求的拉动作用，推进经济社会各项事业持续发展。先后完成国省公路干线改造提升、厦沙高速公路建设等工程，进一步改善革命老区的交通条件；推进供给侧结构性改革，促进农村农林牧渔业和陶瓷业提质增效，创造出一批批名牌产品；建成云龙湖水库、中国茶具城以及翰林府邸、时尚华庭等一批标志性建筑物，提升瓷都城市品位。建设乡村旅游线路，组织宣传推介，营造温馨和谐旅游环境，为游客提供优

质服务，创建全域旅游示范县。

2016 年，德化县委、县政府组织实施"三五三"战略，促进德化经济换挡提速、转型升级，创一批具有德化特色的亮点品牌，全面提升瓷都的硬实力、影响力和美誉度，打造"海丝"路上具有国际影响力的现代化世界瓷都。

第一节 老区跨越式前进

一、经济建设跨越式前进

（一）经济体制改革

"七五"时期（1985—1990 年），县委、县政府贯彻党和国家的决策部署，按照建立社会主义市场经济体制的要求，实施一系列改革措施，逐步建立以公有制为主体、多种所有制形式并存的经济格局，即形成国有、集体、个体私营等多种经济成分并存和共同发展的经济体制。农村逐步完善家庭联产承包责任制，逐步建立土地使用权流转制度。企业采取嫁接外资、拍卖、租赁、股份合作、依法破产等形式，全面完成 52 家国有企业、11 家二轻企业的改制工作，使国有、二轻企业走出"低谷"，成为新的经济增长点。1988年，德化县被批准为沿海开放县，1990 年，有外商投资企业 13 家，利用外资合同金额229.16 万美元，实际到资 138.69 万美元，投产 11家，产值占全县工业总产值 7.34%。国营、集体、个体等多种经济成分并存的流通体制继续完善和发展，流通企业实行多种形式经营责任制。全县商业零售网点由 1985 年末的 1579 个发展到 2006 个，从业人员由 2734 人发展到 3570 人。乡镇陶瓷企业迅速崛起，逐

渐形成以乡镇企业为主体的陶瓷生产体系。全民陶瓷企业产值年均递增 15.6%，乡镇陶瓷企业产值年均递增 45.14%。

"八五"时期（1991—1995 年），德化县贯彻落实《全民所有制工业企业转换经营机制条例》，在企业股份制改革、国有资产管理体制改革、落实企业自主权、完善企业承包经营责任制等方面取得新进展，为企业转换经营机制，走向市场创造了良好的外部环境。

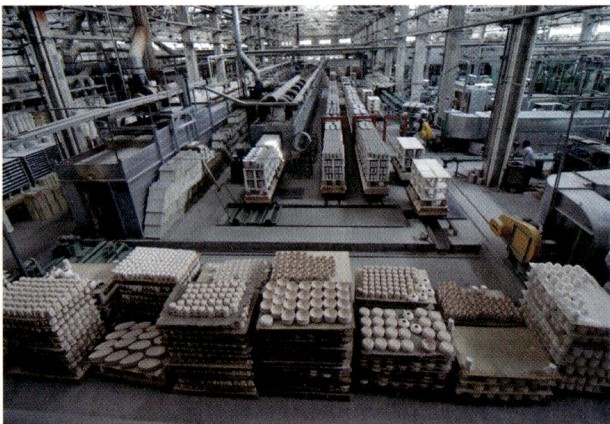

陶瓷生产车间

1994 年，国有工业产值 2.31 亿元，增长 13.76%，连续6年无亏损。开展"乡镇企业年"活动，制定实施"扶持乡镇企业发展的九条措施""促进乡镇企业、个体私营经济发展的十条措施"。1995 年，全县乡镇企业单位数 5225 个，比 1990 年增加 1768个；从业人员 60515 人，增加 3898 人；乡镇企业总产值 14.38 亿元，比增 8.8 倍，年均递增 57.7%；乡镇企业出口交货值 5.8 亿元，比增 10.9 倍。制定鼓励外商投资的优惠措施。外商投资领域涉及陶瓷、电力、彩印、水产养殖、竹制品、茶叶等20多种行业。1995 年，全县三资企业完成产值 1.3 亿元人民币，出口创汇 1252 万美元。

"九五"时期（1996—2000 年），国有企业改革力度加大，1996 年，完成第二瓷厂、水泥厂、酒厂、彩印包装厂、铁合金厂转制工作，其中县第二瓷厂、酒厂、水泥厂三家亏损大户实现扭亏目标。1997 年，采用抵押租赁、股份合作、拍卖、转让等形式，对国有企业资产实行战略性重组，全县 16 家国有工业企业完成改制，国有商业企业改制进入实施阶段。2000 年，全面完成 52 家国

有企业改制任务。其间，县委、县政府制定了《关于组织实施'扶壮工程'的若干规定》《关于加快木竹加工企业发展的若干规定》，实行县领导和有关部门挂钩企业制度，促进乡镇企业持续快速发展。2000 年，全县乡镇企业总产值 67.5 亿元，乡镇企业集团 21 家，佳美集团公司被农业部、外经贸部授予"全国乡镇企业出口创汇"先进单位称号，有 12 家企业被省乡镇企业局等 5 个单位联合授予"福建省出口创汇先进企业"称号，乡镇企业主要经济指标增幅均居泉州市前列，德化县成为福建省发展乡镇企业先进典型。其间，实际利用外资持续快速发展，全县新批准三资企业、外商投资企业增至 34 家，外商企业总产值 2.78亿元。

"十五"时期（2001—2005年），县委、县政府制定扶持乡镇企业持续发展的一系列措施，指导和推进企业节能降耗，向高效率、高质量发展。至2005年，4家企业获得 ISO9000 质量认证，佳美、龙鹏、创意、冠福集团被省授予首批 40 家省重点乡镇企业称号。继续推进国有企业改革，完成县国有水泥企业、县煤矿、林化厂、冶炼有限公司、外贸公司、木材公司改制；粮食购销市场化改革加快，粮食收储中心扭亏为盈，改变了粮改以来亏损的被动局面。成立电力国投公司，设立县国资办，加强国资监管。其间，全县新批外商投资企业38家，合同利用外资3251万美元，外商实际到资1416万美元。

"十一五"时期（2006—2010年），德化县以科学发展观为指导，以开展"解放思想，先行先试，抢抓机遇，跨越发展"大讨论活动为载体，理清发展思路，有为应对危机，推进"城市建设提升年、文化发展繁荣年、农村改革深化年、干部服务创业竞赛年"等"四个年"活动，实施"项目建设、旅游发展、新增长区发展、城市建设、民生工程"等"五大战役"，经济社会平稳发展。2010 年，全县地区生产总值首超百亿元，达 101.67 亿元，其中第一产业增加值 7.57 亿元，比 2009 年增长 2.3%；第二产业增加值 57.36 亿元，增长 13.4%；第三产业增加值 36.77 亿元，增长 6.5%。

"十二五"时期（2011—2015 年），县委、县政府以习近平新时代中国特色社会主义思想为指导，贯彻落实上级各项部署决策，主动适应新常态，把握大势，积极作为，克难攻坚，经济社会各项改革取得新的进展。推进城乡统筹各项改革试点工作，完善全省首个县级农村产权交易中心建设，完成南埕镇农村土地承包经营权确权登记颁证省级试点、国家林地占补平衡试点县、龙浔和浔中省级机构改革试点镇等工作；加快企业股份制改革步伐，新增海峡股权交易中心挂牌企业6家达24家；深化商事制度改革，全面实施"三证合一、一照一码"登记，新注册市场主体3991个；制订实施"互联网+"行动计划，创办全国首家阿里巴巴中国供应商合伙人试点等，被评为中国电商百佳县、中国电商百强县之一等。

2016年，德化县委、县政府按照国家"十三五"规划的要求，坚持稳中求进工作总基调，组织实施"三五三战略"，推动德化经济社会各项事业不断迈上新台阶。2018 年，全县地区生产总值246.23亿元，规模以上工业产值309.57亿元，陶瓷业产值328.46亿元；一般公共预算总收入18.26亿元，城镇居民人均可支配收入33863元，农村居民人均可支配收入15465元。

（二）产业结构调整

"七五"期间，德化县委、县政府在农村经济体制改革已取得明显成效的基础上，根据德化农村的实际情况，引导、推动全县农村向农业综合性开发发展，扩大水果种植面积、发展养殖业，种植食用菌等，农村经济结构由单一型向多样型发展，农村也出现新的外向型经济，三次产业结构的比重出现微妙变化。

"八五"期间，县委、县政府继续调整农村产业结构，粮食生产屡创历史纪录，1995年，农业总产值达4.74亿元，年均递增20.52%；工业生产增速更快，尤其是具有德化特色的陶瓷、电力、森工、矿产品开采加工等行业发展更为迅速，初步形成以县城为中心，轻工业为主体，粗具一定规模的工业体系。市场销售平稳，社

会消费水平明显提高，三次产业结构比例为 26：42.8：31.2。

"九五"期间，德化县逐渐形成工业主导型经济发展格局，工业和服务业对经济增长贡献率上升，成为经济持续快速增长的主要推动力。在工业内部结构中，陶瓷业产值占工业总产值的比重由1995年的61.5%提高到2000年的68%，陶瓷业成为德化县经济的支柱产业。矿产业的规模扩大，德化成为全省最大的黄金、高岭土、铁矿生产基地。2000年，三次产业结构的比例为 13.5：53：33.5。

"十五"期间，德化县基本形成工业主导型经济发展格局，工业化程度提高。2005年，全县工业产值在经济总产值中的比重为 55.3%，高于全省和全市的平均水平，其中陶瓷业产值40.81亿元，比2000年增长116.73%，年均增长16.73%，占工业总产值的61.2%，巩固支柱产业地位。2005年，三次产业结构比例为11.0：55.3：33.7。

"十一五"期间，县推进新农村建设，特色农业发展步伐加快。工业以年均递增22.5%的速度发展，质量不断提高，其中陶瓷产值年增长高达44.12%，陶瓷业纳税突破3亿元，占全县总税收额 40%左右；电力新增装机容量6万多千瓦，总容量达29.524万千瓦；矿业产值15亿元，纳税7579万元；服务业快速发展，尤其是旅游业发展更迅速，年接待游客超50万人次；社会消费品零售额、房地产销售额、客货运周转量、金融机构人民币各项存款和贷款均出现较快增长。2010 年，三次产业结构比例为 8.8：57.2：34.0。

"十二五"期间，德化县始终坚持科学发展、稳中求进工作总基调，加快一批重大项目建成投产，稳增长与促转型齐头并进，促进实体经济发展质量和效益进一步提升；坚持生态立县、科学开发和可持续发展理念，以创建科学发展示范县为动力，持续推动资源节约型、环境友好型建设；采取民生优先、共建共享，公共服务均等化措施，确保财政民生支出、城镇和农村居民可支配收入稳定增长，全社会文化、教育、医疗卫生等条件进一步改善。2015 年，三次产业结构比例为5.2：60：34.8。

2016年，德化县委、县政府贯彻执行中共中央、国务院的决策部署，按照"十三五"规划中推动供给侧改革的要求，精心组织，抓紧抓实，效果显著。2018年，全县第一、二、三产业增加值分别为12.23亿元、138.11亿元和95.89亿元，分别比上年增长2.8%、9.9%和8.1%，三次产业结构比例为5.0∶56.1∶38.9，产业结构进一步优化。

（三）经济跨越式运行

"七五"期间，德化县委、县政府根据治理整顿深化改革的要求，立足德化县实际，发挥"林、瓷、电、矿"四大优势，经济实力不断增强，全面完成"七五"计划。1990年，全县生产总值2.75亿元，年均递增8.82%。人均生产总值965元，年均递增6%。工农业总产值3.64亿元，年均递增10.39%，其中陶瓷产值0.94亿元，年均递增51.03%。县级财政收入2358万元，年均递增27%。全社会固定资产投资0.78亿元，年均递增31.44%。出口供货总值0.84亿元，年均递增42.22%。社会消费品零售总额1.68亿元，年均递增23.32%。农民人均纯收入587元，年均递增9.43%。

"八五"期间，德化县委、县政府坚持深化改革、扩大开放的方针，进一步解放思想、更新观念，确立"小县大城关"发展战略，进一步发挥"山、水、瓷、矿"四大优势，经济迅猛发展。1995年，全县生产总值11.41亿元，年均递增35.15%。人均生产总值4155元，年均递增33.91%。工农业总产值14.13亿元，年均递增34.89%，其中陶瓷产值完成5.77亿元，年均递增51.5%。财政总收入10255万元，年均递增26.29%。一般预算收入6375万元，年均递增22.01%。全社会固定资产投资、出口供货总值、社会消费品零售总额均较快增长。县财政预算内总收入10255万元，首次突破亿元大关，比1990年增长2.2倍；农民人均纯收入1836元，年均递增25.62%。

"九五"期间，德化县委、县政府继续深化"小县大城关"发

展内涵，坚持"强化城关、发展集镇、推进东西、共奔小康"的基本策略，加快建设陶瓷、林业、电力、钢铁原料、黄金开采五大基地，经济继续保持快速发展。2000 年，全县生产总值 34.52 亿元，年均递增 22.96%。人均生产总值 11411 元，年均递增 22.39%。工农业总产值 54.76 亿元，年均递增 26.39%，其中陶瓷产值 32 亿元，年均递增 33.57%。财政总收入 25568 万元，年均递增 20.05%；农民人均纯收入 3489 元，年均递增 13.7%。

　　"十五"期间，德化县委、县政府坚持以邓小平理论和"三个代表"重要思想为指导，认真贯彻落实党的十六大精神，立足县情，推进改革开放，实施项目带动，强化政策引导，致力构筑平台，推动科学发展，经济发展实现新跨越。2005 年，全县生产总值 51.33 亿元，年均增长 13.2%；人均生产总值 16745 元，年均增长 13.4%。全县工农业总产值 79.20 亿元，其中陶瓷业产值 40.81 亿元，平均增长 16.73%，自营出口 11008 万美元，年均增长 11%。全社会固定资产投资、社会消费品零售总额保持较快增长；财政总收入 5.38 亿元，年均增长 16.25%；农民人均纯收入 4777 元，年均增长 7.2%。

　　"十一五"期间，德化县委、县政府以科学发展观为指导，融入海峡西岸经济区现代化工贸港口城市建设大局，按照"一二三四五"发展思路，即一个目标，全面建设小康社会，构建现代化绿色瓷都；二个抓手，政策引导，项目带动；三大经济繁荣带，构建城关以陶瓷业为主，东半片以旅游业为主，西半片以矿业为主的三大经济繁荣带；四个集中，人口向城关集中，企业向园区集中，居民向社区集中，耕地和山林向农场和林场集中；五个战略，工业兴县战略，大城关发展战略，市场多元化战略，科教兴县战略，可持续发展战略。攻坚克难，扎实工作，继续开创经济社会发展良好局面。2010 年，全县工农业总产值 128.26 亿元，其中陶瓷产值 82.38 亿元，出口商品供货总值 67.38 亿元。财政总收入 8.73 亿元，比 2005 年增长 31.35%，德化再次被评为福建省"经济发展十佳"

县之一。

"十二五"期间，德化县委、县政府以习近平新时代中国特色社会主义思想为指导。牢牢把握发展第一要务，化挑战为机遇，化不可能为可能，稳中求进，经济实力迈上新台阶，社会各项事业取得新的进步。2015年，全县生产总值182.36亿元，人均生产总值6.44万元。规模以上工业产值220.23亿元，陶瓷业产值188.20亿元、矿业产值26.28亿，旅游业收入17.35亿元；一般公共预算总收入15.31亿元，全社会固定资产投资总额99.25亿元，社会消费品零售总额60.59万元；外贸出口总额2.28亿美元、进口98万美元，实际利用外资1172万美元；城镇居民人均可支配收入26987元，农村居民人均可支配收入11961元。

2016年，德化县委、县政府主动融入新时代新福建和"五个泉州"（创新、智造、海丝、美丽、幸福）建设，坚持新发展理念，继续深化改革，组织实施陶瓷产业、全域旅游、城市品位、社会民生、乡村发展、项目攻坚、党建保障"七大提升行动"，推动全县经济社会各项事业不断实现新突破、新发展。2018年，全县生产总值246.23亿元，比上年增长9.0%；一般公共预算总收入18.26亿元，比上年增长8.2%；农业总产值21.78亿元，比上年增长2.5%，工业总产值330.18亿元，比上年增长13.1%，第三产业增加值95.89亿元，比上年增长8.1%；社会消费品零售总额84.35亿元，比上年增长13.3%，固定资产投资14.66亿元，比上年增长16%。

表6-1　1978 — 2018年德化县经济总量主要数据情况

年份	地区生产总值（亿元）	工农业总产值（亿元）			其中陶瓷业产值（亿元）		财政收入（亿元）	农民人均收入（元）	固定资产投资（亿元）	总装机容量（万千瓦）	社会消费品零售总额（亿元）
		总产值	农业	工业	企业数	企业产值					
1978	0.35	0.49	0.28	0.21	44	0.13	0.039		0.025	1.01	0.17
1979	0.43	0.73	0.35	0.38	45	0.13	0.030	139	0.051	—	0.21
1980	0.60	0.82	0.39	0.43	51	0.18	0.049	146	0.047	—	0.27

年份	地区生产总值（亿元）	工农业总产值（亿元）			其中陶瓷业产值（亿元）		财政收入（亿元）	农民人均收入（元）	固定资产投资（亿元）	总装机容量（万千瓦）	社会消费品零售总额（亿元）
		总产值	农业	工业	企业数	企业产值					
1981	0.59	0.97	0.40	0.57	54	0.18	0.053	184	0.062	—	0.31
1982	0.65	1.02	0.41	0.61	52	0.17	0.053	219	0.078	—	0.33
1983	0.72	1.08	0.46	0.62	55	0.16	0.058	241	0.079	1.53	0.35
1984	0.78	1.19	0.52	0.67	53	0.17	0.062	287	0.110	1.58	0.42
1985	1.16	1.41	0.85	0.56	111	0.22	0.072	374	0.200	1.63	0.57
1986	1.08	1.47	0.81	0.66	95	0.26	0.096	371	0.210	1.73	0.73
1987	1.49	1.87	1.04	0.84	122	0.30	0.120	418	0.530	1.77	0.93
1988	2.22	2.73	1.38	1.35	229	0.54	0.170	532	0.720	1.79	1.29
1989	2.53	3.25	1.60	1.65	215	0.64	0.220	592	0.950	3.56	1.63
1990	2.75	3.64	1.65	1.99	246	0.94	0.240	587	0.780	3.56	1.68
1991	3.57	4.79	2.07	2.72	336	1.58	0.290	635	0.860	3.56	1.78
1992	4.33	6.05	2.29	3.76	441	2.23	0.350	819	1.380	6.33	2.12
1993	6.50	8.37	2.50	5.87	614	3.29	0.550	1061	2.040	6.56	1.99
1994	9.20	12.30	3.99	8.31	705	4.85	0.800	1408	2.360	6.77	2.60
1995	11.41	14.13	4.74	9.39	812	5.77	1.030	1836	2.760	9.20	3.23
1996	13.87	18.50	5.42	13.08	902	7.66	1.230	2506	2.820	9.38	4.60
1997	17.04	22.40	6.10	16.30	1072	9.82	1.480	2828	3.670	9.50	5.83
1998	20.26	28.16	6.64	21.52	1173	13.01	1.810	3008	4.330	9.68	7.06
1999	23.35	33.33	7.55	25.78	1185	15.63	2.120	3207	5.060	13.68	8.06
2000	26.98	37.69	7.76	29.93	1191	18.83	2.540	3381	5.330	14.98	8.87
2001	30.82	41.53	8.00	33.53	1213	21.20	3.110	3526	5.860	17.48	9.82
2002	34.49	48.49	8.20	36.58	1235	22.83	3.570	3713	6.330	19.83	11.01
2003	38.48	53.16	8.36	44.80	1246	28.40	4.060	3904	8.280	22.69	12.62
2004	44.31	65.46	10.15	55.31	1260	35.15	4.660	4315	9.860	23.68	15.51
2005	51.26	77.84	11.15	66.68	1265	40.81	5.380	4777	11.590	24.77	17.75
2006	60.07	90.62	10.96	79.66	1277	47.05	6.140	5258	11.310	28.49	20.36
2007	72.30	111.10	12.30	98.80	1286	58.81	7.070	5789	14.720	29.23	23.46
2008	84.97	129.90	13.86	103.30	1279	69.96	7.850	6369	18.890	29.23	26.99

续表

年份	地区生产总值（亿元）	工农业总产值（亿元）			其中陶瓷业产值（亿元）		财政收入（亿元）	农民人均收入（元）	固定资产投资（亿元）	总装机容量（万千瓦）	社会消费品零售总额（亿元）
		总产值	农业	工业	企业数	企业产值					
2009	89.49	124.20	13.12	111.10	1220	71.32	7.340	6811	24.230	29.23	30.23
2010	103.00	140.40	14.43	126.00	1900	82.38	8.730	7357	33.740	30.88	34.22
2011	121.80	183.00	17.02	166.00	1901	105.50	11.100	8223	43.940	30.88	39.21
2012	136.40	201.40	17.45	183.00	2001	124.20	12.670	9218	54.970	30.88	44.35
2013	156.70	239.40	18.32	221.10	1923	150.10	14.010	10281	68.830	30.88	48.65
2014	172.40	252.00	19.28	233.70	2088	177.20	14.920	10967	86.400	30.88	53.53
2015	184.80	274.80	18.25	256.60	2286	188.20	15.310	11961	97.840	30.88	60.59
2016	194.30	288.40	19.69	268.70	2355	252.20	15.630	13015	11.170	—	67.13
2017	221.10	316.30	19.94	296.40	2454	287.90	16.450	14253	12.640	—	74.47
2018	246.20	351.90	21.78	330.20	2689	328.50	18.260	15465	14.660	—	84.35

二、社会事业跨越式发展

（一）教育事业成绩斐然

中华人民共和国成立后，德化县委、县政府按照国家统一部署，

德化实验小学（徐艺星 摄）

废除旧教育制度，改革教育内容，增办学校，组织扫除文盲活动，推进教育事业快速发展。1957 年，全县小学由 1949 年的 31 所增至 132所，在校学生由 2688 人增至 11483 人；初中在校生由149人增至 689 人，增办高中学校，在校生 206 人。

"大跃进"和"文化大革命"期间，学校经常停课，教育事业受到严重影响。

1978 年，中共十一届三中全会以后，教育战线拨乱反正。通过普及初等义务教育、大力扫除文盲，调整中等教育结构，全县教育事业重新走上快速发展轨道。1988 年，全县普通中学 15 所、216 班，在校生 10511 人，比 1949 年增长近 40 倍；小学 198 所、1451班，在校生 39197 人，比增近 15 倍。

1988 年，县委、县政府继续贯彻执行国家《义务教育法》，做出优先发展教育、建设教育强县的决定。建立县、乡、村共同抓"两基"（基本普及九年义务教育、基本扫除青壮年文盲）工作机制，形成政府、学校、社会通力抓教育的局面。至 1997 年，全县累计投入近亿元资金，新建校舍11.3 万平方米，其他各项配套设施也基本达到国家规定的要求，实现"一无两有"（学校无危险校舍、班班有教室、学生人人有课桌椅），教育"两基"顺利通过省政府验收和国家督导团复查。

德化职业技术学校

2000年，县委、县政府制订"双高普九"工作规划，围绕普及程度、办学条件、师资水平等全面推进素质教育。调整学校布局，创办陶瓷职业技术院校，优化教育设施，美化学校环境，建设义务教育管理标准化学校，开展"课堂教学质量年""教学大比武"等活动，全方位、多层次推进教育改革，提高教育质量，为革命老区各项事业培养德、智、体、美全面发展的人才。至2018年，全县有泉州工艺美术职业学院、德化职业技术学校各1所，中小学、幼儿园119所，教职员工4262人、在校学生63876人；全县高考本科上线率达77.8%，位居全省山区县前列。

20世纪90年代末，德化县委向全县人民发出"创办德化陶瓷学院"倡议。2000年初，县政府将创办陶瓷学院列入《德化县国民经济和社会发展"十五"计划和2010年规划纲要》；同年，计划和纲要获县人大会议审议通过。县财政投入资金1750.5万元，全县人民踊跃捐款680.4万元。3月，学院开工建设；9月，学院一期工程竣工。

2002年，泉州市政府向省申请筹建德化陶瓷职业技术学院；2003年，学院开设"五年制大专"2个专业，面向全省招生。2005年5月，福建省政府正式批准建立德化陶瓷职业技术学院，后更名为泉州工艺美术职业学院。2007年，学院开始面向全国招生。学院以"博学、精艺、厚德、善行"为校训，拥有教授、副教授、高级工程师、高级讲师、高级工艺美术大师等31名，以及其他师资队伍；设陶瓷艺术、设计艺术、陶瓷工程、工商管理4个系10个专业，在校生557人；同时建立福建省陶瓷行业职业技能培训与考核中心、福建省陶瓷产品质量检测中心、福州大学教学科研实践基地等。2018年，学院三年制大专录取新生739人，五年制大专录取新生253人，在校学生1916人。学院先后与国立华侨大学、黎明职业大学、南京工程学院康尼学院、金门陶瓷学院等建立合作关系，创山区小县办大学之范例。

（二）文化体育事业异彩纷呈

民国时期，德化县只有民间戏班、舞龙、舞狮等群众文化体育活动。新中国成立后，文化体育事业进入新的发展阶段，尤其是国家实施改革开放政策以后，全县文化体育事业进入全面繁荣时期，传统文化艺术深入挖掘，现代文化和全民体育健康事业迅速发展。1989年，全县有电影放映发行公司、电影院（队）35个，文化馆（站）18个，民间戏剧团5个，木偶戏班17个，以及陶瓷博物馆、图书馆等；建立电视差转台46座，广播线路总长477公里；建立戴云书画学会、南音协会等群众文化

德化县图书馆

团体。体育设施设备逐步充实、完善，运动技能逐年提高，经常组织开展群众性体育活动。

20世纪90年代，德化县委、县政府开始进行文化体制改革，组织实施"芳草计划"，发挥历史文化、陶瓷文化、民间民俗文化优势，开辟旅游文化，培育文化市场，发展多层次、多渠道、多形式的群众文化活动，把文化融入生产、生活各个领域，形成学校、企业、社区、家居、休闲等各种文化相辅相成、融合发展的"大文化"格局，丰富老区人民的文化生活，陶冶老区人民的思想情操，提高老区人民的文化素质。体育贯彻执行"普及与提高"并重的方针，支持各部门、各行业和基层单位开展形式多样的群众性体育活动，提倡竞技体育与群众体育协调发展，为提高老区人民的身心健康服务。

至2018年，德化县先后被评为"中国民间文化艺术之乡""中国陶瓷历史文化名城""全国版权保护先进单位""福建省知识产权强县""福建省文化先进县"等。

（三）卫生医疗水平显著提高

20世纪80年代，德化县委、县人民政府贯彻执行"预防为主，防治并举"的方针，抓好县、乡、村各级卫生保健工作，组织开展"政府组织，地方负责，部门协调，群众动手，科学治理，社会监督"的爱国卫生运动，逐步改善环境卫生条件，做好地方病、传染病防治和妇女、儿童卫生保健，努力提高广大群众健康水平。至1987年，全县有县、乡卫生院18所、病床361张、医务人员408人。

20世纪90年代，德化县委、县政府开始改革医疗卫生体制，加强医疗卫生机构管理；加大资金投入，改善医疗卫生基础设施，购置先进设备；推广应用先进技术，建设疾病防控体系。组织实施"123健康工程"（一个目标——实现人人享有卫生保健，二个加强——卫生人才培养、医院床位建设，三个重点——发展农村卫生、搞好预防保健、振兴中医药），开展群众性爱国卫生运动，建立符合市场经济的卫生服务体系。至2007年，全县18个乡镇初级卫生

德化县医院

保健工作全部达标，77 个村建成甲级卫生所，医疗保障覆盖全县总人口 89.9%，基本解决群众"看病难、看病贵"问题，把医疗卫生工作提高到一个新水平，实现初级卫生保健合格县目标。

2018 年，德化县深化基层医疗卫生机构综合改革，试行县级公立医院院长年薪制和绩效考核办法，实行乡村卫生服务一体化管理，德化县医院医疗技术大楼建成、德化中医院整体迁建、新建德化县第三医院进入主体工程施工等，全面提高医疗设施设备现代化水平。全县病床总数 1479 张，千人均床位数达 4.2 张，获国家"创建基层中医药工作先进县"称号。

第二节 "科技兴瓷"战略和工业园区建设

一、实施"科技兴瓷"战略

德化陶瓷业的发展与陶瓷科学的进步密切相关。在陶瓷生产过程中，勤劳智慧的先民通过不断探索和实践所掌握的陶瓷烧制技术，为德化陶瓷界留下了极为宝贵的财富。新中国成立后，尤其是改革开放以后，德化陶瓷界人士继承和发扬先辈的优良传统，并不断创新，同时又先后引进先进的技术和设备，推进陶瓷业从小作坊式的生产走上工业化生产道路。

20 世纪 80 年代，德化县全面实施科技兴瓷战略，制定扶持民营科技企业发展各项优惠措施，引导陶瓷科技人员充分发挥技术优势，利用民间闲散资金，创办一批各具特色的民营陶瓷科学研究所，建设福建省第一个省级民营科技（陶瓷）园区；鼓励和支持陶瓷企

德化凤凰陶瓷研究所

业建立新产品开发研究中心，即在继承传统瓷雕技艺的基础上，按照"继承传统，创新发展"的原则和"传统瓷雕精品化，日用陶瓷工艺化，工艺陶瓷日用化"的发展思路，根据市场需求，开发出红壤陶、釉下彩精陶、轻质陶瓷等新品种，引进西洋工艺瓷，形成传统陶瓷、日用陶瓷、西洋工艺瓷等齐头并进的陶瓷产业格局。县政府设立专项资金，支持企业根据陶瓷行业技术发展趋势，引进技术，进行技术改造，加强与上海、天津、福州、厦门等地的高等院校、科研机构联合与协作，促进产学研紧密结合，提高产品技术含量；组织实施"人才工程"，广辟人才引进渠道，按照"引进与培养并举"的原则，引进和培育高级专业人才。

1988 年，德化县委、县政府制定《德化县科学技术进步奖励办法》，下发《关于推进科技体制改革的通知》，出台优惠措施，引导陶瓷界走科技发展的道路；成立德化县科技服务公司，开展科技咨询、科技交易、科技产品展销、科技人员培训等业务；组织实施"七五"科技计划，继续推广电、油代柴烧瓷技术，建电热窑炉280 个（条），改造窑炉设备，年节约木材 6 万立方米；引进国际新兴的"真空等离子磁控溅射"技术，安装"超金"加工设备，对陶瓷产品进行"超金"装饰，具有无毒、耐磨、耐酸、耐碱和变色等特点。县科技开发中心研制的"碳化硅匣钵"、浔中乡科委研制的"连续式注浆和移动式烘干生产线"被列入泉州市级科研资金扶持项目；德化县科学技术开发中心、莹玉陶瓷艺术研究所等单位研发的产品先后获福建省政府十年"火炬计划"优秀成果一等奖，国

家科委、科技部"星火计划"金奖、银奖等。

1989 年，德化瓷厂和德化第二瓷厂分别从日本、联邦德国引进高级日用瓷生产线和喷雾干燥静压成型白度高档成套瓷生产线；陶瓷企业推广回收陶瓷下脚料、废水、废瓷生产再生陶瓷技术，年新增产值 2000 万元。

1991 年，在佳美集团公司建立窑炉改造示范点，推广新型计算机集散控制系统（DCS）、计算机现场总线控制系统（FCS）窑炉技术，年节省燃料柴油 2000 多吨，降低燃料成本700 多万元，提高整体效益 5000 多万元。1993 年，德化中京瓷厂、第五瓷厂相继引进台湾液化气窑炉、湖北中洲具有国际先进水平的明焰快烧辊道窑，并采用国内先进喷嘴、微晶纤维棉和莫来石轻质砖保温材料，研制出陶瓷油烧立方窑、电热立方窑、电热旋转窑等，优化窑炉结构，缩小温差，节能减排。1995 年，德化达益窑炉材料应用技术研究所将莫来石耐火纤维应用于陶瓷梭式窑，并对窑体和窑车进行改造，窑炉节油率达 25%，成品率提高 4%，提高工效 10%，经泉州市科学技术委员会评审，居省内先进水平，先后被福建省科委列入

省级科技园区

重点成果推广项目，被科技部列入"国家成果推广"项目。

1996 年，县委、县政府召开科学大会，贯彻执行"自主创新，重点跨越，支撑发展，引领未来"的方针，以发展陶瓷支柱产业为核心，以农业增产、农民增收和可持续发展为根本任务，实施科技兴县战略，推进经济和社会事业加快发展。

同年，县委、县政府决定创建民营科技园区，制定资金、用地、用电、税收等优惠措施，园区内设立科技管理服务中心、生产力促进中心以及陶瓷人才培训、陶瓷资料检索、陶瓷技术咨询、科技成果交易、陶瓷原材料和产品质量测试、科技项目中间试验和科技产品批量生产等机构、设施。进园陶瓷科研机构可以通过互联网直接用中、英文或图像向世界150多个国家和地区传送陶瓷信息、样品，并接受订货。至1997年，德化县获福建省政府科技进步三等奖4项、国家科委工艺美术类银奖3项、全国"星火计划"科技精品奖2项、全国十年优秀发明成果金奖1项等。

1999年，县委、县政府做出《关于加快实施科教兴县战略的决定》，开展创建科技先进县、科普示范县活动。在陶瓷界实施国家"火炬计划"，建立陶瓷产业基地、福建省科普教育基地，推广新品种、新技术、新材料，提高工业生产科技水平，引导企业走节能、环保、可持续发展的路子。

2001年开始，德化县先后邀请中科院院士、陶瓷专家、教授30多人到德化开设"ISO9000质量认证""专利申请与专利使用"等知识讲座，到企业进行科研指导、项目调研、课题论证；企业通过这个平台，与北京、上海、沈阳、湖北、福州等省内外科研机构、技术交易所及其专家建立联系，接收科技信息、科研项目和所需科技成果；开展技术咨询、项目申报、课题论证、产品研发等合作交流。其间，博大纳米科技有限公司与湖北工业大学"纳米功能陶瓷"项目、龙鹏集团等企业与福州大学"高白度轻质陶瓷"项目对接，投入生产，产品畅销国内外市场。年底，全县有民营科研机构238家，开发出5000多种新品种，科技对经济增长的贡献率达53%，成为陶瓷发展的强劲动力。

至2007年，县政府投入科技经费5871.3万元，引领社会资金数亿元，创建科研机构248家，有科技人员1632人；培育出高新技术企业13家，其中年产值上亿元高新技术企业4家，高新技术产业年产值11.01亿元，占全县工业总产值11.4%；累计实施科研项目

1162项，通过 ISO9000 质量认证和环保体系认证企业 119 家，获中国名牌产品2个、国家免检产品3个、中国出口名牌产品 2个；获陶瓷行业名牌产品4个、福建省名牌产品5个、著名商标 7枚；拥有专利446项，获福建省科技进步奖8项。被科技部评为"全国科技先进县""全国科普先进县"等。

2010 年，德化县继续推进"科技兴县"战略，以加快经济结构调整和发展方式转变为主线，着力推动机制体制创新，加快区域创新体系和创新能力建设，加强共性关键和配套技术协同攻关。制定建白瓷系列陶瓷泥料标准，采用标准化配方和数字化生产管理体系，实现规模化批量生产，为陶瓷业的专业分工打好基础；研发临界氧燃烧技术在陶瓷窑炉上的应用；优化天然气专用双混合燃烧器及窑炉空燃比例控制系统，以及微波干燥、微波辅助燃烧技术；推广使用电热高温隧道窑，实现综合节能8%，节约能耗 1.5亿元。实施利用废弃粉煤灰生产水泥制品，利用废纸生产大件工艺品，利用废铁矿尾生产强化彩瓷，利用黄金尾矿生产陶瓷色釉，废弃低廉瓷土回收利用；从福州大学引进"环保新材料产业化"项目，生产多功能活性炭陶瓷复合制品；引进"水转印花纸底纸生产技术"，采用国产化材料替代进口材料，生产水转移花纸、玻璃、不锈钢、塑料、家具等花纸底纸，填补全省该项技术空白。与福建师范大学合作，开展"氧化锆陶瓷首饰生产技术研究"，提高陶瓷工艺品档次。当年组织申报国家、省、市、县各级科技项目60个，其中国家级6个、福建省6个、泉州市34个，高新技术企业3家，泉州市工程研究中心4家，泉州市政府"十二五"规划重点项目2个，福建省创新型试点企业2家，福建省专利实施产业化项目2个；获福建省科技进步奖2个，泉州市科技进步奖3个，福建省知识产权优势企业1家，福建省知识产权中小学 1 所，福建省专利奖 1 个，泉州市专利奖 1 家；获国家科技富民强县专项行动创新资金项目 3 个，省科技重点项目3个、泉州市科技项目19个，经费 607.5 万元。新增福建省"星火"行业技术创新中心 1 个、福建省知识产权优势企业 1 家、福建省创

新示范企业2家、福建省高新技术企业4家；泉州市工程研究中心3个，获泉州市青年科学技术奖3人。

2017年，德化县科学技术经费支出4302万元，占全县财政一般支出的2.50%；全社会科技研发投入4.9亿元，占全社会生产总值比重2.57%；被列入国家、福建省和泉州市科研项目55个，获项目补助经费1390万元。推进研发投入分段补助，全县有48家企业提交研发投入补助申请，获省、市政府补助经费479万元。实施成长型企业、跨界创新、传统技艺传承、"数控一带"研发、专利产业化等科技项目33项，投入科研经费275万元。完成各级科技项目验收73项；扶持一批"专、精、特、新"中小微企业，推动陶瓷产业与互联网、光电信息、健康保健等领域跨界联合，研发出跨界新产品12项。当年，全县新增高新技术企业、工程技术研发中心等科技企业74家。福杰陶瓷有限公司"一种复合功能陶瓷LED灯具散热装置的研发及应用"项目获福建省科技进步三等奖，佳美集团"陶瓷薄板的烧成工艺"获国家专利奖优秀奖。全县申请专利1686件，获专利授权914件，万人发明专利拥有量达5.99件。全县新增国家知识产权示范企业1家，福建省知识产权优势企业2家，泉州市知识产权试点企业10家，通过国家"企业知识产权管理规范"标准认证8家，获福建省知识产权优势企业经费15万元，引导企业完成专利权质贷款1.46亿元。

二、工业园区建设

20世纪80年代，德化县委、县政府贯彻执行"人民城市人民建"的方针，采取由县建设委员会牵头，各受益单位或户集资，县财政补助的措施，加强城市道路、供排水、电力、通信等公共设施建设，为旧城区改造、新城区拓展以及后来的工业园区建设打下良好基础。

20世纪90年代，德化县委、县政府实施"小县大城关"发展战略。为推进陶瓷企业规模化发展，不断增加投资，创建陶瓷科技

园区，开发建设陶瓷工业园区，引导企业退城进区。1991年，由县规划建设部门与浔中镇政府联合、统一规划和组织，在城后开发建设首个工业园区，占地面积16.67公顷。县建设部门负责统一规划、浔中镇政府具体组织实施，企业自行设计建设。至1996年，入驻陶瓷企业20多家。其间，采取同样措施，在城关东环路两侧建设东环路工业园区，入驻"佳美集团公司""顺美集团公司"等中小企业30多家；在宝美村岭兜开发建设城关南环工业园区，在丁溪村小溪自然村开发建设小溪工业园区，陆续指导、吸引一批陶瓷科研机构、陶瓷企业进驻建设，为陶瓷企业增加投入、扩大生产规模创造条件。

1996年6月，县委、县政府在丁墘大洋创建陶瓷科技园区，由县科技、建设等部门按照统一规划、统一征地、统一拆迁、统一平整土地、统一基础设施建设的"五统一"措施组织开发。园区征用土地245亩，建设厂房18万平方米，投资10.2亿元，建设陶瓷科技园区。1997年，经福建省科委批准，提升为"省级民营科技（陶瓷）园区"。2000年，建成陶瓷科技培训中心，并与德化陶瓷职业技术学院、福建技电学校、福建工程学校等联合，举办陶瓷工艺美术、电脑等培训班。至2001年，园区入驻科研机构62家、科技企业120家，获科研成果数百项，名优产品不断问世，成为德化陶瓷配方、成型、釉色、烧成和雕塑等技术研究、新产品开发生产的重要基地之一。

2005年，县委、县政府继续实施"退城进园"战略，组织开发"城东工业区"。工业区位于县城东部低矮山丘地带，规划用地总面积10.35平方公里，分3期开发。第一期由县国土资源局和浔中镇政府联合开发，共征用土地469公顷，其中工业用地122.4公顷，商住房用地120.33公顷，投资3亿多元。至2007年底，全县共建成城后、东环、小溪、紫云、鹏祥、诗敦、宝美、城东等8个工业园区，共征用土地1035公顷，投资35亿元，已入驻企业119家，成为德化陶瓷科研、生产的最大基地。

2006年后，县委、县政府继续把工业园区建设列为重要项目，

每年安排一定资金、组织专门人员，抓好工业园区基础设施及其配套设施建设，包括挡土墙、排水沟、排污管网、用水用电、道路及其绿化等完善工作；指导企业按照规划建设厂房，帮助企业解决资金短缺、融资难等问题，尽快投入生产。

2010年，诗敦工业区累计征收土地83.33公顷，完成干砌（浇筑）挡土墙38819.7立方米，建设饮水管道66959.5米，建筑防洪堤（沟）193米，铺设砼路面20153平方米，以及水、电、通信、绿化等工程设施，累计完成投资5862万元。宝美工业区累计平整土地820亩，开挖土石方41900立方米，完成道路、通信、供水、防洪、绿化等基础设施工程，投资1.42亿元，入驻企业75家，动工建设厂房64家、45.6万平方米，投产企业56家。城东工业区平整土地2270亩，挖运土石方1113万立方米，砌筑排水沟挡土墙21616米，建设路基9460米，完成水、电、通信等基础设施工程，投入资金2.38亿元，入驻企业60家。

2017年，全县安排在建重点项目10个，开发建设面积10万平方米，完成总投资2.84亿元，完成总任务数的100.35%；其中鹏祥、诗敦、宝美等工业区投资600多万元，完善配套设施工程。城东新区一、二期工程投资2265万元，完成排水管网、道路及其标志、灯光、绿化等设施；三期投资9600万元，铺设水泥路面6公里，建设过渡路面9公里，建设排水沟和污水管网各11公里，完成安置地供地10.27公顷，解决临时用水、用电等问题；城东四期投资6500万元，完成控制性详细规划编制，制订安征迁方案，完成基础设施及场地平整工程勘探、设计及招投标等工作，完成中小企业创业园基础设施工程，投资6000万元。

表6-2　德化县工业园区一览表

园区名称	地址	建设时间	占地总面积（公顷）	厂房面积（万平方米）	投资（亿元）	入驻科研、企业（家）
东环工业区	宝美村	1991—1993	13.60	28.00	0.85	30
城后工业区	浔中村	1991—1996	16.67	23.00	0.68	20

续表

园区名称	地址	建设时间	占地总面积(公顷)	厂房面积(万平方米)	投资(亿元)	入驻科研、企业(家)
小溪工业小区	丁溪村	1991—1993	6.18	8.50	0.26	10
南环工业区	宝美村	1991—2010	115.00	13.50	11.50	164
西环工业区	蒲坂村	2002—2007	20.00	3.20	1.00	20
湖前工业区	丁溪村	1992—1995	22.33	3.60	1.86	56
省级科技园区	丁墘村	1996—2001	16.33	18.00	10.20	182
三班大兴工业区	三班村	1999—2003	20.00	7.00	0.17	28
紫云工业区	蔡径村	2000—2008	113.33	41.80	2.10	50
诗敦工业区	浔中村	2001—2008	83.33	38.00	3.00	21
鹏祥工业区	丁溪、蒲坂村	2001—2008	396.80	24.00	1.45	32
宝美工业区	宝美村	2004—2008	79.80	45.80	1.35	55
城东新区	浔中、后所村	2005—	10350	10350	35.00	115

第三节 "瓷国明珠"再亮"海丝"路

一、德化名瓷，瓷国明珠

德化陶瓷历史悠久，销售量多面广，在国内外市场上享有盛誉。1993年，举办第一届德化国际陶瓷节时，国务院总理李鹏亲笔题词："德化名瓷，瓷国明珠。"

唐至五代，德化陶瓷主要产品有缸、碗、碟等，以内销为主，供本县境内及永春、仙游、永泰、尤溪、大田等周边县村民做生活用具。宋代，德化陶瓷开始大量外销，内销瓷器大都是丁级产品或次品，主要产品除生活用具外，还有佛像等雕塑品，销售范围包括福建、广东、浙江和香港、台湾等地，外运后由小瓷贩肩挑至乡村

或由商贩在市镇上出售。

明清时代，德化一部分大窑场主在泉州、厦门、福州、汕头、莆田等沿海地区开设瓷行，内销产品除日常生活器皿、用具外，还包括佛像、人物、盆景等瓷雕作品，范围涉及福建、广东、浙江、江苏、上海、北京、四川、香港、台湾等地。明代，凤阳村曾茂笃、曾达衢在福州、延平和粤、台、浙等地开瓷行，以内销为主兼外营。清康熙年间，下涌赖奎十到台湾漳化县经销德化瓷器。乾隆年间，三班颜中山在台湾淡水开设瓷行，把德化陶瓷销往台湾各地，获利甚丰。

民国时期，战乱频仍，海上交通受阻，德化瓷器转以福建、广东、江苏、浙江等地区为主要市场。上涌桂林村赖美佩、赖思环父子寓居泉州，在涂门街开设兴泉彩瓷店，收购德化白瓷，加工彩绘后销往国内各地。乐陶孙长有收购德化白瓷，加彩后运销福州、泉州、厦门，后又在澄海、汕头开设瓷行，将德化陶瓷销往国内市场。抗日战争期间，德化县瓷业改进会在永安、南平、龙岩、莆田、仙游、福州、晋江等地设瓷器分销处，经销德化瓷器。三班、浔中部分瓷民把自产的陶瓷器挑至周边及邻县乡村换大米和地瓜干。民国二十九年（1940 年），德化实验瓷场、美美、艺一、陶成玉、华美、春玉、顺镒、拓玉、美星、裕光、步玉、捷升、蕴玉、后井、东头等瓷业社及彩瓷社、省立德化简师等组织 778 件瓷器，参加在永安举办的"福建省工商品展览大会"，颇有收获。

中华人民共和国成立后，德化陶瓷销售区域扩大，销售量逐年增加。1952 年，国内供销系统开始经销德化陶瓷产品。1972 年 8 月，德化瓷厂选送戴冠观音等 51 件作品参加全国工艺美术展览会。1979 年 5 月，在德化举办瓷器展销会，全国 18 个省（市）97 个地区的日杂公司、土产公司参加展销会。同年 8 月，德化选送 130 套餐具、700 件有代表性的瓷器，赴北京参加全国轻工新产品展览。

20世纪80年代，国家实施改革开放政策以后，德化在城关建设陶瓷展销城、陶瓷街等营销窗口销售产品。同时，把举办展销会、

展览会作为开拓市场的手段之一。1986年以后，县委、县政府先后组织陶瓷企业参加省、市组织的福建乡镇企业北京展销会、福建名优特新产品展销会、泉州侨乡商品展销会。

20世纪90年代，德化县委、县政府实施"政府搭台，企业唱戏"的营销策略，组织企业家到北京、上海及香港等大中城市举办展销会、展览会，拓展国内市场。1990年4月，县政府委托陶瓷同业公会组织企业参加香港国际礼品及家庭用品展览会。1997年，德化首次在中国革命历史博物馆举办北京德化名瓷展览会，而后又在上海、杭州、福州、南京、深圳、武汉、重庆、昆明、唐山等地举办德化名瓷展览。

1999年7月，德化乡镇企业局和陶瓷管理局在全省县级率先开通"中国德化企业信息网"，有150多家陶瓷企业在网站上网，开展网上贸易。1998年11月，德化佳信网站建立，先后有200多家陶瓷企业在该网站上网，开展网上交易。至2001年，上网的陶瓷企业有500多家。同年，陶瓷厂家在全国大多数城市设有经销公司或销售点，产品以中、高档成套日用瓷、艺术瓷为主，年销售额4亿元以上。

2003年，德化县卓越陶瓷有限公司等数百家陶瓷企业，到北京、上海、广州等国内大中城市建立销售点。德化冠福陶瓷有限公司在上海虹桥机场附近征地130亩，投资2亿多元，建立上海五天实业公司物流配送中心，在全国20多个大中城市开设43家统一以"五天"为商号的营销部，组织"福康""华鹏"等1000多个高科技名牌产品进入7000多家超市，年销售额达1.5亿元，成为全国最大的陶瓷内销企业。

2005年后，县委、县政府除了组织企业参加福建省"5·18"商交会和"6·18"福建项目成果交易会外，还先后组织企业家北上举办"哈尔滨·德化名瓷展销会"，开拓东北销售市场；到广西举办"南宁·德化名瓷展销会"，拓展广西、云南等西南地区陶瓷市场。

2007 年，组织企业家举办"金门·德化名瓷展销会"，参加福建省网上贸易洽谈会、中国广州国际陶瓷展览会、中国（深圳）文化产业博览会，进一步拓展国内市场。

陶瓷街

2010 年后，县委、县政府及有关部门组织开设"德化经贸网"，发展电子商务；组织企业参加"中国·海峡项目成果交易会""泉州市创业产业节""珠三角民企产业对接洽谈会"等，通过形式多样的交易平台展销德化陶瓷产品，扩大销售市场。

2013 年5月，德化县在城东工业区创建"中国瓷都·德化电子商务创业园"，内设电子商务公共服务平台、陶瓷产业集群服务平台等，集聚全县陶瓷电子商务企业抱团发展，促进全县陶瓷企业转型升级。2014年，园区入驻电商服务企业60家，吸引电商企业150家、第三方服务机构20家、供应商30家，各类企业自发向园区周边聚集，形成电子商务综合聚集区，总面积达7万平方米，零售电商交易额12亿元。园区成为福建省最大的陶瓷电子商务聚集区，被评为福建省首批省级电子商务示范区。

2017年，德化县在全国率先开展电商知识产权司法保护工程，主导制定的 4 项国家标准通过立项，连续3年跻身阿里"全国大众电商创业最活跃十佳县"之一，连续4年被评为"中国电商百佳县"之一，获网商指数、网商数据应用普遍性、跨境电商3个"全省第一"，至年底，全县电子商务运营企业6800家，电子商务交易额85.20亿元。全县网络零售额25亿元，德化成为全国最大的陶瓷电子商务产业基地，其中茶具销售占全国网上市场的 80%。被列入

国家电子商务示范基地，被评为中国电子商务"百佳县"和"百强县"之一。

二、"海丝"路上再展辉煌

唐至五代，德化陶瓷开始少量外销。北宋元祐二年（1087年），泉州正式开港，德化瓷器开始大量外销，主要产品有碗、盘、花瓶、壶（水、酒壶）、钵、洗（或称弦洗、枢府碗）、杯、军持（或称净瓶）、盒、罐等，由官府统一收购，以肩挑至永春，水运到泉州港，然后销往东亚高丽（朝鲜）、日本和琉球（冲绳群岛），东南亚的三佛齐（印尼苏门答腊）、阇婆（爪哇岛中部北岸）、佛啰安（马来半岛西部）、交趾（越南北部）、占城（越南南部），南亚的故临（印度西南奎隆），西南亚"大食国"中的麻嘉（沙特阿拉伯麦加）、瓮蛮（阿拉伯半岛东南部的阿曼）、记施（波斯湾北岸的基什岛）、白达（伊拉克首都巴格达）、弼斯啰（波斯湾北岸巴斯拉）、

陶瓷产品

吉慈尼（阿富汗加慈尼），以及非洲、欧洲部分国家和地区。南宋，荷兰人贩运德化瓷器至欧洲。

元代，泉州成为世界东方第一大港，德化陶瓷是海上丝绸之路的重要商品，其中有青瓷器、青白瓷器，釉色有影青白釉、青白釉，品种有花碗、碟、高脚杯、盅、罐、壶、盒等生活用具，销往的国家和地区更多。与宋代比，增加了东南亚发灵山（越南东端华列拉岬）、八都马（缅甸马斑达）、下里（印度西南）、放拜（孟买）、暹

罗（泰国北部）、无技拔（马六甲）、龙牙门（新加坡）、须文答剌（苏门答腊）、都督岸（沙捞越河口）等，南亚高郎步（斯里兰卡科伦坡）、沙里八丹（印度东南），西南亚甘埋里（伊朗南部霍尔木兹），还有非洲的易斯里（埃及开罗）、默伽猎（摩洛哥）、层拔（坦桑尼亚桑给巴尔）、弼琶罗（索马里柏培拉），欧洲的斯加里野（意大利西西里岛）等。

明代，德化陶瓷是中国对外贸易的主要商品之一。郑和七次下西洋后，销量大增。万历三十年至崇祯十七年（1602—1644年），贩运至印尼、马来西亚、菲律宾、越南、泰国、缅甸、锡兰、印度、伊朗及阿拉伯各国的中国瓷器420多万件。崇祯十四年（1641年），由福州运往日本瓷器27万多件，多数是德化的产品。德化窑生产的白釉瓷，外国人称"中国白"。观音、如来、达摩、罗汉等瓷雕、花瓶、香炉、梅花杯及碗、盘、碟等日用瓷，在国际市场上被称为"上国瓷器之上品"。

清代，是德化陶瓷贸易又一旺盛时期。产品以青花瓷为主，日用瓷有杯、碗、碟、瓶、盘、盒、壶等，瓷雕有观音、如来、达摩、关羽、寿星、八仙，以及狮、龙、牛、马、羊、虎等，产品销往日本、朝鲜、菲律宾、印尼、印度、埃及、坦桑尼亚、英国、法国、德国、意大利、荷兰、美国、加拿大、古巴、秘鲁等国家和地区。

民国时期，军阀混战，德化陶瓷外销受阻。抗日战争期间，沿海港口相继沦陷，陶瓷出口更难。宝美苏由甲、乐陶孙长有、泗滨颜孝洙等克服困难，在泉州、福州、厦门、汕头等地开设瓷行，向海外销售少量德化瓷器。

中华人民共和国成立后，德化陶瓷对外贸易逐步恢复发展。1955年，德化陶瓷恢复出口，主要产品为日用瓷。1959年，出口的江中杯、茶杯、汤盆、各种碟类、4.5寸汤碗等被称为"五大名牌"，畅销日本及东南亚地区。此外，还有成套餐具、茶具、酒具，各种壶、杯、瓶等，共100多个品种，以及观音、弥勒、达摩等各种瓷雕工艺品，远销苏联、越南、埃及、英国、法国、新西兰、美国、

加拿大、冰岛等 27 个国家。1963 年，德化瓷器销往的国家和地区增至 78 个。1978 年，全县陶瓷生产量 3969 万件，其中出口量 2055 万件，出口额达 1019.33 万元，占全省瓷器出口总数的 33%、品种的 50%。

陶瓷样品室

20 世纪 80 年代，德化企业家走出国门，引进西洋工艺瓷样品投入生产，企业规模迅速扩大，贸易量迅速增加，呈跨越式向前发展，陶瓷出口进入历史辉煌时期。主要产品有日用瓷、艺术瓷、西洋工艺瓷，包括成套餐具、神仙佛像、人物雕像、动物果蔬、盆景花篮等，品种繁多，题材广泛，畅销欧美市场。1980 年，德化陶瓷出口额为 1521 万元，1989 年，德化第五瓷厂到美国旧金山创办"龙氏公司"，经营西洋工艺瓷。

20 世纪 90 年代，国家规定具有相当生产规模，年出口商品达 300 万美元以上的企业可以自行出口产品和购进本企业所需原料和设备。1994 年，德化县委、县政府抓住机遇，组织企业往新加坡、马来西亚举办德化县陶瓷展销洽谈会，订货 1 亿多元人民币，引进外资 500 万美元。至 2001 年，创意集团公司、龙鹏集团公司、协发光洋陶瓷有限公司、必德陶瓷有限公司、必达陶瓷有限公司、得盛集团公司、顺德盛集团有限公司、德化第五瓷厂等 30 多家陶瓷

企业获得自营进出口经营权。组织陶瓷企业参加广州商品交易会，到国外办公司，开展网上贸易，建立销售网点等。2000 年后，德化陶瓷企业在每届广交会上获取的订单均在 2 亿元以上。除广州交易会外，德化陶瓷企业还参加上海华东商品交易会、泉州商品交易会，并赴美国、英国、法国、德国、意大利、南非等国家参加当地的商品交易会。1990 年，全县陶瓷出口量 6541 万件，出口额 6500 万元；1995年达 6.5 亿元，呈持续上升态势。

2001 年上升到 29.02 亿元，产品销往亚洲、欧洲、北美洲、南美洲、非洲、澳洲等150 多个国家和地区。同年，德化顺德盛陶瓷有限公司在德国哈根申请注册"顺美集团（德国）有限公司"，建立专卖店和贸易中转站，形成辐射欧洲市场的商贸网；在法兰克福设立"顺美（欧洲）总公司"。

2007 年，全县陶瓷出口额 47.02 亿元，同比增长 25%，产品销往欧美、中东和东南亚等 190 多个国家和地区。"龙鹏""宏远""臻峰"等 3 家企业获"全国艺术陶瓷出口50 强企业"称号，德化成为全国最大的"西洋工艺瓷"生产出口基地，年出口量居全国首位，德化陶瓷在海上丝绸之路再次绽放出灿烂的光彩。

2010 年，德化县组织 18 家企业参加德国法兰克福春夏国际礼品博览会、57 家企业参加香港秋季家庭用品展、22 家企业参加"第 20 届上海华交会"；参加 2010 年春秋"广交会"的展位增至 743 个，其中馆内311个、馆外 432 个。全县出口交货值 67.38 亿元，其中自营出口1.81美元；日用瓷出口 5677 批次、1.05 亿美元。新批中外合资企业 2家，总投资 1.7 亿元；新增备案登记进出口经营权企业 23 家。

2016 年 11 月起，德化陶艺大师和企业按照"中国特色、金砖元素、闽南韵味"的主题要求，积极参与金砖国家领导人厦门会晤国礼瓷、国宴瓷设计与创作。德化 9 位国家级陶瓷大师领衔 16 支团队参与国礼瓷征集，中国白·陈仁海、五洲集团等 8 家企业参与国宴用瓷、会议用瓷征集。结果，15 件国礼瓷、3 套国宴瓷顺利入选。

翌年 9 月 3—5 日，金砖国家领导人第九次会晤在厦门召开。会晤期间，在五国大范围会议室"凤凰厅"，由德化县腾艺陶瓷有限公司黄国銮研发设计的德化白瓷浮雕被装饰于高达 6.75 米的主背景墙上部，五国国花交相辉映，洁白晶莹，宛若云带，浮雕上雕有巴西的毛蟹爪莲、俄罗斯的向日葵、印度的荷花、中国的牡丹和南非的帝王花。在这次会议的餐桌上，陈仁海的"四海同心"系列国宴瓷多达 118 件（套），包括金砖元首杯、金釉瓷筷子和餐具装等；德化五洲陶瓷股份有限公司制作的"五彩祥云"餐具，以"万国建筑博览会"鼓浪屿风光为题材，呈现"鼓浪元素、鹭岛风情、闽南气韵、中国情怀"。此外，德化成艺陶瓷有限公司出品的有金砖会标的 3500 件迎宾会议杯也在会议中使用，展示德化白瓷的精彩。

　　2017 年 8 月 20 日，"丝路使者'中国白'再出发——德化白瓷艺术展"在中国国家博物馆开幕。国家博物馆馆长，国内20多位学者，法国、英国、俄罗斯、瑞士等17个国家的26位专家，100多位企业界、商界代表，以及央视、新华网、人民网、凤凰网等境内外80多家媒体记者出席开幕式。展览由中国国家博物馆、福建省文化厅、泉州市人民政府主办，德化县人民政府承办，泰华宸美术馆协办。展览时间8月20日至9月1日，在北二和北三两个展厅共展出106位德化陶瓷艺术家的181件作品。展览期间，全国人大常委会、全国政协、军事科学院等国家领导人和单位莅临参观。展出规模、参观人数、被收藏数量均创国家博物馆历届陶瓷展览之最。这次展览，向世人全面展示了德化陶瓷悠久的历史、精湛的技艺、厚重的文化，尽享德化陶瓷独特的个性和神韵，领略"世界陶瓷之都"的魅力与风采。

第四节　创建全域旅游县

　　20 世纪 90 年代，县委、县政府把发展旅游业列为新的经济增长点，加大宣传和投资力度，开辟以陶瓷文化为重点的瓷都旅游，以九仙山、石牛山、戴云山为重点的自然生态旅游，以传统村落和山川美景为特色的乡村旅游，八方游客纷至沓来，呈现良好的发展势头。1999 年 4 月，县邀请南京大学专家对境内 146 个旅游区、景点进行规划设计；2004 年 7 月，聘请福建师范大学旅游学院修编《德化县旅游业发展总体规划》，2005 年 3 月 29 日通过专家评审组的评审，获准实施。2000 年，全县接待游客量 15.3 万人，旅游收入 4500 多万元；2005 年，接待游客 27.6 万人次，收入 1 亿元以上。2010 年，接待游客 118.6 万人次，旅游总收入 6.52 亿元；2015 年，接待游客 315.38 万人次，旅游总收入 17.35 亿元。至2016 年，德化先后获"中国最佳生态旅游线路""最值得向世界推荐的中国文化旅游大县""福建省优秀旅游县""福建省最佳旅游目的地""福建省全域旅游示范县"等称号。

一、旅游线路

（一）陶瓷文化旅游线路

　　陶瓷街　2002 年建，位于龙浔镇龙鹏街，汇聚日用陶瓷、传统瓷雕工艺瓷、西洋工艺瓷、红壤陶等四大类上万个品种，是德化陶瓷产品大观园。

　　屈斗宫古窑址　为宋元时代古窑址，位于龙浔镇宝美村，1976 年挖掘出土 7590 多件瓷器标本和生产工具，是国家级文物保

护单位。

瓷都大道上的雕塑群

德化陶瓷博物馆 2003 年建，位于唐寨山公园，馆内有藏品 5000 多件，其中国家一级文物 10 件，是福建省第一家资料齐全的陶瓷专业馆。

洞上陶艺村 位于三班镇蔡径村，以德化非物质文化遗产"德化瓷烧制技艺"和古龙窑（月记窑）柴烧、传统手工制瓷为主题，品尝和体验传统陶瓷制作和烧成等的情趣和快乐。

顺美陶瓷文化生活馆 2010 年建，位于浔中镇城东工业园。它是一个多元化的国际陶瓷文化创意公共服务平台，是中央美术学院、福州大学等院校师生创作实践基地。

（二）山水生态旅游线路

戴云山国家级自然保护区 戴云山主峰海拔 1856 米，为福建中部第一高峰，有明代名人张助描述的十六景，奇峰异石，叹为观止；成片的黄山松傲然挺立，雄壮美丽。

岱仙湖国家水利风景区 位于水口镇、南埕镇，包括岱仙湖休闲区、岱仙瀑布观光区、漂流探险区、温泉度假区，形成"一水带四区"的景观组合。

石牛山国家 AAAA 级旅游景区 位于德化县东北部，以稀有性的地质遗址、优美的地貌景观、良好的生态环境和源远流长的人文景观为特色，是集休闲度假、科研与科普教育于一体的森林和地质公园。

九仙山国家 AAAA 级旅游景区 位于德化县西北部，是闽南地区宗教圣地。景区内奇岩兀立，幽洞密布，云遮雾绕，变幻无穷，经常出现佛光、雾凇等气象景观，是一座集观光、朝圣、避暑、疗养、度假于一体的旅游胜地。

云龙谷国家 AAA 级旅游景区 位于德化县中部略偏西南，景区按"一带四区"布局，即峡谷休憩带、田园体验区、宗教观光区、休闲度假区、生态探险区等，其中佛岭村入选中国乡村旅游模范村、省级特色景观旅游名村。

（三）红色旅游线路

中共福建省委旧址 位于水口镇、石牛山旅游景区内，是闽南地区唯一的省委旧址，有当年省委机关居住的草棚、中共福建省委书记项南题写"中共福建省委旧址"碑名的纪念碑、陈列馆等，是福建省爱国主义教育基地。

此外，还有中共德化支部成立旧址及其陈列馆、岐山堂陈列室、戴云山战斗遗址、福建省委游击支队活动遗址、中共地下交通站遗址、革命烈士陵园等 18 处，均已竖立纪念碑或建立陈列室，成为广大群众缅怀先烈，不忘初心，牢记使命，对青少年进行革命传统教育，传承红色基因的重要场所。

（四）乡村旅游线路

德化老区人民充分发掘乡村旅游资源，发展旅游业。全县有 15 个村被评为省级旅游村，国宝佛岭村被评为金牌旅游村，有"春看樱花、夏观竹海、秋赏稻浪、冬泡温泉"等德化特色的"绿野仙踪"9 条乡村旅游游览线。2018 年，接待游客 30 多万人次。

雷峰线　雷峰镇蕉溪村温泉养生园—蕉溪生态淮山园—潘祠美丽乡村（沿线樱花、小桥流水人家、罗浪文化广场、土不土生态农园、民宿民居、稻田抓鱼、多肉植物园）—牡丹芍药等百花园—李溪竹海慢道、观景平台、农耕梯田风光、鱼稻共生、露营基地、溜索运动—人民公社特色美食。

国宝线　国宝云龙谷—野外拓展基地—荷花观赏园—青蛙生态园—春夏秋冬四季体验园—二十四节气农耕文化园—民俗文化馆—游乐园—林中木栈道—特色古民居（精品民宿、剪纸艺术研学基地、特色咖啡吧、酒吧、特色茶馆、农家美食）。

龙浔盖德线　英山淮山观光园（淮山产业园、淮山迷宫、套种竹荪、淮山加工、品淮山宴）—有济美丽乡村（家风馆、特色民居、百香果产业园、木栈道、古廊桥、圣天宫）—龙浔镇英山龙腾木雕厂（木雕、根雕）—江山美人茶庄园（德台生态茶园、书法艺术馆、茶园栈道、禅修、茶艺表演、全猪宴等特色美食、木屋旅馆）。

上涌汤头线　上涌镇杏仁古街—稻田养鱼—村上小镇"采摘游""农家乐"项目、驿路梨花—鑫义展现代农业科技生态园—曾坂村（中国传统村落、休闲森林步道、鱼稻及鱼荷共生、绣球花公园、紫云英花海、厦工院创作基地、香林寺、人工天池—水上运动项目—民宿—党洋原始村落—特色乡村美食）—龙鑫荣大鲵（娃娃鱼）特色养殖项目—赖氏茶文化生态农业观光园（有机茶叶、赖氏文化交流中心）—汤头乡福山村春秋农场（农场观光、葡萄采摘、葡萄酒庄）。

浔中线　浔中镇仙境红心猕猴桃种植基地—红星水库—西天寺观光览胜（朝拜圆梦、登高览胜、观猴、赏杜鹃花）—祖厝村（天烛寨观景台、梯田风光）—石鼓村美食街（品三黑三黄三宝及全猪宴等德化美食、陶艺创客基地）。

龙门滩三班线　龙门滩嘉绿农业科技生态园（百果园、荷花、特色木屋、生态农庄采摘体验）—三班道畈现代农业观光园（大棚蔬菜、水果采摘、鸵鸟观光）—龙门滩儒园生态农业园—龙门滩湖

心岛（蝴蝶岛）、大峡谷—特色美食（一鱼多吃）。

南埕水口线 绿泰油茶生态园（油茶种植加工、休闲观光、红色文化、民宿体验）—东风水库—大南埕观光农业园（生态田园、休闲娱乐）—桃花岛乡村旅游—石龙溪漂流—塔兜温泉—南埕村棘胸蛙养殖基地—石柱美丽乡村（"戴云山筑"特色民居、生态休闲观光园、铁索桥）—湖心岛休闲观光（林下种植体验、水库观光、休闲慢道）—黄金柚园（蜜柚种植、采摘、观光）—石牛山景区（岱仙

革命老区水口游客

瀑布、索道缆车、心形栈道、玻璃观景台、梨坑美丽乡村、石牛山民宿、石壶殿、石牛山主峰、观云海、看日出）。

杨梅桂阳线 云溪传统古村落—传统刻纸艺术—西墘知青点—安村丁荣古银杏群—涌溪水寨（沿水库边休闲步道、玻璃桥、木屋酒店、水库游泳池、水上运动、游船、民宿等）—寨见桂阳。

美湖线 鸭嘴鱼渔乐园—小湖村现代农业园区—千年樟树王—小火车—金书楼（108间古大厝、百亩月季园、白鹭园）—美湖旧公社（遐福堂、大龙湖客栈）—厚房祖厝群（手工制作米粉）—大龙湖户外拓展训练、研学基地—大龙湖漂流—龙湖寺风景区。

二、宣传、推介

（一）举办"旅游节（会）"活动

1993年10月5—6日，德化县委、县政府举办第一届中国德

化国际陶瓷节，省、市委、政府及其有关部门领导和海内外嘉宾1400多人出席开幕式。陶瓷节以"发扬光大德化陶瓷文化优秀传统，让外界更好地了解德化，让德化更快地走向世界"为宗旨，举行大型文艺踩街活动——"瓷都风采"，演出《走进瓷的世界》等剧目，举行"瓷都潮"书画展，举办陶瓷产品展销会、中国古陶瓷研讨会、福建省陶瓷创新大奖赛等，宣传和推介德化陶瓷。

2012年6月10日，举办"福建省高星级酒店用品品鉴会"，全省9个地（市）的76家四星级、五星级旅游饭店的总经理、采购经理和行政总厨参加；8月，举办"中国旅游日"庆祝活动，景区、酒店等推出优惠措施，吸引景区附近市民游德化。11月9—11日，举办"2012泉州陶瓷文化生态旅游节"，泉州市境内外游客游德化，品尝德化陶瓷文化的历史韵味，欣赏德化清新、美好的生态环境。

2015年，举办庆祝"5·19"中国旅游日暨重走瓷帮古道活动，与建发国旅合作开展"寻梦ＣＨＩＮＡ"万人游瓷都活动，组织台湾地区和省内自驾游踩线、客源地旅行商踩线活动，做好桃仙溪桃花文化旅游节及九仙山国家ＡＡＡＡ级旅游景区揭碑开园等活动，组织旅游商品企业参加各类旅游商品大赛，并获多个奖项。在第四届泉州伴手礼评选活动中，泰生元的"冻干淮山粉"、祥山"茶油奶奶"特供礼盒装、创意·多宝堂"创意瓷系列"等产品入选泉州伴手礼名录。

（二）新闻媒体宣传推介

1987年10月，澳大利亚政府电影制作部摄制组一行5人，到德化瓷厂、德化第二瓷厂、屈斗宫古窑址等拍摄古陶瓷科技题材的镜头。

1989年后，在泉州电视台播出德化陶瓷、旅游的新闻20多条。

20世纪90年代初，中央和省、市电视台播出德化陶瓷、旅游的新闻明显增多，并多次到德化拍摄陶瓷、名胜风光专题片。1995年后，德化县电视台开始自办新闻节目，陶瓷、旅游是新闻报道的

重要内容之一。

2001 年 8 月，中央电视台、国家文物局联合拍摄电影历史纪录片《中华文明》，其摄制组到德化拍摄的"屈斗宫德化窑址"专题片，被列入第八集《智者的天堂》。

2004 年 1 月，邀请广电部门拍摄《福天福地福建游》"德化专集"，在福建电视台综合频道等国内 10 个频道宣传报道。4 月，协助福建电视台拍摄《泉州之旅》德化旅游部分；5 月，邀请台湾东森新闻台到德化拍摄陶瓷文化旅游资源，并在相关电视台播出。

2005 年 2 月，邀请泉州电视台、东南早报、泉州晚报和海峡都市报等新闻媒体记者、摄影家、画家、作家到德化县旅游风景区采风，作品在有关刊物上发表；4 月，邀请厦门电视台、厦门日报等 5 家媒体到德化县采风；10 月，邀请福建省电视台到德化拍摄制作德化陶瓷工业旅游专题片，并在相关电视台、报刊上宣传报道。

2006年 9 月，中央电视台、福建省电视台、台湾 TVBS 电视台《海峡西岸行》等在德化县现场直播、推介德化的自然生态和陶瓷文化；东南电视台"寻找福建最美乡村"大型系列活动摄制组到德化县获得省、市级"十佳魅力乡村""十佳古民居"称号的乡村采访报道，向国内外推介德化乡村旅游。

2007年，戴云网与德化网联合建成德化旅游网（www.dehuta.net），并与福建省旅游网、各地市旅游网，以及周边县市旅游网链接，构建德化旅游网络宣传平台，打造德化对外旅游形象。同年，在福建省电视台影视、综艺、经济频道，以及《福建省有线气象服务》等栏目上宣传德化的旅游品牌，提高德化旅游知名度。

2012 年，组织旅游企业参加"2012 中国（上海）国内旅游交易会""2012 年中国（义乌）国际旅游商品博览会""第八届海峡旅游博览会""泉州文化旅游节"等大型旅游推介活动，宣传德化独具特色的旅游品牌，加强与客源地旅游商的交流合作。

2015 年，利用微信、微博、旅游网站在全国范围内公开征集旅游形象口号，在微信、微博发布旅游资讯，改造升级旅游网，编印《德化旅游》杂志、《德化旅游手绘地图》，扩大旅游宣传面。

三、全域旅游示范县

（一）提升旅游设施建设水平

2015 年，德化县开始以全域旅游和优质旅游为引领，举全县之力完善旅游产业规划，抓好旅游项目建设，实现旅游供给品质化和全域宜居宜业宜游。抓好石牛山景区和二厂片区两大核心景区建设。石牛山景区以建成国家 AAAAA 级旅游景区为目标，按照《石牛山国际旅游度假区总体规划》，推进岱仙瀑布、石牛山主峰、索道、石龙溪漂流等项目开发建设；整合祖龙宫、屈斗宫古窑址等陶瓷文化资源，建设成集陶瓷作品展示、交流交易、制瓷技艺传承、休闲体验娱乐等于一体的综合性陶瓷文化旅游产品。实施乡村振兴战略，发展乡村游、休闲农庄、田园综合体，建设具备旅游功能的休闲农业示范点，发展"森林人家""森林小镇"，开发红色旅游产品，促进旅游扶贫和旅游富民。制定完善支持全域旅游发展奖励办法，招商引资，营造百家争鸣、百家齐放的旅游发展氛围。4月30日，九仙山景区揭碑开园，累计投资近3亿元；云龙谷景区累计投入0.7亿多元，建设基础配套服务设施和相关旅游项目。

2016 年，县委、县政府以"海丝"路上最具中国山水艺术特质的"生活型休闲旅游目的地"为总体定位，把德化旅游业培育成为"泉州生态文化休闲旅游增长极"和"戴云山脉旅游区区域联盟龙头"为目标，编制《德化县旅游发展总体规划和近期行动计划》、出台《实施"一二三四"思路、创建国家全域旅游示范区》，不断创新工作思路，打造特色精品、丰富产品体系、完善配套设施、促进产业融合，把旅游业培育成为德化县新兴战略性支柱产业和人民群众满意的现代服务业。建设旅游设施项目 38 个，总投资 77.5亿元。泉三高速、厦沙高速的建成通车，兴泉铁路动工建设，永泰至德化高速进入工程可行性研究报告编制阶段、厦门至南昌高铁列入

福建省铁路建设中长期规划，为德化县提供了良好的交通条件；水泥路改、村村通、风景绿道、自行车道等建设保障内部交通畅达。建立星级旅游饭店、精品民宿等，新增龙鹏大酒店、唐寨山酒店、维也纳国际酒店等 7 家酒店、1400 多张床位，全县床位超过 5000 张。建设全县旅游集散服务中心，研创药膳养生、生态菜肴、民俗餐饮等特色美食，开发设计陶瓷、农业等特色旅游商品，发展休闲娱乐等，旅游服务配套设施日趋完善。编制陶瓷文化旅游规划，推进洞上陶艺村、国际瓷艺城、三班中国茶具城建设，推进德化第二瓷厂片区、梅岭窑遗址公园等陶瓷与旅游融合发展；设立国宝云龙谷剪纸游学基地以及九仙山旅游景区、顺美陶瓷文化生活馆、如瓷生活文化馆、洞上陶艺村研学旅行示范基地；落实乡村振兴战略，实施乡村旅游提升工程，推进潘祠—李溪、佛岭—国宝片区乡村旅游项目，建设特色农业休闲旅游点和精品线路，农业与旅游融合发展。同年 10 月，德化县被国家旅游局列为第二批国家全域旅游示范区创建单位。

霜叶红于二月花——杨梅牛姆岐

2017 年，以满足多样化旅游发展要求为目标，因地制宜，构建多层次、特色化、高品质的旅游产品体系。修复梅岭窑遗址，建设观音岐公园、何朝宗纪念馆及盖德陶瓷文化古镇等传统陶瓷文化展示区；建设瓷艺城、洞上陶艺村、茶具城、新秀园等现代陶瓷文化创意项目；创建陶瓷主题观光工厂，全过程展示趣味化、创意化

陶瓷文化旅游产品，建成"中国白"陶瓷文化之旅线路。建设石牛山旅游度假区、九仙山景区、云龙谷景区等重点景区，以及龙湖山、龙门峡谷、龙潭休闲等富有德化县特色的生态旅游产品，提升生态体验、生态教育等旅游功能。创建一批乡村旅游休闲集镇和特色村，打造城郊休闲旅游带和乡村旅游精品线路。

2018 年，德化县已建成德化风景绿道、自驾车游线、自行车游线及旅游公共交通系统，完善内外交通网络。建设德化特色营地系统、住宿系统、娱乐系统、餐饮系统、购物系统。有五星级旅游饭店、特色风情主题酒店、民宿、客栈等住宿系统；有以"三黑、三黄、三白、三红"为代表的特色旅游餐饮和原味风情美食；有陶瓷街、农特产品街、观光工厂等为窗口，展示多样化、系列化的德化旅游商品。建设规范化、特色化的标识标牌，方便游客畅游德化。在汽车站、高速收费站、旅游饭店、重点景区、商业集中区设立旅游咨询中心，建设全县旅游咨询服务系统。在旅游景区建设医疗设施、无障碍设施、环卫工程系统，改善提升旅游公共服务水平。建立旅游安全风险防范机制，定期开展安全生产检查和安全教育培训，在旅游景区设置安全防护设施，建设旅游安全生产环境。让游客"放心游德化"，推行文明旅游，树立文明旅游典型，建立旅游不文明行为记录制度和部门间信息通报机制。把文明旅游纳入创建文明城市、文明单位、文明行业的重要内容，营造人人都是"世

龙门滩品鱼节文化活动

界瓷都·润养德化"营销员、接待员、导游员的良好氛围。全县拥有7个"国"字号生态品牌、2家国家 AAAA 级旅游景区、1家国家AAA 级旅游景区、5家星级旅游饭店、5家省级观光工厂，先后荣膺福建省优秀旅游县、福建最佳旅游目的地、中国最佳生态旅游县等称号，被列入福建省首批智慧旅游试点县和第二批国家全域旅游示范区。

（二）创建旅游品牌

2015 年，德化定位"世界瓷都·润养德化"品牌形象，以市场营销为重点，依托电视、报纸、网站、微信、微博等平台开展旅游宣传；出台《德化县旅游节营销实施意见》，鼓励和支持各乡镇举办特色主题旅游节等营销活动，营造旅游氛围；组织旅游企业、陶瓷企业参加旅游博览会、旅游商品评选等国家、省、市举办的各类展会；编印《德化导游词》、《刀尖勾勒景秀瓷都》剪纸画册、《世界瓷都·润养德化》宣传折页；"走出去"与"请进来"相结合，参加客源地营销活动、对接旅行商等方式，全方位、多渠道开展旅游宣传，提升旅游品牌知名度和美誉度，扩大旅游客源市场。

2016 年，组织宣传"世界瓷都·润养德化"旅游品牌形象，深化"互联网＋营销"，在德化官方网站、微博、公众微信等平台发布旅游信息，全方位、多渠道推介营销德化旅游资源和产品。编印《润养德化》中英文版旅游指南，制作《千年瓷都·山水德化》宣传片；与福建交通广播、泉州 889 广播连线，专题推介德化旅游；与深圳卫视、温州电视台、金华电视台等协作拍摄旅游专题片，协助泉州市旅游局做好拍摄"海丝源头·古韵泉州"旅游形象宣传片等工作。

2018 年，按照全域旅游发展理念，围绕"世界瓷都·润养德化"品牌形象，挖掘陶瓷文化和山水生态两大特色，加强宣传推介，营造良好旅游氛围。整合全县旅游宣传营销力量，建立健全全县旅游宣传营销机制，制订全县旅游宣传营销方案，充分发挥德化县融媒

体中心的核心作用，整合宣传、经信、商务、旅游、广电、文体新、陶瓷等部门宣传营销职能，增强宣传合力，提升旅游宣传营销实效。通过媒体平台、旅游展会、旅游节事及目的地营销等方式，塑造旅游品牌形象。加强与省旅游频道、泉州晚报、东南早报、中国旅游报、泉州旅游等媒体、报刊和本县网站、微博、微信公众号等联合沟通，做好线上线下宣传工作。组织旅游网络营销，加强与电商、快递、自驾车协会、徒步协会等跨界合作，增强宣传效应。开展"世界瓷都·润养德化"主题推介活动，组织旅游景区、乡村旅游企业及特色商品企业参加中国国际旅游交易会、海峡旅游博览会和中国休闲旅游博览会、"福建好礼"百佳旅游商品评选活动、"泉州伴手礼"和泉州旅游商品设计大赛等国家、省、市旅游展会和活动。筹划具有影响力的旅游节事活动，继续鼓励乡镇、景区举办特色旅游节庆活动，增强实效，不断活跃旅游市场，营造旅游发展氛围。主动融入"清新福建""海丝泉州"宣传范畴，推介"世界瓷都·润养德化"旅游品牌，拍摄"世界瓷都·润养德化"旅游宣传片；借助港澳台采风团到德化县开展摄影创作活动，在香港、台湾、澳门等地区展出，提升德化旅游知名度。

2020年，德化县形成以县城陶瓷文化景区为主体，以石牛山、九仙山景区为两翼的"凤凰展翅一体两翼"全域旅游发展新格局，策划"世界瓷都·润养德化"品牌向新的形象转变，推出"世界瓷都·自在德化"旅游品牌形象，找到诗与远方更准确的契合点，丰富品牌内涵，道出德化旅游更美好的意义。

（三）创新旅游管理体制

2015年，成立县旅游发展委员会，由县委书记任主任、县长任第一副主任，提升旅游产业发展的领导力和执行力；完善综合统筹、联合执法、投诉受理、旅游安全综合管理等机制。建立完善旅游景区综合服务和监督管理体制，营造有利于旅游创新发展的宽松环境，促进全域旅游和优质旅游发展。落实旅游安全责任制，政府

与旅游企业签订旅游安全生产目标管理责任书、开展旅游安全联合检查、建设智慧安监系统及隐患排查治理体系；开展旅游市场秩序综合整治，严肃查处强迫消费、欺行霸市及非法从事旅游活动等扰乱旅游市场秩序的行为，不断强化诚信经营导向，净化旅游消费环境。

2018年，县委、县政府成立石牛山景区提升项目领导小组，以国有资本控股石牛山景区；编制景区开发建设规划，以打造国家AAAAA级旅游景区为目标，全力推进石牛山景区开发建设。景区总投资6.5亿元，实施景区入口服务区、岱仙瀑布景区游步道提级改造、悬崖栈道、玻璃观景台、石牛山主峰、石龙溪橡皮艇漂流、索道、岱仙溪竹筏漂流等提升工程。全县建设旅游设施项目20个，总投资37.51亿元；提升顺美陶瓷文化生活馆、安成陶瓷等观光工厂软实力，打造南埕镇、水口镇以及佛岭村、潘祠村等一批乡村旅游休闲集镇和特色村，初步实现旅游产品布局全域化。

第五节　世界瓷都　追梦远航

一、世界瓷都

德化是中国陶瓷文化发祥地之一。早在新石器时代，德化已经烧制出釉陶器和印纹陶器。魏晋时有青釉陶器。唐代，颜化彩编纂了迄今已知最早的陶瓷专著《陶业法》。宋元时代，德化陶瓷成为海上丝绸之路的重要商品。明代，德化瓷器被誉为"中国白"，何朝宗的作品成为世界许多大博物馆的"镇馆之宝"。清代，德化陶瓷生产和外销再次进入高峰时期，有"一笼白瓷一箱银"的盛誉。民国时期，德化陶瓷生产进入低谷，但民间艺人在困境中坚持创作，

西洋工艺瓷

作品先后在巴拿马、英国、日本等国际博览会上获得金奖。

中华人民共和国成立后，德化瓷业获得恢复与新生。研发出白度达 88.1 度的高白瓷，被全国陶瓷界评为"白瓷之冠"。改革开放以来，陶瓷业逐渐成为德化经济的支柱产业，形成传统瓷雕、出口工艺瓷、日用瓷等三大产品体系。全县推动能源结构调整，推进陶瓷窑炉改造，先后建成电窑、油窑、液化气窑、天然气窑，采用电能、柴油、液化气、天然气等清洁能源烧瓷，德化成为全国第一个无黑烟污染的陶瓷产区。进入 21 世纪后，德化陶瓷坚持"传统瓷雕精品化、工艺陶瓷日用化、日用陶瓷艺术化"的发展思路，加快技术创新，建立陶瓷技术开发中心，引进消化吸收先进技术与装备，相继开发出红壤陶、釉下彩精陶、轻质陶瓷、稀土生态陶瓷、纳米陶瓷、灭菌陶瓷、夜光陶瓷、自清洁陶瓷等新瓷种，形成传统瓷雕、工艺瓷、日用瓷三大陶瓷系列产品，销往亚洲、欧洲、北美洲、南美洲、非洲、澳洲等 180 多个国家和地区。德化瓷烧制技艺被国家列为第一批非物质文化遗产保护项目。

2002 年 10 月，德化县人民政府制订《德化县陶瓷星火区域性支柱产业建设发展规划》，提升陶瓷企业市场竞争力；建设省级民营科技陶瓷园区，实行优惠政策，扶持民营陶瓷企业发展；与清华

大学工艺美术学院联办陶瓷雕塑进修班，创办德化陶瓷职业技术学院，以适应陶瓷行业对高层次人才的需求。实施市场多元化战略，采取"政府搭台，企业唱戏"的做法，帮助和引导陶瓷企业挺进国际市场；建设陶瓷展销城、陶瓷街等展销窗口，建立德化网上瓷博会和"万瓷朝宗"陶瓷专业网站等，健全营销网络。2001年，全县陶瓷产值38亿元，出口交货值18.7亿元，出口创汇位居全国各大陶瓷产区前列，成为全国最大的工艺陶瓷生产、出口基地。陶瓷企业陆续开展ISO9000质量体系、出口质量许可证、输美日用陶瓷认证工作，确保德化陶瓷产品质量，提高其知名度和企业信誉。2004年4月12日，中国轻工业联合会授予"中国瓷都·德化"称号。

德化县坚持"传统瓷雕精品化、工艺陶瓷日用化、日用陶瓷艺术化"发展思路，形成传统瓷雕、西洋工艺瓷、日用陶瓷专业化产业集群，陶瓷产业发展更迅速。2006年，德化瓷烧制技艺被列入中国国家非物质遗产。2007年，全县陶瓷企业1286家，从业人员

2008年奥林匹克美术大会最佳创意奖作品——点亮世界（陈仁海创作）

2010年上海世博会福建馆"镇馆之宝"——世博和鼎（陈仁海创作）

80632 人，陶瓷产值 58.81 亿元、占全县工业产值 59.53%，分别比 1988 年增长 4.62倍、5.96 倍、108.23 倍，陶瓷业纳税 2.57 亿元，占税收总额 38.99%。德化成为全国首个出口陶瓷质量安全示范区。2008 年 10 月，德化县被中国工艺美术协会授予"中国瓷都·德化"称号。

2010 年后，德化陶瓷业发展进入高质量、高速度发展时代。成功发行《中国瓷器·德化窑瓷器》特种邮票、《中国—摩洛哥建交 50 周年》纪念邮票、《中国—马尔代夫建交 40 周年》纪念邮票，成功举办央视"寻宝——走进德化"等活动。德化成为全国规模最大、技术最先进、发展最迅速、后劲最强的瓷雕艺术产业基地，涌现出许兴泰、苏清河、陈仁海、邱双炯、柯宏荣、苏献忠、陈明良等一批国家级工艺美术大师、陶瓷艺术大师。他们的作品在国内外瓷坛的各种评比中摘金夺银，成为国家领导人的出访礼品，许多作品被北京故宫博物院、中国国家博物馆、人民大会堂等永久收藏。日用工艺陶瓷产业集群被评为中国百佳产业集群。继续保持中国最大工艺陶瓷生产出口基地优势地位。

2015年5月29—30日，德化县迎来世界手工艺理事会国际专家考评组队对"世界陶瓷之都"的复评。该专家团体包括世界手工艺理事会执行主席，理事会所属的亚太地区、拉丁美洲地区、北美地区的负责人，联合国科教文组织特派代表以及澳大利亚墨尔本大学教授等。考评组专家看了德化县的汇报材料后，深入德化陶瓷博物馆、陶瓷科研所、陶瓷企业、古窑址、学校等，现场考察德化陶瓷的发展历史、制作过程、陶瓷艺术大师的创作及其作品、师生的现场技艺表演等。经过复评，世界手工艺理事会国际专家组全票通过，授予德化为全球唯一的"世界陶瓷之都"荣誉称号。

【链接】"世界陶瓷之都·德化"标识

2017 年，选定"世界陶瓷之都·德化"标识，并在全县范围内推广使用。"世界陶瓷之都·德化"标识由德化首字母 d、火凤凰、

瓷瓶、帆船等四种元素构成。"世界陶瓷之都·德化"和"World Porcelain City·DEHUA"为中英文名片。外在"火凤凰"图形寓意"凤凰涅槃",内在瓷瓶图形象征"中国白"德化瓷器,两者诠释了火与土的陶瓷艺术,既体现德化自强不息的创新精神,又传递出奋发向上的世界瓷都风貌。"中"字形的"风帆"象征泉州作为中国古代海上丝绸之路起点,连接世界,承载"中国白"之历史底蕴。

世界陶瓷之都 德化
World Porcelain City·DEHUA

【链接】国际专家点评"世界陶瓷之都"

世界手工艺理事会执行主席、中国工艺美术学会副会长兼秘书长王山:

> 今天,德化通过了"世界陶瓷之都"的考评,大家应该感到珍贵,因为这是世界第一个拿到"世界陶瓷之都"称号的城市。这两天,对每一个专家来说,都可以用三个成语来形容。一是"梦寐以求",这里是每一个人梦中都想来的地方;二是"流连忘返",这里让大家来了就不想离开;三是"回味无穷",专家们回去后,都还会时刻想起这里的情况,成为文化使者,将德化陶瓷宣传出去,让德化陶瓷到世界各地发扬光大。

世界手工艺理事会亚太地区主席加达·易加薇:

> 德化县政府对陶瓷产业十分重视和支持,在方方面面都做了努力,尤其陶瓷的技艺传承从小学生抓起,让我很感动。同时德化对历史遗迹、文化方面的保护工作也做得很好,值得很多国家学习。知识产权保护对于手工艺者非常重要,德化在这方面所做的努力很全面,希望能从德化学习经验,推广到其他地方去。德化有一个很

好的教育系统，从儿童开始抓起，这是未来手工艺可持续发展的最基础的一点。

世界手工艺理事会拉丁美洲地区主席阿尔伯托·博托拉扎：

我们在制定世界手工艺城市评选规则的时候设置了很多条件，德化基本上各个条件都满足了，这让我们十分惊讶。所以德化表现得很杰出。希望德化作为表率，带领世界其他城市手工艺的发展。

世界手工艺理事会北美地区副主席琳达·特瑞柯：

作为手工艺城市，拿到"世界陶瓷之都"这个牌子挺难的，但你们（德化）达到了所有的要求，其实你们做得比写的汇报材料更好。我觉得特别不寻常的是你们的设计、制作、生产各个环节连接很紧密，所以这几天去大师工作室参观，都让我们很高兴。

世界手工艺理事会亚太地区首席副主席王良民：

为什么大家都喜欢"中国白"？因为这是德化陶瓷最优质的特色，就是洁白。要保护好这个特色，让白瓷文化发扬光大。在薄如蝉翼的白瓷面前享受你们的生活，这就是你们的方向。

世界手工艺理事会亚太地区副主席曼扎瑞·妮茹拉：

对于德化陶瓷界艺术家的努力，我们很感动，他们对手工艺的坚持和成就都值得学习。大师们都有自己的特点，没有同质化竞争，竞争是良性的，这点十分不易。

2017年9月，在金砖国家领导人厦门会晤期间，"世界陶瓷之都"德化白瓷大放异彩，金砖国礼入选12支团队，德化占了10支；16件国礼，德化有15件。另外德化还入围35件作品。其中陈仁海团队荣获厦门会晤"礼品研制突出贡献奖"，其他9支团队获厦门会

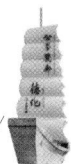

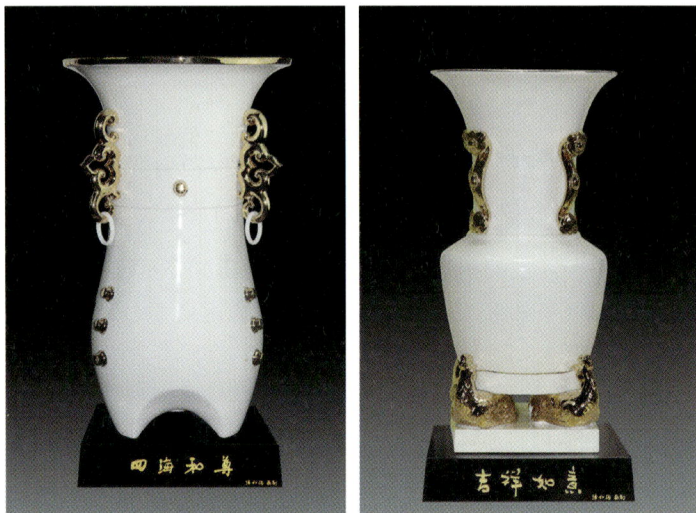

金砖国家领导人厦门会晤国礼瓷（中国白·陈仁海团队创作）

晤"礼品研制贡献奖"。金砖国家领导人厦门会晤汇聚了全球的目光，德化白瓷成为中国递给世界一张亮丽的名片。

二、追梦远航

近几年来，德化县委、县政府以习近平新时代中国特色社会主义思想为指导，总结历年来带领德化老区人民进行经济建设和发展社会事业的成功经验，组织实施"三五三"战略，全面提升世界瓷

德化县委、县政府驻地

都硬实力、影响力和美誉度，相继推出了陶瓷产业跨越发展五年行动计划，"点线面"发展全域旅游、做好现代农业"三篇文章"等，打造行政审批提速改革、"网络化＋"等一批具有德化特色的亮点品牌，促进德化经济换挡提速、转型升级，经济社会各项工作出现新的良性发展、加快跃升的势头。

（一）擦亮"三张名片"突出德化特色

1. 擦亮陶瓷文化名片

近几年来，在德化县委、县政府的指导、支持下，德化县先后以泉州工艺美术学院、陶瓷文化研究院为平台，办好创新设计对接会和爱陶瓷、瓷匠集等网络平台，组织陶瓷艺术大奖赛、茶具创新设计大赛、"何朝宗杯"工业设计大赛，举办文化艺术沙龙，打造本土高素质设计队伍；瞄准规模以上企业和规模以下成长型企业，推广引进自动化生产设备，缓解产业结构性缺工问题，提升产品标准化生产水平；组织企业参加国内外知名展销会，引导支持企业申请自营出口，全力以赴打响"中国白"品牌；整合有效资源，集聚发展要素，建立陶瓷产业生态圈，把陶瓷打造成长青基业；打造一批陶瓷观光工厂和陶瓷旅游商品，建设陶瓷特色小镇，特别是瓷都文化小镇项目等，带动陶瓷旅游发展；加快电商物流园建设，规范电商市场竞争秩序，引导企业全面上网，推动德化陶瓷电商产品类别向日用瓷、工艺瓷、大师瓷延伸；继续引进有资本的社会投资机构，开展高端拍卖活动，推动陶瓷电子化交易，以资本促进陶瓷发展；探索陶瓷与家居、酒店、酒类、茶叶、化妆品等跨界融合，形成开放的"陶瓷＋"生态圈。

2. 擦亮旅游名片

近几年来，德化县为充分发挥生态旅游最大的优势和潜力，围绕创建优秀旅游县、全域旅游示范区等，加快景区及其配套设施建设，加大宣传推介力度，力争年增接待游客超百万人次，旅游总收入年增超亿元。石牛山景区按照全省重点景区的标准建设游客服务

中心、度假山庄和别墅、玻璃观景台、大小索道、岱仙溪竹筏漂流等项目，建成吸引四方游客的知名景区。九仙山景区完成配套酒店、水疗区、停车场等建设。陶瓷文化景区在已建成的顺美陶瓷文化创意园基础上，加快以德化第二瓷厂、月记窑文化创意园、梅岭窑遗址等为核心的传统陶瓷文化展示区建设，加快以世界陶艺城、中国茶具城、省级观光工厂为核心的现代陶瓷文化展示区建设，扩大陶瓷文化可观赏、可体验、可消费的规模和氛围。完善吃、住、行、游、购、娱"六要素"配套，开发"三黑、三黄、三宝"等当地特色菜肴，开展餐饮名店、名小吃评选，推进小吃一条街建设，打造"原味德化"旅游餐饮品牌；推进陆升酒店、龙腾酒店、乐陶大酒店等建设与招商，开展"网红"民宿评选活动，建设露营基地，让游客留得住、住得好；建设旅游服务中心，改造提升景区道路；以三条旅游精品路线为基础，形成一批研学游、会议游、体验游、养生游以及"一日游""二日游""多日游"产品。围绕陶瓷和特色农产品，不断开发有创意的旅游商品，开展伴手礼评选活动，打造一批旅游购物点。推进景区环境花化、美化、亮化工程建设，形成景随步移、赏心悦目的游览景象。先后推出并做好"世界瓷都·润养德化"和"世界瓷都·自在德化"品牌宣传推介工作，县举办"德化国际陶瓷界""'中国白'国际陶瓷艺术大奖赛""瓷情"山水文化旅游节等有重大影响力、吸引力的文化活动，各乡镇根据当地的实际情况，举办形式多样的旅游文化宣传推介活动。

3.擦亮新型城镇化名片

20世纪90年代，德化县实施"大城关"发展战略；2018年，"大城关"已形成规模，县城区面积达27.5平方公里，常住人口城镇化率达74.8%，基本公共服务普惠化、均等化，开创了以产兴城、以城聚人，产城融合的发展模式。近几年来，坚持集聚优势资源，以提升城市功能、品位为核心，以乡村振兴为抓手，擦亮新型城镇化德化特色名片；坚持软硬件并举，做好城市建设、公共服务、行政审批、"网络化＋"、城市党建等工作。建成瓷都广场、进城大道、

海丝广场以及翰林府邸、时尚华庭等标志性建筑物，推进霞田文体园、驾云亭、金交颐园等片区改造工程建设，提升唐寨山、驾云亭公园品位，加快城区旅游沿线景观工程建设。打造德化版绿野仙踪，县每年重点培育3～5个乡村振兴示范点，每个乡镇培育1个特色农业示范点，村级推行"一清二整三美化"工作，促进乡村环境与自然相应相生，乡村产业与生态相得益彰。

（二）实施"五大行动"彰显德化作为

1. 实施项目攻坚行动

近几年来，德化县委、县政府根据党和国家的方针政策、国民经济发展规划，结合德化的实际情况，每年均安排一批重点建设项目，调动一切资源协同攻关，抓紧抓好，先后开发建设省级民营（陶瓷）科技园区、工业园区，推动陶瓷业跨越式发展；不断加大固定资产投资力度，开工建设一批重点工程项目，作为带动经济社会各项事业发展的引擎。2019年，全县安排重点项目199项，投资124亿元。以组织开展"项目攻坚2019"活动为抓手，落实"周碰头、月调度、季会商"制度，每季度策划一场有气势的重点项目开（竣）工仪式，推进瓷艺城、兴泉铁路、城关至永泰嵩口高速等超亿元重大项目建设；以泉州市"春季攻坚行动"为契机，啃下一批审批、交地等工作进度滞后项目。重新梳理招商项目，开展"大招商招大商"活动；对接好91个在谈项目，争取招商项目的数量、体量、质量有新的突破，其中投资量2000万元以上的项目增至20个以上、亿元项目增至10个以上。对2016年以来投产的67个招商项目，分门别类，精准施策，提供保姆式服务，促进企业稳妥、快速发展。

2. 实施要素强化行动

近几年来，德化县委、县政府特别重视发挥资金的撬动作用，采取一切必要措施保障财政性投资项目正常运行。每年用于基础设施建设等民生工程的资金几亿元甚至几十亿元，还有其他不可预见性财政支出，资金筹措压力非常大。县委、县政府采取综合债券融资等多渠道筹资方式，做好"政""银""企"对接工作，多措并举筹集建设资金，每年争取资金持续增长，2018年投资37亿元，2019年增至46亿元。同时发挥土地保障作用，陶瓷管理委员会与自然资源局等部门密切配合，逐步推进城东工业区一至四期10.35平方公里的开发工作。2019年，开发古洋片区4800多亩、后朱片区中小企业创业园4000多亩等，做好提供土地保障工作；整合优化产业园区，探索实施土地效益综合评价，清理批而未供及闲置土地，盘活土地存量，释放土地产能；优化瓷艺城设计方案，兴建商贸中心、会展中心，发挥平台的虹吸作用，打造具有国际影响力的陶瓷文化旅游目的地。

3. 实施环境优化行动

近几年来，德化县委、县政府营造便捷便利的基础环境，抓好交通和能源两大设施建设，交通包括在全县村村通水泥公路、建设高速公路和兴泉铁路基础上，动工建设厦沙高速汤城枢纽至德化县城路段拓宽改造工程等，完成投资上千亿元；推动建设海西天然气管网德化支线工程前期工作，打通能源输送大动脉；营造高效高质的营商环境，做好县级层面合法合规审批改革工作，打通服务企业"最后一公里"；营造守信守法的市场环境，坚持保护、打击、约束三管齐下，优化市场环境；推广电子数据存证云工作，降低知识产权保护成本；组织开展失信专项治理行动，推行"黄牌、红牌、黑名单"惩治办法，让失信企业"寸步难行"；组织开展"六提倡十反对"宣传活动，每年评选"十佳诚信企业"，让诚信深入人心。

4. 实施保底创优行动

近几年来，德化县委、县政府坚持保一方平安、尽一份责任、创一批亮点的"三个一"工作要求，抓好全面从严治党、意识形态、综治平安、安全生产、生态环境等一系列重点部位和底线工作；全面完成泉州市委、市政府下达的地区生产总值增长等一揽子目标任务；县四套班子率先垂范，乡镇部门齐抓共管，每年打造一批具有

德化特色的著名品牌。2017 年，全县拥有马德里国际商标 15 枚、中国驰名商标 6 枚、中国陶瓷行业名牌 45 个，拥有福建名牌产品 29 个、福建省著名商标 33 枚。同时，600 多项产品获国内外大奖、250 多项白瓷产品获国家专利、60000 多件陶瓷产品获国家版权登记，品牌拥有量居福建省山区县前列。

5. 实施民生保障行动

近几年来，德化县委、县政府始终坚持推进民生项目建设，开展师德师风、校园环境等整治工作，办人民满意的教育；加快棚户区改造和安置房建设，建设限价房和廉租房，继续满足群众基本住房需求；新建县医院门诊大楼，中医院整体搬迁，推进县医院科技楼、第三医院主体工程、妇幼保健院等建设，建成医养康综合体、全民健康信息保障工程；建设社会福利中心，实施乡镇敬老院转型升级工程，扶持建设农村（社区）居家养老服务站，努力满足群众养老需求；坚持乡镇主导、村居主体，扶持薄弱村、贫困村壮大集体经济；千方百计兜住困难群众，巩固和发展脱贫攻坚成果；推进扩大林地占补平衡试点，实施"三沿一环"森林景观带建设，实施水土流失综合治理工程，抓好行政村生活污水治理工作，实现农村生活污水治理全覆盖，建成并巩固提升"国家生态文明示范县"成果。

（三）"三项保障"体现德化担当

1. 抓党的建设

近几年来，德化县委全面贯彻落实党中央全面从严治党的决策部署，贯彻执行福建省委、泉州市委管党治党的实施意见和具体措施，结合德化实际情况，打造山清水秀的政治生态；实施党建引领乡村振兴行动，持续抓好软弱涣散党组织整顿，抓两头带中间，让村干部学有榜样、做有规范、赶有目标，全面锤炼村级干部队伍，着力培养出一批能带领群众致富、维护乡风文明、促进乡村振兴的领头人；持续开展"瓷都党旗红·机关走前头"活动，把党员干部推到项目攻坚等第一线，组织在职党员到农村、社区报到，推动全面从严治党向纵深

发展、向基层延伸，把基层党组织打造成服务赶超的战斗堡垒。

2. 抓工作落实

近几年来，德化县委、县政府针对经济建设中的陶瓷产业、生态旅游产业、新型城镇化和社会治理、亮点打造等方面，建立一套督促、检查、落实等运作机制。县委书记负责牵头总抓，下设专项督查组，围绕工作重点和关键环节，制定一系列配套措施和工作机制。县四套班子领导、各乡镇党委政府和部门单位负责人，都严格按照运作机制落实各项工作。在经济运行方面建立"月会商、季协调、半年汇报"制度，在项目建设方面建立"周碰头、月调度、季会商"制度，以及陶瓷产业、旅游、招商引资、城市提升、社会救助、乡村环境整治等工作机制和要求，一项一项抓落实，一个节点一个节点推进，确保每个项目都落到实处，取得成效。到年底检查验收时，根据完成任务情况，按照年初制定的工作机制和实施意见，该表扬奖励就表扬奖励，该通报批评就通报批评，该问责处分就问责处分。

3. 抓氛围营造

近几年来，围绕各个时期的中心工作，县委、县政府充分发挥县融媒体中心的作用，组织电视台、德化报、德化网、观音德化等媒体，开设《德化咱厝人》《家＋文化》《身边故事·共同铭记》等专栏，制作播出县情讲解栏目《德化故事》，播出"抓落实，勇担当，提振干事创业精气神"主题电视访谈节目等，营造激励人们干事创业的社会氛围。2018年，又推出"亮思路措施、比推进力度、晒成绩单"等专题专栏，经常盘点梳理工作成果、特色亮点和经验做法，营造"力争上游，千帆竞发"的良好气氛。通过各类媒体，策划重大主题宣传活动，做到"事前预热造势，事中深度挖掘，事后总结提升"，唱响德化担当实干的声音。同时，通过中央电视总台、新华社、人民日报、光明日报，以及福建日报、泉州晚报等中央和地方主流媒体报道宣传德化，鼓舞德化人民干事创业的信心，提高德化的知名度。

　　欣逢盛世，百业正举。不忘初心，牢记使命，当好中国特色社会主义新时代的追梦人。实干才有说服力，落实才是真本事。县委、县政府领导班子是全县发展的"火车头"和"领头雁"，率先垂范，主动担当，在推动发展中挑大梁；各乡镇、各部门单位负责人在克难攻坚中打头阵，用实际行动和最好成绩唱响德化声音；老区广大干部群众是经济社会各项事业建设发展的主力军，发扬艰苦奋斗、敢拼敢赢的革命精神，凝心聚力，继续实施县委、县政府提出的陶瓷产业、全域旅游、城市品位、社会民生、乡村发展、项目攻坚、党建保障等"七大提升行动"，为打造"海丝"路上具有国际影响力的现代化世界瓷都不断做出新的更大贡献。

附 录

一 、革命历史人物选介

唐 生（?—?）台湾省人，中共党员。1926 年秋，受中共厦门总干事会指派到德化，以找伤科拳师治伤为名，秘密开展革命活动，为德化建党工作做了思想和组织准备。1927 年 1 月，协同庄醒民创建中共德化支部，领导群众开展减租减息，创办农民夜校，发动农民进行反帝反封建反军阀斗争。其间，在泉州创办"泉州书店"，公开出售马列等革命书刊，传播革命思想。大革命失败后，仍在德化农村坚持斗争。1928 年离开德化。

庄醒民（?—?）福建省厦门市人，1925 年 6 月，加入中国共产主义青年团，翌年转为中共党员，任共青团厦门总干事会中山分会宣传委员、共青团厦门干事会学委等职。1927 年 1 月，受命到德化创建中共德化支部，任支部负责人，在德化宣传发动群众，创办农民夜校，组织农民协会，开展反帝反封建革命斗争。组织教员工会，团结教育广大教师，投入工农革命运动，为德化党组织的建立做出重要贡献。

苏兴里（1884—1934）又名苏兴李，化名苏大奈，龙浔镇人。1926 年冬加入中国共产党，是德化县最早的中共党员之一。土地革命时期曾任中共丁墘支部负责人。杨七、李剑光等带领红二支队到德化开展武装斗争时，苏兴里负责安全和膳宿等工作。1930—1932 年，在德化县城关三角街张财良店建立联络点，组织部分革命群众参加革命活动，破坏敌人的交通、通信设施等，配合红二支

队开展武装斗争。1934 年 10 月，因叛徒出卖，被国民党侦缉队暗杀，英勇牺牲。

李剑光（1911—1935）　原名李德涂，福建省永春县人。1930 年加入中国共产党，历任中共安南永特委书记、安溪县委书记、安南永德苏维埃政府主席、中国工农红军闽南游击队第二支队（简称红二支队）政委。1934 年，李剑光率红二支队到德化开展游击活动，4 月，在丁墘村镇压国民党德化县党部执委；5 月初，在盖德剿灭到处敲诈勒索、民愤极大的土匪连长和国民党暗探；5 月下旬，抓捕民军营长弟弟，缴获不少枪支弹药；同时，在盖德下寮大弯打垮国民党德化县保安队。德化的丁墘、下寮的八斗厝、盖德的溪头等地是红二支队活动的主要据点。1935 年 4 月，李剑光带领红二支队转战至同安梧峰时，被叛徒杀害。

吴亚鲁（1898—1939）　又名吴渊，化名野鹭、野鲁，江苏省如东县人。1922 年加入中国共产党，为徐州中共党组织创建人。1928 年 3 月任中共厦门市委书记；8 月当选中共福建省委候补委员。1928 年 10 月，吴亚鲁按照省委的部署到德化巡视，对中共德化特别支部进行整顿，恢复发展 4 个党支部，恢复群众组织"觉民社"和教育研究会。同时，在整顿德化特别支部的基础上，成立中共德化县（临）委员会，下设 4 个党支部；在永春、德化交界的四班整顿永德促进自治村委会，推进德化革命斗争活动继续向前发展。吴亚鲁先后任中共福建省委秘书长、常委，山东省委秘书长、常委，中共湘鄂赣特派员等职。1939 年 6 月在"平江惨案"中壮烈牺牲。

颜　湖（1909—1933）　三班镇人。1927 年 1 月加入马来西亚共产党。同年 12 月回国，参加永德联乡教育促进会，创办泗滨夜校。1930 年参加中国共产党，打进军阀陈国辉部补充营任庶务长。1932 年，策动 10 多名德化籍士兵回德化三班进行革命活动。同年 10 月，任中共德化县工委书记，在德化县东南部的三班、丁墘、土坂、盖德等地，先后建立 4 个党支部，发展党员 20 多人。组织

农会、工会和和赤卫队，发动抗租抗税，领导瓷工抗缴"窑烟捐"；带领群众开展游击战争，为使德化地区成为安南永德苏区的组成部分做出了贡献。1933年4月，在赴安溪参加闽南工农游击队第二支队成立周年纪念大会途中被捕，5月12日英勇就义。

林士带（1916—1943） 福建省永春县人。1933年加入中国共产党，投身安南永德游击战争。1937年7月，到延安抗日军政大学学习。1938年，任中共泉州中心县委委员，在南安外柯小学任教，办农民夜校、建立党组织。同年7月，任中共永春支部书记。1941年7月，以德（化）永（春）党组织特派员身份，带领林金榜等到德化开展革命活动。11月，在德化长基村主持建立中共德永特支，领导德化、永春两县革命斗争活动。其间，深入毛厝、南山等地，做了大量宣传工作，为坂里村后来成为中共福建省委机关和闽中特委机关驻地创造条件。1942年到大田工作时不幸被捕。1943年英勇就义。

黄国璋（1919—1984） 福建省莆田市人，1934年12月加入中国共产党。历任闽中工委书记、闽南（闽中）特委书记、闽中人民游击支队司令员兼政治委员等职。1945年5月，率领中共福建省委游击支队在德化开展抗日反顽斗争。1947年，执行福建省委提出的"左黄会师"，开辟游击新区的决策，组建闽中游击纵队即"戴云纵队"，任司令员兼政治委员，率领司令部和直属支队向戴云山挺进。他果断指挥，一路战斗，突破敌人围追堵截，艰辛翻越戴云山，回到莆田革命根据地。1949年后，历任中共福建省委委员、省委组织部副部长、福州市委书记等职。

吴天亮（1921—1946） 福建省晋江市人。1934年，参加共产主义青年团；1938年5月加入中国共产党。1940年，任中共泉州中心县委政治交通员。1941年12月，任泉州临时工委书记。1942年4月，任泉州工委特派员。1943年3月，任永（春）德（化）大（田）地区特派员，率刘国梁、吕文锦、吕文波扮成卖故衣商贩到德化开展革命活动。其间，在毛厝建立中共毛厝支部，在坂里、南山等

10 多个村落建立地下党秘密联络点，培养德化新生革命力量，为中共福建省委机关南迁德化开辟安全的交通路线，奠定良好的群众基础。省委机关迁移德化坂里期间，负责省委机关保密和物资供应工作。省委机关转移后，吴天亮在十字格建立中共十字格支部，在永德大地区坚持革命斗争，直到抗战胜利。1946 年不幸被捕，在莆田县英勇就义。

林金榜（1922—2006）福建省南安县人。1939年9月加入中国共产党。1941年7月，到德化开展革命宣传工作。同年 11 月，任中共德（化）永（春）特别支部书记。1943年8月，协助吴天亮开辟大田到德化转省委机关的交通线。1944 年 3 月，中共福建省委机关及闽中特委机关迁入德化坂里期间，做好情报和安全保卫工作。1945年5月，到南（安）同（安）边区工作。1949年12月，任中国人民解放军德化县大队政治教导员。1958年，当选德化县人民政府县长（未到职），后任晋江地区农校校长、书记等职。1983 年 4 月离休，享受地专级待遇。

毛 票（1917—2002）曾化名卢志，水口镇人。1942年参加革命，后加入中国共产党。1943年10月，配合永德大地区特派员吴天亮打通永泰青溪至大田武陵垵的地下交通线。1944年3月，省委机关迁移德化坂里时，负责内外交通联络，后在德化坚持斗争。1945—1946 年间，随省委游击直属支队在德化、南安一带参加革命活动。1947 年 6 月，任闽中戴云纵队直属支队第三中队长，参加戴云山战斗。1949 年，毛票任仙德工委副书记。后历任仙德、永德仙游击队长，率领部队攻打仙游、永泰和德化等县国民党乡（镇）公所和警察所，收缴武器，开仓分粮，建立人民政权。同年 8 月，任仙游县人民政府县长。11 月，调任德化县人民政府代理县长。1950 年 6 月后，历任德化县人民政府副县长、县革命委员会副主任、县政协副主席等职。1985 年 6 月离休，任县新四军研究会会长、县老区建设促进会会长，享受副厅级待遇。

石 益（1923—　）原名郑挺森，福建省仙游县人。1947 年

10月，在厦门大学加入地下党组织，先后担任城工部厦门大学新生院党支部和厦大党总支副书记、厦大学生自治会理事和膳委会主席。1949年3月初，任德化解放委员会主任，筹建游击队。6月，成立德化人民游击大队，任政委秘书，在德化组织开展抗"三征"、统战策反、建立武装游击队等工作；8月，任中国人民解放军闽粤赣边纵队第八支队第四团第三营教导员；11月，任德化县副县长，后任厦门水产学院党委书记、福建省政协常委等职。

徐志荣（1920—1998） 三班镇人，出生于马来亚。1939年下半年，参加马来亚共产党。1942年1月，任马共东彭和柔北地委委员、霹雳和柔佛州州委委员、马来亚人民抗日军第七独立队政委（党代表）。1948年回国，在永春县参加革命活动。1949年2月，参加中共安永德临工委领导的革命斗争。5月，任中共永德大县工委委员。6月，任中共德化县工委书记，兼任德化县人民民主政府县长和德化人民游击大队政委秘书等。

苏初鲁（1902—1945） 春美乡人。1943年参加革命活动，苏初鲁家是福建省委重要地下交通站。1944年，中共闽西北特委书记林大蕃率游击队到半山隐蔽，苏初鲁组织革命群众提供生活供给和传送情报。国民党派兵"围剿"游击队，苏初鲁一边带领游击队安全转移，一边把林大蕃的母亲及其妻子、子女巧妙地隐蔽在家里。国民党军队到处抓人、抢东西，把苏初鲁绑在大厅里审问，把他全家人扣押在大厅，威胁利诱和逼供，都无法使初鲁及其家人供出游击队任何情况。1945年7月，苏初鲁再次遭反动军警毒打，他坚守理想信念，坚贞不屈，因伤势过重光荣牺牲。

黄冬（1884—1967） 水口镇人。1942年，闽中地下党到毛厝村开展地下活动，黄冬积极支持子女投身革命。1945年，福建省委游击支队三四十人到毛厝地区开展游击活动，黄冬把家里所有的粮食、蔬菜全拿给游击队；同时与儿媳们向亲友、乡邻求借钱粮，资助游击队。毛厝村建立党组织后，先后三次遭到敌人"清剿"和洗劫。黄冬三次遭捕，受尽严刑拷打，敌人用灌辣椒水、压竹杠、

太子吊、挟"土地公拐"等酷刑，她毫不屈服。1947 年 5 月，黄冬再次被敌人抓捕，关进水口乡公所土堡。对她施加酷刑，她机智地与敌人抗争。敌人将她解送县城关押。在监狱里，尽管敌人软硬兼施，威胁引诱，她始终坚贞不屈，与敌人斗争到底。

曾 稳（1894—1958） 葛坑镇人。1946 年 4 月，中共福建省委游击支队到十字格活动，曾稳为游击队送粮食和情报。国民党政府派兵"围剿"时，曾稳被抓去灌辣椒水、吊打，敌人用尽酷刑逼不出任何口供。同年5月，省委游击支队重返十字格，国民党县政府又派兵"围剿"。游击队安全转移后，保安队把曾稳抓去吊打、灌辣椒水，把曾稳的衣服脱掉，捆绑成一团，用烧红的铁线穿透她乳房，吊起来抽打，乳房裂开，从空中摔下来……曾稳多次昏厥，仍然坚贞不屈。后在敌人把她押往县城途中，机智逃脱魔掌。她治病期间，继续动员乡亲们为游击队送粮送菜，做好掩护工作。1949年后，曾稳被选为漈头乡副乡长；1958年出席福建省妇女"勤俭持家"代表会。

陈利曾（1913—1992） 国宝乡人。1943 年加入中国共产党，参加抗日反顽斗争，后任中共地下党南斗交通站负责人。1946 年，倾家中钱粮支持隐蔽在十字格的省委游击支队；6 月，游击队到南斗休整多天，生活供给均由陈利曾负责。1947年3月，任中共德化区工委书记；5月被捕，在大牢中任凭敌人严刑拷打，坚贞不屈，守口如瓶，敌查无证据，翌年保释。1949 年5月，任永（春）德（化）仙（游）游击队第一中队指导员，参加蕉溪战斗。1949年后，任南斗乡副乡长、农会主席、乡长、党支部书记等职。

郑 靖（1916—1952） 又名智靖，雷峰镇人，1939 年加入中国共产党。在南埕镇枣坑村以教书为掩护，开展革命活动。1941 年，回家乡雷峰镇长基村，开办私立学校，开展抗日反顽宣传活动。同年 11 月，中共闽南（闽中）特派员林士带在长基村建立中共德（化）永（春）特别支部，郑靖任中共德永特别支部委员，负责党的秘密交通站工作，其故居成为中共德永特支主要活动据点。1949 年 11

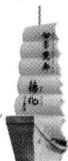

月，德化解放后，郑靖任县税务组组长。

徐杰三（1913—2003）　三班镇人。1931年参加反帝大同盟，后进入汉口博爱医院等学习和工作。1938年11月参加新四军，1940年6月加入中国共产党。历任新四军军部医院门诊部医生、病室主任、师医政科科长、后方医院院长。1942年8月至1944年10月，历任新四军一师一旅卫生部部长、华东军区卫生部第二后方医院院长、华东野战军卫生部第十二医院院长，随部队转战苏中、华中战场。参加过苏中七战七捷、莱芜、淮海、渡江等战役。1949年5月，任华东海军舰队（后为东海舰队）卫生部部长。1950年10月，任华东军区卫生部医疗处处长。1952年6月，任华东军区总医院院长。1954年1月，任华南工作团医学顾问，至越南援越抗法，参加奠边府战役。回国后任南京军事学院卫生处处长、院务部副部长等职。1955年被授予上校军衔，1964年晋升大校军衔。荣获二级独立自由勋章、二级解放勋章、越南人民军勋章。

徐　翔（1911—1970）　字宗多，学名松三，三班镇人。1928年旅居马来亚。1938年10月回国到延安参加抗日队伍；1939年1月进抗大学习，加入中国共产党。1941年任八路军一二九师第三八六旅政治指导员，随旅长陈赓到晋东南参加抗日。1942年到中央延安大学学习。1945年8月，按中共中央战略部署随部队进入东北，参加建立东北根据地。历任宣教科科长、区委书记、中心区委书记、县委常委、组织部部长，参加解放四平、辽沈战役。东北解放后，任彰武县县长。1949年后，任政务院中央技术管理局干部处处长。1950年，任重工业部干部司司长兼干部学校校长。1955年后，历任本溪水泥厂厂长、中央建材处处长、南昌江东机床厂厂长和党委书记等职。1970年5月殉职。

罗　浪（1920—2015）　原名罗南传，雷峰镇人，侨居马来亚。1938年秋赴延安，进入鲁迅艺术学院音乐系学习。1939年，任晋察冀一分区战线剧社音乐教员、指挥。1943年，任晋察冀军区剧社音乐指挥、队长。1949年，奉命组建乐团为全国政治协商会议、

开国大典演奏。1951 年，任解放军军乐团首任团长兼总指挥，中央军乐团团长。1956 年，任中国人民解放军军乐学校校长。1957年后，历任训练总监部军事电影处处长、中国广播乐团团长、八一电影制片厂军教制片室主任等职。2015 年 7 月病故。

二、德化县革命老区乡（镇）、村（社区）

德化县老区村（社区）分布情况表

老区乡镇	老区村（社区）
龙浔镇	宝美村、丁溪村、丁墘村、大坂村、英山村、高阳村、德新社区、浔东社区、兴南社区、南门社区、龙鹏社区、湖前社区、金锁社区、园丁社区、龙井社区、浔南社区、大洋社区、鹏祥社区、鹏都社区
浔中镇	浔中村、乐陶村、后所村、凤洋村、龙岸村、石鼓村、仙境村、祖厝村、石山村、蒲坂村、世科村、风池社区、富东社区、东埔社区、金凤社区、凤凰社区、龙东社区、吉祥社区、东裕社区、祥安社区、阳光社区、东顺社区
盖德镇	山坪村、盖德村、下寮村、下坑村、有济村、福阳村、凤山村、上坑村、三福村、上地村、大墘村、林地村、仙岭村、吾华村
三班镇	三班村、泗滨村、东山村、奎斗村、桥内村、儒坑村、岭头村、锦山村、龙阙村、蔡径村
龙门滩镇	苏洋村、霞碧村、硕儒村、石室村、蟠坑村、碧坑村、湖景村、内洋村、村兜村、朱地村、大溪村、霞山村
雷峰镇	朱紫村、蕉溪村、潘祠村、坂仔村、雷峰村、格后村、溪美村、肖坑村、长基村、瑞坂村、李溪村、荐解村、上寨村、双芹村
南埕镇	西山村、前峰村、高际村、半岭村、南埕村、塔兜村、枣坑村、望洋村、许厝村、连山村、蟠龙村、梓垵村
水口镇	亭坑村、丘坂村、凤坪村、上湖村、久住村、祥光村、八逮村、樟镜村、村场村、湖坂村、淳湖村、毛厝村、昆坂村、梨坑村、承泽村、榜上村
国宝乡	国宝村、祥云村、南斗村、厚德村
上涌镇	上涌村、下涌村、曾坂村、刘坑村、桂格村、桂林村
春美乡	新阁村、尤床村
葛坑镇	葛坑村、下玲村、邱村村、湖头村、漈头村、大正村、富地村、龙漈村、龙塔村、大岭村、蓝田村、水门村
桂阳乡	洪田村、桂阳村

注：全县共有老区乡（镇）13个，老区村（社区）145个。

参考资料

1. 中共德化县委党史研究室编：《德化人民革命史》，厦门：鹭江出版社，1993 年。

2. 中共德化县委党史研究室编：《中国共产党德化历史》第二卷，北京：中共党史出版社，2015 年。

3. 德化县志编纂委员会编：《德化县志》，北京：新华出版社，1992 年。

4. 德化县地方志编纂委员会编：《德化县志》，北京：方志出版社，2018年。

5.《德化年鉴》（2009—2019 年）、《瓷都烽火》、《戴云之战资料汇编》、《苦斗》、《省委机关在坂里》等多种书刊。

6. 德化县统计局编：《德化统计年鉴》（1949—2019 年）。

7. 德化县档案局（馆）提供的档案资料。

8. 在德化工作过的老干部、老同志回忆、提供、整理的书面或口述资料。

编后记

按照全国老区建设促进会的统一部署，经县委、县政府同意，由德化县老区建设促进会编纂出版《德化县革命老区发展史》，谨以向中国共产党成立一百周年献礼！

中共德化县委、县人民政府高度重视《德化县革命老区发展史》编纂工作，县委书记、县长作序；县分管领导召开专门会议亲自部署，提出指导性意见，及时解决编纂过程中遇到的问题；县政府原县长刘德旺、原副县长陈志奋、县委办原主任刘振铭、县政府办原主任陈东明、县民政局原局长赖佳忠等，热情关心和支持编纂工作；县委党史和地方志研究室、县委党校多次联合召集老干部、编辑人员等参加有关会议，讨论研究、审核修改稿件，保障编纂工作顺利进行。

《德化县革命老区发展史》记述时限为20世纪20年代至2018年，在近百年发展过程中，所涉及的时间长、范围广，内容丰富、复杂，没有任何蓝本可参照，深感责任重大和艰巨。按照全国老区建设促进会和中共德化县委、县人民政府的要求，编纂工作主要从以下几方面下功夫：在编纂内容上，坚持以邓小平理论、"三个代表"重要思想、科学发展观和习近平新时代中国特色社会主义思想为指导，围绕"发展才是硬道理"主题，突出时代和地方特色，全面展示在中国共产党领导下德化革命老区的发展成就，展示德化人民英勇顽强、敢拼敢赢的智慧和精神；在编纂体例上，以史为主史志结合，即以编年体为主，专题式板块为辅，力求编年体和纪事本末体有机融合，相得益彰；在编纂结构上，注意处理全面展示与突出特色的关系，处理不同历史阶段的详略关系；在语言应用上，力

求朴实、流畅。

2017年8月26日，成立《德化县革命老区发展史》编委会。9月，由县委党校组织人员收集、整理资料，先后编写出史料第一、二稿，供编委会组织有关人员讨论、审核。2019年11月，经编纂委员会研究决定，成立《德化县革命老区发展史》编辑室，正式启动编纂工作。2020年4月底，编纂出初稿。编委会及时召开评稿会，组织有关人员讨论修改；根据评稿会上大家提出的意见进行补充修改后，6月底编纂出第二稿，再发至有关领导、参编人员征求意见。在广泛征求大家意见的基础上，再次进行补充修改，8月底编纂出第三稿。再经县老促会领导与编纂人员反复审核、修改出第四、五稿，送县委党史和地方志研究室三次审核，编纂人员多次修改后，付出版印刷部门印刷和出版发行。在编纂过程中，县委办公室、县政府办公室、县委组织部、县委党校、党史和地方志研究室、财政、民政、县陶瓷发展委员会办公室、农业、林业、文化体育和旅游、交通运输、水利水电、教育、卫生健康、档案馆、统计局等有关部门，以及龙浔、浔中、水口、南埕、雷峰、三班、盖德、葛坑等老区乡镇，均给予热情支持和帮助，提供了大量珍贵史料和图片；县摄影协会和老年大学摄影学会提供了本书所需的照片。本书的编纂出版，是在德化县委、县政府的领导下，德化县老区广大干部、人民共同努力的成果。在此，谨向所有给予本书编写支持和帮助的单位和个人表示衷心的感谢！

本书涉及的时间跨度大，部分资料不全，加上编纂时间短促、人手少，编者理论和学识水平有限，书中错漏在所难免，敬请广大读者批评雅正。

编者

2020 年 11 月